ACCESO GRATIS *a la Lectura en la Nube*

Para visualizar el libro electrónico en la nube de lectura envíe junto a su nombre y apellidos una fotografía del código de barras situado en la contraportada del libro y otra del ticket de compra a la dirección:

ebooktirant@tirant.com

En un máximo de 72 horas laborales le enviaremos el código de acceso con sus instrucciones.

DESAFÍO ANTROPOCENO

Democracia, sostenibilidad y justicia en un planeta cambiante

Procedimiento de selección de originales, ver página web:
www.tirant.net/index.php/editorial/procedimiento-de-seleccion-de-originales

DESAFÍO ANTROPOCENO

Democracia, sostenibilidad y justicia en un planeta cambiante

Manuel Arias Maldonado
Ángel Valencia Sáiz
(Editores)

tirant lo blanch
Valencia, 2024

En caso de erratas y actualizaciones, la Editorial Tirant lo Blanch publicará la pertinente corrección en la página web www.tirant.com.

Directores de la Colección:

ISMAEL CRESPO MARTÍNEZ

Catedrático de Ciencia Política y de la Administración en la Universidad de Murcia

PABLO OÑATE RUBALCABA

Catedrático de Ciencia Política y de la Administración en la Universidad de Valencia

EDITA: TIRANT LO BLANCH
C/ Artes Gráficas, 14 - 46010 - Valencia
TELFS.: 96/361 00 48 - 50
FAX: 96/369 41 51
Email: tlb@tirant.com
www.tirant.com
Librería virtual: www.tirant.es
DEPÓSITO LEGAL: V-3699-2024
ISBN: 978-84-1095-028-3
MAQUETA: Tink Factoría de Color

Si tiene alguna queja o sugerencia, envíenos un mail a: *atencioncliente@tirant.com*. En caso de no ser atendida su sugerencia, por favor, lea en *www.tirant.net/index.php/empresa/politicas-de-empresa* nuestro procedimiento de quejas.

Responsabilidad Social Corporativa: http://www.tirant.net/Docs/RSCTirant.pdf

Índice

Introducción: mirar el Antropoceno de frente 13
Manuel Arias Maldonado
Ángel Valencia Sáiz

Instrucciones para comprender un marco epistémico emergente 29
Manuel Arias Maldonado

1. Introducción 29
2. El Antropoceno según las ciencias naturales 31
3. El Antropoceno según las ciencias sociales y las humanidades... 36
4. De la estaca dorada al *anthropos*: malentendidos interdisciplinares 42
5. Conclusión 47

Apocalipsis, poshumanismo y Antropoceno en la cultura pánica posmoderna 49
Rafael Aguilera Portales

1. Antropoceno y apocalipsis como crisis de la Tierra 49
2. ¿Qué hacer ante los desafíos del Antropoceno? 53
3. Políticas de la catástrofe: cultura pánica del miedo 55
4. Políticas inmunitarias de aclimatación ante el nihilismo apocalíptico posmoderno 58
   4.1. Escatología, genocidio y apocalipsis nacional-socialista...... 61
   4.2. Escatología, genocidio y apocalipsis marxista 61
5. Distintas visiones del apocalipsis en el Antropoceno 62
6. Antropoceno como Plutoceno: el peligro de la guerra nuclear . 68
7. Antropoceno como Capitaloceno: el capital contra la naturaleza 71
8. La fascinación del apocalipsis: el final de la civilización 73

El Antropoceno y las encrucijadas del ecomodernismo ... 75
DANIEL LARA DE LA FUENTE

1. Introducción ... 75
2. Ecomodernismo: una breve semblanza ... 77
3. Hibridación y desacoplamiento ... 81
4. El buen Antropoceno y su concreción normativa ... 87
5. Conclusiones ... 93

Responsabilidad histórica y liderazgo climático ... 95
LAURA GARCÍA-PORTELA
ÓSCAR ANCHORENA

1. Introducción ... 95
2. Justicia climática no-ideal: el papel del liderazgo climático ... 96
3. El argumento de la responsabilidad histórica cualitativa ... 98
   3.1. Contribuciones estructurales al cambio climático ... 99
   3.2. El papel estructural de las contribuciones tempranas ... 102
4. El argumento de la responsabilidad de liderar ... 105
5. Aspectos históricos relevantes para la distribución de deberes de liderazgo climático ... 109
6. Conclusión ... 114

El populismo verde: más allá del nativismo ambiental y el populismo negacionista ... 117
BELÉN FERNÁNDEZ-GARCÍA
JAKOB SCHWÖRER

1. Introducción ... 117
2. Ecologismo y populismo ... 119
3. La articulación populista del ecologismo: el populismo verde ... 128
4. El populismo negacionista y el nativismo ambiental de la derecha radical ... 134

Pensar el Antropoceno desde la teoría antiespecista ... 141
RAFAEL VÁZQUEZ GARCÍA

1. Introducción ... 141
2. Fundamentos de la crítica. Marco crítico sobre la Modernidad ... 143

3. Crítica: Reflexiones sobre la Era Post-Antropocénica desde el antiespecismo 147
4. Propuesta: Reflexiones sobre la interseccionalidad, la interdependencia y la co-existencia asíncrona en perspectiva post-antropocéntrica 155
5. Conclusiones 159

La des-extinción de especies: ¿un remedio contra la pérdida de biodiversidad? 161

Antonio Diéguez Lucena

1. Introducción 161
2. La biotecnología tras la des-extinción de especies 164
3. ¿Qué especies des-extinguir? 169
4. Ventajas y peligros de la des-extinción 170
5. Discusión y conclusiones 178

¿Puede la Pachamama contratar a un abogado? Derechos de la naturaleza y personificación de ecosistemas 183

Juan Manuel Ayllón Díaz-González

1. Introducción 183
2. Experiencias de reconocimiento de derechos a la naturaleza en su conjunto 184
3. Experiencias de personificación de ecosistemas concretos 186
   3.1. Nueva Zelanda: Te Urewera (2014) y río Whanganui o "Te Awa Tupua" (2017) 187
   3.2. Colombia: el río Atrato (2016), la selva amazónica (2018) y otros ecosistemas 188
   3.3. Bangladés: todos sus ríos (2019) 190
   3.4. India: el lago Sukha (2019) 191
   3.5. España: el Mar Menor (2022) 192
   3.6. Otras personificaciones de ecosistemas llevadas a cabo por entes territoriales no estatales 193
4. Reflexiones sobre la personificación de los ecosistemas 195
5. Conclusiones 201

Meditación y atención plena: ¿el despertar de la conciencia ecológica? 203
SEBASTIÁN ESCÁMEZ NAVAS

1. Introducción 203
2. ¿De qué hablamos cuando hablamos de *atención plena* y de meditación? 204
3. *Mindfulness* y sostenibilidad: evidencias y esperanzas 208
4. Meditación, compasión y el buen Antropoceno 214

Documentos afectivos: prácticas artísticas para sentipensar en el Antropoceno 225
BELÉN CEREZO MONTOYA

1. Introducción 225
2. Frames of Absence: un álbum para el luto por las especies desaparecidas 230
3. The Oldest Living Things in the World: afirmar la vida a través de las fotografías 236
4. Fotografías que hacen que la naturaleza devenga histórica 239
5. Fotografías que hacen que el *anthropos* devenga natural 242
6. Conclusión 246

El ambivalente rol de las industrias mediáticas en el Antropoceno: retos y oportunidades 249
IGNACIO BERGILLOS

1. Introducción 249
2. El Antropoceno desde las ciencias de la comunicación y los *media studies* 253
3. *Greening the media*: hacia una gestión verde de los medios 256
   3.1. Iniciativas medioambientales en las industrias mediáticas . 257
   3.2. Más allá del déficit de responsabilidad en la producción mediática 262
4. Conclusiones 264

Antropoceno: la civilización del agua 267
MONTSERRAT GARCÍA LÓPEZ

1. Introducción 267

2. El agua en la agenda mundial 271
3. Antiguas prácticas y nuevos debates 276
4. La hibridación y los recursos hídricos 280
5. Conclusión 283

La adopción del modelo de ciudad mutualista en España 287
Francisco Collado Campaña
Ángel Valencia Sáiz

1. Introducción 287
2. Metodología y selección de casos para una cartografía discursiva del mutualismo urbano en España 292
3. La presencia de la ciudad mutualista en los discursos de los alcaldes de los seis municipios de mayor población 295
   3.1. El marco primario y las dimensiones de la ciudad mutualista 295
   3.2. La cercanía de los alcaldes en los discursos de investidura ante el proyecto del mutualismo urbano 300
4. Conclusiones 308

Nota sobre los autores 311

Introducción: mirar el Antropoceno de frente

MANUEL ARIAS MALDONADO
ÁNGEL VALENCIA SÁIZ

Desde que fuera sugerido de manera espontánea en el curso de una conversación informal entre científicos naturales durante un congreso académico celebrado en México en el simbólico año 2000, la hipótesis del Antropoceno ha trascendido las disciplinas para las que pareció haber nacido y cobrado un inesperado protagonismo en el debate académico[1]. Aunque la popularidad del cambio climático en la esfera pública no tiene rival, este sofisticado concepto resulta más útil para aquellos científicos naturales y sociales —sin olvidarnos de filósofos y humanistas— que se dedican al estudio de las relaciones socionaturales. Téngase en cuenta que el cambio climático solo es una de las distintas manifestaciones del impacto antropogénico sobre el medio ambiente: si hablamos de "época humana" —eso es lo que significa Antropoceno— es porque la acción humana, sostenida a lo largo del tiempo e intensificada desde la Revolución Industrial, ha terminado por provocar la disrupción de los sistemas naturales a nivel planetario[2].

También la pérdida de biodiversidad o la acidificación oceánica son así fenómenos del Antropoceno; igual que la aparición de ecosistemas de nuevo cuño, la invasión de especies foráneas,

---

1 CRUTZEN, P. y STOERMER, E., "The Anthropocene". *Global Change Newsletter*, 41, 2000, 17-18.

2 Véase ZALASIEWICZ, J. et al., "The Anthropocene: Comparing Its Meaning in Geology (Chronostratigraphy) with Conceptual Approaches Arising in Other Disciplines", *Earth's Future*, 9(3), 2021, e2020EF001896.

la alteración de los flujos fluviales, la expansión de las zonas urbanas, la proliferación de infraestucturas materiales o la multiplicación del número de animales criados para el consumo humano. Súmense a ello la intervención humana en el desarrollo de las especies animales, el cultivo de alimentos transgénicos o los progresos en la manipulación genética: las formas de la penetración humana en el mundo natural conocen muchas formas y grados. Desde este punto de vista, el planeta se ha "humanizado" a medida que nuestra especie ha ganado capacidad tecnológica, se ha desarrollado económicamente y ha incrementado su población. De ahí que el modesto impacto antropogénico registrado antes de la época moderna —si bien hay quienes sostienen que la revolución agrícola con que empieza el Holoceno produce ya un cambio climático significativo[3]— se intensifique en el curso de la modernidad: primero con la industrialización y el colonialismo, luego con la llamada Gran Aceleración que se prolonga durante toda la segunda mitad del siglo XX y conoce todavía un *reprise* con el desarrollo capitalista de China primero y buena parte del llamado Sur Global en el marco de la última fase de la globalización[4]. Aunque la difusión de los valores medioambientales se ha traducido en un mayor cuidado por el mundo natural en el mundo desarrollado, los seres humanos han seguido prosperando económicamente y desplazándose alrededor del globo: la afectación de los sistemas naturales era inevitable.

Es evidente que no hablaríamos de Antropoceno sin la base factual que proporcionan las distintas ramas de la ciencia natural. De acuerdo con los parámetros de la ciencia del sistema terrestre, para empezar, el cambio medioambiental global es inequívoco. La Declaración de Amsterdam sobre el Cambio Global, realizada durante una reunión del International Geosphere-Biosphere Programme en 2001, establece que "el sistema terrestre se com-

---

3 RUDDIMAN, W., "The Anthropogenic greenhouse era began thousands of years ago", *Climatic Change*, 61(3), 2003, 261-293.

4 Véase LEWIS, S y MASLIN, M., *The Human Planet: How We Created the Anthropocene*, Penguin, Londres, 2017.

porta como un sistema único y autorregulado, compuesto por componentes físicos, químicos, biológicos y humanos", añadiendo que "los cambios antropogénicos realizados sobre la superficie de la Tierra, sus océanos, costas y atmósfera, así como a su diversidad biológica, el ciclo hidrológico y los ciclos biogeoquímicos, resultan claramente identificables más allá de la variabilidad natural"[5]. Paul J. Crutzen y Will Steffen, que se cuentan entre los proponentes iniciales de la hipótesis, son elocuentes: "La Tierra opera actualmente en una modalidad para la que no tenemos analogía"[6]. El corolario de este cambio es que nuestra especie se está adentrando de manera gradual en una época de rasgos aún imprevisibles. En palabras del historiador medioambiental John McNeill, hemos convertido la Tierra en un gigantesco laboratorio y no podemos anticipar el resultado de un experimento todavía en marcha[7].

Si el resultado de tal impacto acumulado debe o no dar nombre a una nueva época geológica, como ha venido debatiéndose, tiene una importancia relativa. No debe olvidarse que los periodos geológicos son una construcción intelectual del ser humano; no se encuentran "objetivamente" dispuestos ante nuestros ojos. Que la Comisión Internacional de Estratigrafía —órgano internacional competente para decidir sobre la cronología oficial del planeta de acuerdo con rigurosos criterios estratigráficos— haya descartado por el momento otorgar al Antropoceno un reconocimiento oficial[8], sin embargo, nada dice sobre la plausibilidad de este último: los datos recabados por los científicos naturales son

---

5 Véase SEITZINGER, O. et al. "International Geosphere-Biosphere Programme and Earth system science: Three decades of co-evolution". *Anthropocene*, 12, 2015, 3-16.

6 CRUTZEN, p. y STEFFEN, W., "How long have we been in the Anthropocene". *Climatic Change*, 61(3), 2003, 251-257, p. 253.

7 MCNEILL, J., *Nothing New Under the Sun: An Environmental History of the Twentieth Century*, Penguin, Londres, 2000.

8 Véase WITZE, A., "It's final: the Anthropocene is not an epoch, despite protest over vote". *Nature*, 20 marzo 2024.

tozudos e identifican una disrupción de los sistemas naturales a nivel planetario sobre cuya evolución futura no podemos aún pronunciarnos. Nada impide así que el Antropoceno sea aceptado como un "acontecimiento" geológico y no digamos ya como una época histórica; además de constituir, en todo caso, un *estado* de las relaciones socionaturales definido por el alto grado de penetración de lo social en lo natural[9].

No está claro que eso suponga el fin de la naturaleza, aunque la tónica dominante en los estudios sobre el Antropoceno sea la del reconocimiento de que la vieja naturaleza autónoma del ser humano ha desaparecido ya; aunque solo sea porque la disrupción antropogénica del clima terrestre afecta al conjunto del mundo natural y con ello deja la huella humana sobre todos sus componentes. Se habla por ello de la creciente hibridación de sociedad y naturaleza; es un rasgo destacado del Antropoceno el "acoplamiento" de los sistemas sociales y naturales[10]. Simultáneamente, empero, la pandemia del COVID-19 vino a recordarnos que el mundo natural conserva una relativa autonomía respecto del ser humano. Y no es casualidad que los teóricos poshumanistas vengan a subrayar la agencia de eso que Bruno Latour llamaba "actantes": los actores no humanos que ejercen influjo sobre los acontecimientos mundanos sin que el ser humano pueda hacer nada al respecto[11]. Por añadidura, la dimensión telúrica del Antropoceno remite a un "tiempo profundo" que se mide en millones de años y reduce de manera dramática la "agencia" humana. Tal como ha señalado el historiador Dipesh Chakrabarty, la

---

9 FINNEY, S y GIBBARD, P., "The Humanities are invited to the Anthropocene Event but not to the Anthropocene Series/Epoch: a response to Chvostek (2023)". *Journal of Quaternary Sciences*, 38, 2023, 461-462; ARIAS-MALDONADO, M., *Environment & Society: Socionatural Relations in the Anthropocene*, Springer, Cham, 2015.

10 LIU, J., et al., "Complexity of Coupled Human and Natural Systems". *Science*, 317, 2007.

11 LATOUR, B., *We have never been modern*, Harvard University Press, Cambridge, 1993.

temporalidad del Antropoceno está llena de ambigüedades; las historias que se entrelazan aquí —del planeta, la humanidad y la modernidad industrial— lo hacen de tal manera que no cabe explicar el Antropoceno como un mero efecto de la rapacidad capitalista[12].

Sucede que el Antropoceno es una hipótesis científica con una fuerte carga moral: el reconocimiento de que los seres humanos han transformado de forma masiva la naturaleza implica que ahora tienen una responsabilidad hacia el planeta: como hogar de la especie humana, como hábitat para otras especies, como entidad significativa en sí misma. El debate sobre el Antropoceno acarrea por tanto importantes consecuencias políticas, pues la decisión acerca de cómo proceder parece una decisión colectiva que ha de ser políticamente debatida, adoptada y aplicada. El Antropoceno opera así también como un concepto normativo sobre cuya relevancia sociopolítica no puede dudarse: los hechos transmitidos por la comunidad científica son reinterpretados y reelaborados por otras comunidades epistémicas, que debaten sobre su significado, al tiempo que crean herramientas conceptuales que facilitan su recepción general.

Su importancia ha sido señalada por distintos comentaristas. Para el sociólogo Bruno Latour, nos encontramos ante el concepto filosófico, religioso, antropológico y político más decisivo de nuestro tiempo; Peter Sloterdijk lo ha saludado como una nueva *minima moralia* que nos obliga a pensar en la cohabitación de los ciudadanos de la Tierra con las formas y los procesos no humanos; otros van más lejos y apuntan hacia una nueva condición humana, derivada del reciente régimen geológico: el Antropoceno sería un umbral pasado el cual no podemos pensar ni vivir del mismo modo: una auténtica *ruptura* con el pasado[13]. La razón sería que la

---

12 CHAKRABARTY, D., "The Anthropocene and the convergence of histories", en *The Anthropocene and the Global Environmental Crisis. Rethinking Modernity in a New Epoch*, Routledge, Abingdon, 2015, pp. 44-56.

13 LATOUR, B., *Facing Gaia: Eight Lectures on the New Climatic Regime*, Polity Press, Cambridge, 2017; SLOTERDIJK, P., *Was geschah im 20 Jahrhun-*

temperatura del planeta durante el Holoceno, un periodo interglacial, ha sido relativamente estable; si esa estabilidad se rompe y las temperaturas aumentan entre 4 y 6 grados en este siglo, nos encontraríamos en un mundo muy diferente[14]. Las implicaciones sociopolíticas de la transición no son desdeñables:

> "Terminado el Holoceno, si queremos preservar los derechos y placeres civilizados de los que hemos disfrutado durante el mismo, no digamos extenderlos generosamente a más personas, será necesario adaptarlos a unas condiciones ecológicas radicalmente alteradas. He aquí el problema político del Antropoceno"[15].

Tal como han señalado Dryzek y Pickering, más que discutir sobre si el Antropoceno es *malo* o puede llegar a ser *bueno* si acertamos a gobernarlo racionalmente, hay que empezar por asumir que es una realidad *inescapable*[16]. En este contexto, las ciencias sociales y las humanidades están llamadas a explorar la hipótesis del Antropoceno desde sus respectivos marcos epistémicos, abriendo una conversación nueva acerca de sus significados e implicaciones normativas. Esa conversación tiene lugar *dentro* de las distintas disciplinas, pero también *entre* disciplinas. Y en su transcurso se están explorando interrogantes que suponen una problematización de los hechos científicos.

El Antropoceno constituye así una novedad conceptual de la máxima relevancia que concierne a las ciencias naturales y sociales, obligadas a realizar un esfuerzo epistémico de carácter interdisciplinar con objeto de evaluar rigurosamente su verosimilitud e implicaciones. Nuestro propósito es tomar parte en ese debate

---

dert? Suhrkamp, Berlín, 2017; HAMILTON, C., *Defiant Earth. The Fate of Humans in the Anthropocene*, Polity, Cambridge, 2017.

14 HANSEN, J. y SATO, M., "Paleoclimate Implications for Human-Made Climate Change", en *Climate Change: Inferences from Paleoclimate and Regional Aspects*, Springer, Viena, 2012.

15 DAVIES, J., *The Birth of the Anthropocene*, University of California Press, Oakland, 2016, p. 5.

16 Dryzek, J. y Pickering, J., *The politics of the Anthropocene*. Oxford University Press, Oxford, 2019.

mediante el funcionamiento de un equipo multidisciplinar en el que participan teóricos políticos, filósofos, geógrafos, administrativistas y expertos en políticas públicas. La hipótesis de partida es clara: el Antropoceno es un concepto capaz de desestabilizar el campo conceptual preexistente en el estudio de las relaciones socionaturales, exigiendo una reformulación de las categorías tradicionales y una adaptación de las distintas disciplinas al marco epistémico que el Antropoceno proporciona. Esto significa, a su vez, que el Antropoceno sirve de centro alrededor del cual giran las distintas contribuciones disciplinares, que no pueden permanecer aisladas entre sí, sino en constante interacción y diálogo. Ese diálogo habrá de girar sobre las innumerables preguntas que plantea el Antropoceno, ninguna de las cuales admite una respuesta sencilla, y entre las que se cuentan las siguientes.

- ¿Qué dice exactamente la ciencia del Antropoceno y de qué manera condiciona las decisiones de los actores políticos y sociales? ¿Qué papel han de jugar los expertos en la toma de decisiones? ¿Qué nos dice la ciencia sobre las formas de vida permisibles en el Antropoceno?

- ¿Quién es exactamente el *anthropos* invocado por el Antropoceno? ¿Se trata de la especie al completo, o de grupos diferenciados dentro de la misma? ¿Es, incluso, un varón y no una mujer, o no cabe apreciar diferencias de género en la habitación humana del planeta?

- ¿Puede comprenderse el Antropoceno como el resultado de capacidades humanas genéricas, o es necesario recurrir a estructuras sociales específicas? ¿Es consecuencia del sistema económico capitalista, o más generalmente de la tecnología humana? ¿Estamos ante un fenómeno universal, o una mirada particularista permite descubrir en otras culturas formas más sostenibles de relacionarse con el entorno?

- ¿Es megalomaníaco nombrar una época geológica con el nombre de nuestra especie? ¿Están los seres humanos al mando del planeta, o deberían por el contrario admitir su papel secundario a la vista de los cambios operados globalmente, que hemos desencadenado, pero no podemos controlar? ¿Existe el riesgo de que la especie humana termine por extinguirse? ¿Qué papel político ha de jugar este escenario, tanto en la toma de decisiones políticas como en la movilización colectiva o las representaciones conceptuales o narrativas del Antropoceno?

– ¿Está el paradigma de la sostenibilidad capacitado para lidiar con las consecuencias del Antropoceno, o el problema de la habitabilidad del planeta requiere de un enfoque diferente que ponga en primer plano la necesidad acuciante de preservar las condiciones que permiten al ser humano operar con seguridad en la Tierra?

– ¿De qué manera hemos de conceptualizar la agencia, no consciente y no intencional, ejercida por los acontecimientos geológicos y los procesos medioambientales ¿Supone el Antropoceno, con su afirmación de que el ser humano ejerce ahora una influencia masiva sobre el planeta, que la "naturaleza" ya no existe? ¿O es posible emplear el ingenio y la tecnología humanas para reparar e incluso revivir el mundo natural propiamente dicho?

– ¿Puede existir un "buen Antropoceno"? Si el fin del Holoceno es ya inevitable, ¿es todavía posible evitar sus peores consecuencias? ¿Cuáles son los baremos que nos permitirían juzgar como "bueno" un futuro Antropoceno?

– ¿De qué manera se relaciona el Antropoceno con la justicia? ¿Es posible una sostenibilidad global justa? ¿Es la idea de un *anthropos* homogéneo un obstáculo para la determinación de las responsabilidades de los diferentes grupos sociales? ¿Bajo qué criterios puede organizarse una transición climática justa que reparta las cargas de la descarbonización de manera equitativa?

– ¿Nos impone el Antropoceno la obligación de revisar moral y políticamente nuestra relación con los animales? ¿Qué argumentos pueden aducirse al respecto y de qué manera puede articularse políticamente un régimen humano más beneficioso para la supervivencia y el bienestar del mundo natural no humano?

- ¿Está la democracia bien equipada para afrontar los desafíos del Antropoceno? ¿Pueden realizarse las acciones transnacionales requeridas, no digamos los cambios sistémicos más radicales, por medio de las instituciones democráticas existentes? ¿Es el carácter nacional de las democracias un obstáculo para el gobierno de un fenómeno que, por definición, carece de fronteras?
- ¿Qué lenguaje deberíamos usar y qué imágenes elegir cuando representamos el Antropoceno? ¿Cuál es la mejor manera de representar el Antropoceno en la cultura y las artes, de manera que los ciudadanos tomen conciencia de su condición "terrenal"? ¿Es útil o resulta más bien contraproducente emplear un lenguaje que enfatice las amenazas del Antropoceno?
- ¿Qué implicaciones tiene este nuevo régimen planetario para las políticas públicas? ¿Qué normas jurídicas y políticas públicas pueden diseñarse para amortiguar sus efectos o facilitar la adaptación y resiliencia sociales en la nueva era climática? En suma, ¿cómo puede diseñarse un marco jurídico para el Antropoceno?

Este libro, que quiere potenciar el debate sobre el Antropoceno en lengua española, lidia con muchos de estos interrogantes. Nuestro propósito es incorporarnos a la literatura existente en el contexto académico hispanohablante y hacerlo con una obra multidisciplinar que renuncia de antemano a dar una respuesta tajante a tales interrogantes, optando más bien por ofrecer propuestas de sentido e indagaciones conceptuales que arrojen luz sobre la compleja realidad de las relaciones socionaturales en el momento de la transición del Holoceno al Antropoceno. Nuestro trabajo quiere seguir la estela de trabajos tan diversos como los de Manuel Arias Maldonado, José Manuel De Cózar, Valentí Rull o Cristian Moyano, así como de las obras colectivas editadas por David Sánchez Rubio o Teresa Vicente Gómez[17]. Para ello, ha reunido a académicos de distinta condición en un conjunto cuya heterogenidad refleja la propia del tema que es común a todos ellos. Hemos renunciado por ello a estructurar el libro en torno a bloques temáticos diferenciados, dejando por el contrario que la sucesión —ordenada— de los capítulos genere su propio significado a ojos del lector.

En el primero de ellos, el teórico político Manuel Arias Maldonado se ocupa de introducir el concepto mismo de Antropoceno, dando cuenta de su irrupción en el ámbito de las ciencias naturales y de su rápida asimilación por parte de las ciencias sociales y las humanidades: la distinción entre el Antropoceno de las primeras y el Antropoceno de las segundas permite contextualizar los capítulos subsiguientes, reforzando la idea de que el Antropoceno es un marco epistémico emergente y no solamente un concepto o idea. A explorar la genealogía de este se dedica el capítulo de Rafael Aguilera Portales, filósofo político que propone una lectura del Antropoceno vinculada a la pregunta por el humanismo después de la posmodernidad: ¿es posible sostener el impulso humanista en un planeta que la acción humana ha convertido en una ratonera para nuestra propia civilización? Apocalipsis y Antropoceno aparecen así indisociablemente emparejados en una cultura contemporánea que se solaza en la imaginación de la catástrofe. Sin embargo, tal como expone el teórico político Daniel Lara de la Fuente en el capítulo de su autoría, la visión catastrofista del Antropoceno no es inevitable: el así llamado *ecomodernismo* propone hacer un empleo racional de la acción estatal y la tecnología

[17] ARIAS MALDONADO, M., *Antropoceno: La política en la era humana*, Taurus, Barcelona, 2018; DE CÓZAR ESCALANTE, J. M., *El Antropoceno: Tecnología, naturaleza y condición humana*, La Catarata, Madrid, 2019; RULL, V., *El Antropoceno*, La Catarata/CSIC, Madrid, 2018; MOYANO, C., *Puentes salvajes: Una filosofía integradora para renaturalizar el Antropoceno*, Plaza y Valdés, Barcelona, 2024; SÁNCHEZ RUBIO, D. y SÁNCHEZ BRAVO, A. (eds.), *Antropoceno, derechos humanos y naturaleza: Enfoques iusfilosóficos*, Dykinson, Madrid, 2023.

con la finalidad de asegurar la sostenibilidad medioambiental en un mundo de energía abundante donde las necesidades materiales de los habitantes de todo el globo estén cubiertas, todo ello sin desdoro del cuidado del mundo natural. Solo mediante el debido conocimiento de la alternativa ecomodernista, que se contrapone al imaginario social decrecentista y a las demás versiones del socialismo climático, podrá tener lugar un debate público sobre el Antropoceno digno de tal nombre.

Una perspectiva diferente sobre la búsqueda de la sostenibilidad en el Antropoceno nos es proporcionada por los filósofos Laura García-Portela y Óscar Anchorena en su capítulo sobre liderazgo climático y responsabilidad histórica. Tomando en consideración las diferentes contribuciones históricas al calentamiento global de cada Estado, los autores defienden que la obligación de liderar las acciones correctivas han de estar en justa correspondencia con aquellas. No cabe duda, sin embargo, de que la búsqueda de la sostenibilidad y la transición energética que esta conlleva crean tensiones en el interior de las sociedades democráticas; a abordarlas se dedica el capítulo de los politólogos Belén Fernández y Jakob Schwörer, quienes se preguntan si existe un "populismo verde" con rasgos específicos y susceptible de ser identificado conceptual y empíricamente. Su capítulo tiene como objetivo delimitarlo conceptualmente como un fenómeno diferenciado tanto del nativismo ambiental como de la derecha radical populista, así como del negacionismo climático de determinados actores populistas. Asimismo, se analiza la presencia de los elementos característicos del populismo verde en una selección de actores ecologistas representados en las instituciones democráticas.

El teórico político Rafael Vázquez García también inscribe su reflexión en el plano de la teoría normativa, en su caso abordando el problema del especismo y, en particular, sopesando la relevancia que el Antropoceno pueda tener para la teoría antiespecista cuyo objetivo es la abolición de todas las formas de explotación animal. Dado el giro antropocéntrico que ha traído consigo el énfasis en la supervivencia humana en una Tierra sometida al cambio climático, conviene recordar que el Antropoceno va más allá del *anthropos* y concierne también a las especies con las que convivimos y a las que utilizamos de maneras muy distintas para la realización de nuestros propios fines. De las especies no humanas se ocupa asimismo el filósofo de la ciencia Antonio Diéguez, quien pone el foco sobre las técnicas que prometen hacer posible la "des-extinción" de especies desaparecidas y que presentan esa intervención humana sobre el medio como un posible remedio contra esa pérdida de biodiversidad que muchos científicos consideran un peligro a largo plazo más grave incluso que el cambio climático. Diéguez desgrana el concepto de *rewilding*, identificado los métodos disponibles para la resucitación de especies desaparecidas y se pregunta por la moralidad de esta particular modalidad de la biotecnología. Por su parte, el administrativista Juan Manuel Ayllón mira en una dirección bien distinta y se ocupa de la innovación jurídica consistente en la personificación del mundo natural o de ecosistemas particulares como medio para protegerlos del daño que puede inflingirle la acción humana. En distintos países del mundo se ha procedido ya al reconocimiento de los derechos subjetivos del mundo natural o de partes de este, como ha sucedido en España con la ley que otorga personalidad jurídica a la laguna del Mar Menor; además de describir estas experiencias, el autor reflexiona sobre sus fundamentos normativos y potencial utilidad.

Ahora bien, ¿cómo despertar la necesaria conciencia medioambiental en el individuo, lo que quiere decir también en el ciudadano que tiene derecho a voto en las democracias liberales? Pues es evidente que la sola acción del Estado no puede por sí sola garantizar la consecución de la sostenibilidad. El teórico político Sebastián Escámez adopta una perspectiva desacostumbrada y se pregunta por las posibilidades que ofrecen la meditación y la llamada atención plena como prácticas orientadas hacia —o que conducen a— el despertar de la conciencia ecológica. No es una meditación cualquiera, sino una que permite al individuo experimentar la interdependencia con los demás seres vivos y sistemas terrestres, induciendo de paso la compasión hacia ellos. Para el profesor Escámez, la meditación tiene asimismo el potencial de mejorar la conversación democrática sobre el buen Antropoceno. A la pregunta por las condiciones de producción de nuevas subjetividades responde de manera distinta, aunque complementaria, la artista e investigadora Belén Cerezo: su trabajo indaga en prácticas artísticas que hacen posible del lado del receptor de estas "sentipensar" el Antropoceno. Eso quiere decir producir y consumir obras de arte visuales que pueden ser entendidas como documentos afectivos que no solo enseñan algo sobre el mundo, en este caso un mundo transformado por la acción humana y definido por el Antropoceno, sino que además tienen la capacidad de producir un impacto emocional susceptible de traducirse en una toma de conciencia.

¿Y qué hay de los medios de comunicación en una época caracterizada por su ubicuidad? El teórico de la comunicación Ignacio Bergillos dedica su análisis al rol de las industrias mediáticas en el Antropoceno, subrayando su dualidad: así como las infraestructuras de la comunicación causan un impacto mensurable y creciente sobre el medio ambiente natural, son también herramientas para la difusión del conocimiento sobre las relaciones socionaturales y una de las principales arenas en las que se desarrolla el debate público democrático. En una sociedad marcada por Internet y la digitalización, remarca Bergillos, no se puede hablar de sostenibilidad sin tener en cuenta la función que desempeñan las industrias mediáticas en los procesos sociales y comunicativos.

En el antepenúltimo de los capítulos de este volumen, la experta en ciencias de la administración Montserrat García López analiza el papel que juega en el Antropoceno uno de los elementos básicos para la existencia de la vida orgánica: el agua. Es el suyo una suerte de estudio de caso sobre la realidad material del Antropoceno, ya que la gestión del agua se prevé decisiva en un planeta sometido a las distorsiones climáticas causadas por el calentamiento global: de la desertización a la sequía, pasando por las lluvias torrenciales y las inundaciones. ¿Qué políticas hidráulicas son apropiadas en el contexto del Antropoceno? García López pasa revista a las viejas doctrinas y a las nuevas tecnologías, apostando por un cambio de paradigma que convierte el Antropoceno en el escenario de nuestro aprendizaje colectivo.

Por su parte, los politólogos Francisco Collado y Angel Valencia se preguntan por la medida en la cual la búsqueda de la sostenibilidad bajo las nuevas condiciones del Antropoceno ha calado en el discurso político español. Para medir tal cosa, han desagregado el concepto de "ciudad mutualista", propuesto por un conjunto de autores procedentes de disciplinas varias, de tal manera que sus componentes puedan no solo medirse, sino emplearse como criterio normativo para evaluar el desempeño de los actores políticos en su búsqueda de un Antropoceno "bueno" o como poco sostenible. Su método consiste en analizar el discurso de los alcaldes de las seis ciudades españolas de mayor población, un estudio de caso que permite cerrar este volumen colectivo con un trabajo que no se limita a hacer propuestas teóricas y se asoma a la realidad práctica de la sociedad hacia la que esas propuestas van dirigidas.

Es importante poner de manifiesto que este libro es el resultado final de un proyecto de investigación que, liderado como Investigadores Principales por los dos editores del mismo, se ha desarrollado en la Universidad de Málaga entre enero de 2022 y septiembre de 2023. En particular, se trata de un proyecto financiado a través de los fondos FEDER de la Unión Europea (Programa Operativo FEDER 2014-2020, referencia UMA20-FEDERJA-012); esta convocatoria sufrió en origen las dificultades resultantes de la pandemia y de ahí que su arranque fuera tardío y los plazos de ejecución se acortasen con respecto al plan inicial. Durante ese periodo de tiempo, los investigadores que han contribuido al proyecto han presentado su trabajo en seminarios colectivos donde han recibido comentarios y críticas destinados a mejorarlos; también hemos contado con la presencia de investigadores de otras universidades, con quienes hemos mantenido un diálogo fructífero y entablado vínculos académicos. Este libro quiere recoger así los frutos ya maduros del proyecto que hemos tenido el placer de dirigir, honrando la confianza depositada en nosotros por parte de las instituciones que lo han financiado y de los ciudadanos que las sostienen.

Y poco más puede añadirse, salvo recalcar que los editores de este trabajo confían en que el resultado final de este esfuerzo colectivo representerá una aportación valiosa al debate sobre el Antropoceno en lengua española. Habrá de ser el lector quien juzgue si lo hemos logrado o no.

Instrucciones para comprender un marco epistémico emergente

MANUEL ARIAS MALDONADO

1. INTRODUCCIÓN

A pesar de su breve historia, el concepto de Antropoceno presenta una trayectoria singular: sugerido inicialmente en el curso de una discusión informal en el marco de un congreso académico celebrado en México en el año 2000, es hoy uno de los términos de moda en las ciencias sociales y las humanidades que se dedican a estudiar las relaciones socionaturales. No es precisamente una hipótesis modesta: postula que la actividad humana ha transformado la Tierra hasta tal punto, que hoy vivimos en un medio ambiente planetario al que nosotros mismos habríamos dado forma[1]. Y el cambio climático, bien conocida manifestación del Antropoceno, sería la mejor demostración. Pero es precisamente el alcance del concepto lo que explica su rápida asimilación; nos dice algo sobre el estado de las relaciones socionaturales que esperaba a ser dicho. Existía la necesidad latente de una idea capaz de expresar el grado en el que la sociedad moderna ha transformado el mundo no humano. El Antropoceno da sentido a datos y fenómenos dispersos que, ahora, se nos aparecen bajo una luz distinta. Su utilidad deriva así de su sencillez: solo dice que las observaciones empíricas y las comparaciones históricas permiten concluir que la especie humana es ahora una fuerza medioambiental global —quizá incluso geológica— por derecho propio.

---

1 CRUTZEN, p. y STOERMER, E., "The Anthropocene". *Global Change Newsletter*, 41, 2000, 17-18; CRUTZEN, p. , "Geology of mankind", *Nature*, 415(6867), 2002, 23.

Sin embargo, el camino que lleva hasta esa conclusión no es sencillo en absoluto. La ciencia natural que está detrás del Antropoceno es de una notable complejidad, ya que es necesario obtener —a veces inferir— y comparar datos de todo tipo. Determinar cómo se relacionan entre sí constituye un desafío adicional: distinguir la causación de la correlación, tratar con la incertidumbre, modelar escenarios futuros, estimar la probabilidad de su ocurrencia; todo ello requiere del concurso de científicos procedentes de distintas áreas de especialización, así como de su cooperación interdisciplinar. Pero el Antropoceno está situado en una posición epistemológica peculiar, ya que se mantiene entre dos mundos: el concepto no designa una realidad material que está "ahí fuera", ni tampoco es una noción puramente teórica que no guarda relación con fenómenos mensurables. El Antropoceno es una *interpretación* del *hecho* empíricamente demostrado de que un número considerable de sistemas naturales planetarios ha sido desestabilizado de manera significativa por la acción humana. Para algunos geólogos, este impacto ha dejado ya huella en el registro fósil del planeta, de manera que el Antropoceno podría nombrar una nueva época geológica[2]. Sucede que las épocas geológicas tampoco existen "ahí fuera"; los seres humanos las crean con el fin de dar sentido al pasado del planeta *en correspondencia con* los rastros fósiles que pueden hallarse "aquí abajo".

Esta dualidad es clave para el buen entendimiento del Antropoceno, concepto al que es inherente una inevitable tensión entre hechos y representaciones, observaciones e interpretaciones, descripciones y prescripciones. En las ciencias sociales y las humanidades, el contraste es aún mayor: sus preguntas conciernen a lo que el Antropoceno significa, a cómo debe ser abordado, quién es responsable de que haya tenido lugar. Y estas preguntas no pueden siquiera empezar a contestarse sin tener en cuenta lo que dicen las ciencias naturales. Ciertamente, las ciencias naturales

---

2 ZALASIEWICZ, J. et al., "The Anthropocene: Comparing Its Meaning in Geology (Chronostratigraphy) with Conceptual Approaches Arising in Other Disciplines", *Earth's Future*, 9(3), 2021, e2020EF001896.

mismas son cuestionadas por los científicos sociales y los humanistas que sospechan de la neutralidad de sus investigaciones o exigen prestar más atención a los factores sociales o los problemas normativos. Si el Antropoceno se refiere al entrelazamiento irreversible de sociedad y naturaleza, sin embargo, las ciencias sociales y las naturales deben unir fuerzas. Hasta cierto punto, lo están haciendo. Pero hay límites a lo que puede lograr la cooperación interdisciplinar, que no conseguirá por ejemplo en ningún caso eliminar las fricciones que resultan de la distinta manera en que cada disciplina se aproxima a un mismo objeto. Mientras que las ciencias naturales tratan de producir conocimiento "objetivo", las ciencias sociales y las humanidades fijan significados, proponen explicaciones históricas y sugieren prescripciones normativas. Son las "dos vidas" del Antropoceno, que ha estimulado desde el principio debates científicos entre especialistas sin dejar al mismo tiempo de ser contemplado como un asunto moral y político[3].

Este capítulo tratará de arrojar luz sobre esta materia. Su siguiente sección presenta al Antropoceno de acuerdo con las ciencias naturales; la tercera describe su recepción por parte de las ciencias sociales y las humanidades; la cuarta se centra en dos debates prominentes —fecha de inicio de la nueva época geológica e identidad del *anthropos*— para ilustrar los malentendidos entre los diferentes campos disciplinares. Una breve conclusión sugiere una manera de evitar tal confusión, subrayando la necesidad de distinguir con claridad hechos, significados e implicaciones normativas.

2. EL ANTROPOCENO SEGÚN LAS CIENCIAS NATURALES

En el vasto campo de las ciencias naturales, la afirmación de que vivimos en el Antropoceno tiene una procedencia singular. Y

---

[3] CHAKRABARTY, D., "Anthropocene Time", *History and Theory*, 57, 2018, 5-32., p. 8.

es que proviene de dos disciplinas separadas: la Ciencia del Sistema Terrestre (ESS conforme a sus siglas en inglés) y la geología. Su base factual es la misma, pero cada una de ellas mira una cosa distinta: la ESS se ocupa de determinar cómo funcionan el sistema terrestre y sus diferentes subsistemas, evaluando la medida en que uno y otros se han visto desestabilizados por la actividad humana; los geólogos están interesados en el rastro fósil que esa disrupción pueda producir y debaten si merece un reconocimiento cronoestratigráfico oficial. Pero es la acción humana a través del tiempo y el espacio la que crea ese registro; de ahí la denominación propuesta —el Antropoceno o "época del *anthropos*"— al nuevo tiempo geológico. Y si bien la Subcomisión Estratigráfica del Cuaternario ha rechazado el Antropoceno como término *geocronológico,* las bases factuales sobre la que se predica esta hipótesis se mantienen en pie. O sea: la realidad del Antropoceno tal como la describe la ESS no desaparecería y tampoco lo haría el impacto antropogénico sobre el que descansa el argumento de los geólogos. De hecho, el Antropoceno podría ser considerado como un periodo *histórico* sin dejar de ser, en ningún caso, una descripción del actual *estado* del planeta y de las relaciones socionaturales[4].

A ese respecto, la proposición que realizan la EES y la geología socavan el suelo sobre el que venían descansando las ciencias naturales y sociales, así como las humanidades[5]. Aunque la separación entre las esferas humana y natural había sido ya cuestionada, ambas dimensiones de la realidad pasan a estar irremediablemente entreveradas — por más que sigamos distinguiendo entre una y otra a efectos analíticos— en el Antropoceno. Ése es el punto de partida de los científicos del sistema terrestre, que incluyen a los

---

4 Véase WALKER, M., et al., "The Anthropocene is best understood as an ongoing, intensifying, diachronous event". *Boreas,* 53, 2024, 1-3.

5 ANDERSEN, A. S. y HULGAARD, L., "Decentering Humanity. The Anthropocene and the perils of Anthropocentricity", en *Interdisciplinary Perspectives on Socioecological Challenges,* Routledge, Londres, 2023, pp. 301-319.

humanos en el sistema planetario cuando proceden a observarlo[6]. Por el contrario, la agencia humana es relevante para los geólogos en la medida en que nuestra especie ha provocado el cambio que se aprecia en el registro fósil; si la causa hubiera sido otra, ellos la habrían identificado en cualquier caso. Y con todo, no se trata de sugerir que los geólogos solo están interesados en los *efectos* del cambio medioambiental global, ya que también miden y describen el tipo de impactos antropogénicos que lo *causan*.

Dicho esto, el concepto de Antropoceno tiene sus precedentes en una serie de nociones aparecidas durante el siglo XIX, a medida que las consecuencias de la Revolución Industrial sobre el entorno físico empezaban a hacerse visibles en las sociedades occidentales. El Conde de Buffon dice en 1778 que la faz de la Tierra tenía la marca del poder humano, Antonio Stoppani define a la humanidad como un nuevo poder geofísico en 1873, George Perkins Marsh intenta describir la transformación humana del planeta, Robert Sherlock arguye que la minería constituye la forma más importante de impacto antropogénico: en la historia de las ciencias naturales es posible discernir una genealogía del Antropoceno[7]. Sin embargo, ninguna de esas pioneras conceptualizaciones disfrutaron de la claridad que posee nuestro Antropoceno, que arranca de la premisa de que el sistema terrestre se ve afectado por lo que los seres humanos hacen y concluye que el sistema está perdiendo la estabilidad que exhibió durante el Holoceno —los últimos 11700 años— y se está desplazando hacia un nuevo estado que *podría* convertir la Tierra en un hogar menos hospitalario para los seres humanos. Si esto cualifica o no también como nueva época geológica, quizá no sea tan importante; con todo, el hecho de que así se proponga sugiere que el impacto humano sobre el planeta debe tomarse en serio. Por lo demás, la hipótesis

6 Véase TOIVANEN, T., LUMMAA, K., MAJAVA, et al., "The many Anthropocenes: A transdisciplinary challenge for the Anthropocene research", *The Anthropocene Review*, 4(3), 2017, 183-198, p. 2.

7 Véase KASTING, J., "How far have we come in Earth system science?", *Earth's Future*, 1, 2013, 42-44.

no carece de fundamento a la vista de los datos recabados por la comunidad científica.

Aumento de la población mundial, crecimiento económico, extracción de recursos, creación de un sistema alimentario global, movimiento masivo de personas alrededor del mundo, intercambio tecnológico, aumento del comercio internacional y desarrollo de un sistema de transporte asimismo global: tales son los principales factores que explican el cambio del sistema terrestre, que a su vez se refleja en problemas medioambientales particulares entre los que destacan el cambio climático, la acidificación de los océanos, la pérdida de biodiversidad, la reubicación de especies animales en todo el planeta, el incremento de la biomasa humana y de los animales de los que se alimentan los humanos, proliferación de minerales de origen humano, acumulación de residuos de plástico[8]. Ni que decir tiene que la significación de esos datos y tendencias solo se pone de manifiesto cuando se los compara con *previas* situaciones históricas. En palabras de Julia Adenay Thomas:

> "Hemos de situarlo en el contexto del pasado de nuestro planeta, que empieza aproximadamente hace 4054 millones de años. También hemos de evaluarlo en el marco del pasado profundo de la historia humana, en la que el *Homo sapiens* evolucionó hace 300.000 años, convirtiéndose en una fuerza dominante y pasando a ser luego, en el curso del siglo XX, una especie capaz de cambiar el planeta"[9].

Tomemos la producción de plástico, que solo comienza a desarrollarse en serio después de la II Guerra Mundial y aumenta hasta el millón de toneladas por año a la altura de 1950, incre-

---

8 Véanse STEFFEN, W., PERSSON, A, DEUTSCH, L., et al., "The Anthropocene: From global change to planetary stewardship", *Ambio*, 40, 2011, 739-761; FOLKE, C., POLASKY, S., ROCKSTRÖM, J et al., "Our future in the Anthropocene biosphere", *Ambio*, 50, 2021, 834-869.

9 THOMAS J. "Introduction: The Growing Anthropocene Consensus", en. *Altered Earth. Getting the Anthropocene Right*, Cambridge University Press, Cambridge, 2022, pp. 1-17, p. 3.

mentándose desde entonces a gran velocidad hasta alcanzar hoy los 300 millones de toneladas[10]. O consideremos el pollo, criado como alimento humano y convertido en el pájaro más numeroso del mundo, alcanzando unos 23.000 millones de ejemplares, además de manipulado para ser más grande[11]. Son apenas dos ejemplos de una acumulación cuantitativa de tal magnitud que ha terminado provocando un cambio cualitativo. De hecho, los científicos naturales no sostienen que los impactos antropogénicos sobre los sistemas naturales sean algo nuevo. El Antropoceno es una cuestión de grado: antes de la Revolución Industrial, la *capacidad* humana de alterar el sistema terrestre era aún modesta en términos relativos. En ese periodo, han tenido lugar asimismo acontecimientos puramente *naturales* que han afectado a los sistemas planetarios; ahí están las grandes erupciones volcánicos y los terremotos más devastadores. Pero ha sido la influencia humana sobre el sistema terrestre la que ha crecido de manera sostenida desde el comienzo del industrialismo, acelerándose notablemente en los últimos 75 años. A este último periodo, que incluye el crecimiento de posguerra y la globalización postsoviética, se lo ha llamado "Gran Aceleración"[12].

En ese sentido, el Antropoceno plantea una proposición sencilla: un "planeta humano" es uno en el que el impacto ambiental de nuestra especie está ya tan extendido y es tan significativo que ha desestabilizado al sistema terrestre. Nótese que el Antropoceno podría ser *inofensivo* para la humanidad; la desestabilización de

---

10 ZALASIEWICZ, J, KRYZA, R., WILLIAMS, M., "The mineral signature of the Anthropocene", en *A Stratigraphical Basis for the Anthropocene*, Geological Society London Special Publications, Londres, 395, 2014, 109-117.

11 BENNETT, C., THOMAS, R., WILLIAMS, M. et al., "The broiler chicken as a signal of human reconfigured biosphere", *Royal Society Open Science* 5, 2013, 180325.

12 Véanse MCNEILL, J., *Nothing New Under the Sun: An Environmental History of the Twentieth Century*, Penguin, Londres, 2000; STEFFEN, W., CRUTZEN, p. MCNEILL, J., "The Anthropocene: Are Humans Now Overwhelming the Great Forces of Nature?", *Ambio*, 36(8), 2007, 614-621.

los sistemas planetarios no tiene por qué poner en peligro nuestras condiciones de vida. Sin embargo, ignoramos todavía cuán estable es *para nosotros* la nueva estabilidad del sistema terrestre. No en vano, comparar el presente con el pasado es mucho más fácil que adentrarnos en el futuro que proyectan las simulaciones informáticas a partir de los datos que les proporcionamos.

3. EL ANTROPOCENO SEGÚN LAS CIENCIAS SOCIALES Y LAS HUMANIDADES

La recepción del Antropoceno por parte de las ciencias sociales y las humanidades, diversa como ha sido, está inevitablemente condicionada por la manera en que sus practicantes *entienden* el concepto. Quiere con ello decirse que lo que dicen las ciencias naturales puede ser *malentendido* por las ciencias humanas; así sucede, como veremos después, con la pregunta sobre la fecha en que comienza el Antropoceno. Mayormente, con todo, las ciencias sociales y las humanidades se aproximan a este objeto desde ángulos distintos, ofreciendo una comprensión más flexible del Antropoceno como estado del sistema terrestre y como hito cultural[13].

Tiene sentido: allí donde los científicos naturales ofrecen una descripción factual del mundo, habitualmente acompañada de una explicación causal, los humanistas y científicos sociales tienen otras inquietudes. O sea: discuten trayectorias históricas, buscan significados, crean conceptos y debaten las implicaciones normativas de una situación o acontecimiento. La singularidad del Antropoceno es que no se lo puede explicar sin tomar en consideración la interacción de las fuerzas sociales y los sistemas naturales. Un científico natural puede así medir la cantidad de CO2 concentrada en la atmósfera, describiendo los procesos físicos implica-

13 ZALASIEWICZ, J. et al. (2021). "The Anthropocene: Comparing Its Meaning in Geology (Chronostratigraphy) with Conceptual Approaches Arising in Other Disciplines", 2021.

dos en el proceso y aun las consecuencias que esa concentración podría tener para el resto de los sistemas naturales. Pero hacen falta científicos sociales y humanistas para explicar *cómo* y *por qué* las sociedades producen tanto CO2, así como para determinar *qué* debe hacerse al respecto y *por qué* razones. Dicho esto, los científicos naturales también pueden discutir los aspectos normativos del Antropoceno o el cambio climático: sus colegas en las ciencias humanas no disfrutan de un monopolio sobre el particular.

En todo caso, el Antropoceno ha sido asimilado con rapidez por científicos sociales y humanistas. Para sus practicantes, no se trata de una periodización geológica ni de una simple presentación del estado de las relaciones socionaturales, sino más bien de un acontecimiento filosófico que impacta contra el campo semántico de la modernidad con fuerza inesperada[14]. En otras palabras, el Antropoceno es una nueva "condición" que exige repensar la autocomprensión humana[15]. Tal como corresponde a un concepto de gran alcance, el Antropoceno estaría influyendo sobre la producción de conocimiento, la reflexión ética, la organización política y la creación estética[16]. El impacto del concepto no se entiende sin tener en cuenta la realidad material que lo sostiene, que nos es revelado a su vez por las ciencias naturales y solo por ellas. Pero, así como los hallazgos de estas últimas pueden expresarse por medio de datos inequívocos, tales como la cantidad de CO2 concentrada en la atmósfera o la tasa de desaparición de especies conocidas, ni las ciencias sociales ni las humanidades alcanzan son capaces de tanta precisión ni pueden alcanzar consen-

---

14 ROWAN, R., "Notes on politics after the Anthropocene", *Progress in human geography*, 38, 3, 2014, 439-456.

15 THOMAS, J., WILLIAMS, M., ZALASIEWICZ, J. *The Anthropocene: A Multidisciplinary Approach*, Polity, Cambridge, 2020.

16 Véanse CLARK N. *Inhuman Nature. Sociable Life on a Dynamic Planet*, Sage, Londres, 2011; GHOSH, A., *The Great Derangement. Climate Change and the Unthinkable*, The University of Chicago Press, Chicago, 2016; HAMILTON, C., *Defiant Earth. The Fate of Humans in the Anthropocene*, Polity, Cambridge, 2017; Latour, B., *Facing Gaia: Eight Lectures on the New Climatic Regime*, Polity Press, Cambridge, 2017.

sos similares. Cuando se lidia con significados y prescripciones, el desacuerdo es inevitable. Nadie sabe a ciencia cierta qué *significa* el Antropoceno, ni lo que *debería* hacerse con él. Por ejemplo; hay quien sostiene que el Antropoceno deja claro que sociedad y naturaleza se hallan ya inextricablemente entrelazadas[17], mientras que otros replican que más bien confirma la necesidad de adoptar una ontología dualista que mantenga la distinción entre sociedad y naturaleza[18]. No hay manera de *validar* ninguna de esas dos tesis; ambas son interpretaciones plausibles del Antropoceno. De ahí que convenga mirarlo a través de las lentes conceptuales de un "pluriverso", dejando margen para una multiplicidad de interpretaciones que se solapan entre sí[19].

Sería incongruente, empero, sugerir que el debate en marcha *no* ha producido ya conclusiones provisionales, más o menos compartidas, acerca del significado del Antropoceno. A continuación, se señalan las más relevantes; tomadas en su conjunto, avalan la premisa de que el Antropoceno puede considerarse un nuevo marco epistémico para el análisis de las relaciones socionaturales y la reflexión acerca de la propia condición humana.

(i) *El Antropoceno perturba el sentido moderno del tiempo.* De acuerdo con los científicos naturales, los cambios provocados por la actividad humana en los sistemas naturales perdurarán durante mucho tiempo. Tal como muestran las grandes extinciones del pasado, por ejemplo, repoblar el planeta con nuevas especies requerirá millones de

---

17 ARIAS-MALDONADO, M., *Environment & Society: Socionatural Relations in the Anthropocene*, Springer, Cham, 2015.

18 SAITO, K., *Marx in the Anthropocene. Towards the Idea of Degrowth Communism.* Cambridge University Press, Cambridge, 2022.

19 HOELLE, J. AND KAWA, N. C., "Placing the anthropos in Anthropocene", *Annals of the American Association of Geographers*, 111(3), 2021, 655-662; HAFNER, R., "The Anthropocene: Thought styles, controversies and their expansions: A review", *Die Erde*, 153 (3), 2022, 149-161.

años[20]. Por añadidura, cabe esperar cambios no lineales y *tipping points* o puntos de no retorno. Después de un Holoceno relativamente estable, el Antropoceno sugiere una fricción creciente entre los acontecimientos planetarios y la vida social; en consecuencia, la separación entre historia natural e historia social es cada vez menos sostenible. En palabras de Dipesh Chakrabarty, pese a la diferencia de escala entre la historia de la Tierra y la historia mundial, ambas convergen en el Antropoceno: cinco siglos de capitalismo industrial han despertado a las fuerzas telúricas que conectan a la humanidad con procesos geológicos que se prolongan durante millones de años[21].

(ii) *El Antropoceno desestabiliza la separación entre naturaleza y sociedad.* Si los humanos se han convertido en una fuerza geológico-ecológica que es capaz de transformar el planeta y alterar el estado del sistema terrestre, empujándolo hacia un nuevo equilibrio que puede a su vez resultar peligroso para los seres humanos mismos, la distinción moderna entre lo natural y lo social deja de tener sentido. Los sistemas sociales y naturales ya se encuentran "acoplados"[22], de tal manera que lo humano y lo no humano se entreteje sin remedio[23]. Para algunos pensadores, se abre con ello la oportunidad de repensar las viejas categorías occidentales[24]; otros aducen que de la co-evolución y co-creación de sistemas sociales y naturales deriva una nueva respon-

---

20 LANGMUIR, C. AND BROECKER, W., *How to Build a Habitable Planet: The Story of Earth from the Big Bang to Humankind*, Princeton University Press, Princeton, 2012.

21 CHAKRABARTY, D., "Anthropocene Time", 2018.

22 LIU, J., DIETZ, T., CARPENTER, S. et al., "Complexity of Coupled Human and Natural Systems", *Science*, 317, 2007, 1513.

23 CHERNILO, D., "One globalisation or many? Risk society in the age of the Anthropocene", *Journal of Sociology*, 57(1), 2021, 12-26.

24 CASTREE, N., "Geography and the Anthropocene II: Current Contributions. Geography Compass", 8(7), 2014, 450-463.

sabilidad humana hacia las criaturas que comparten el planeta con nosotros[25]. Sin embargo, ya se ha dicho que esta posición ha sido criticada por quienes entienden que desdibujar la distinción sociedad-naturaleza puede alimentar el imprudente sueño de una sociedad que *controla* su medio ambiente[26]. Y también es cierto que carecemos de una alternativa en términos analíticos: ¿cómo hablar de una sociedad sostenible o de la conservación del mundo natural si no diferenciamos sociedad y naturaleza? En lugar de afirmar de manera tajante que esa distinción ha sido *eliminada*, resulta aconsejable indicar más bien que el Antropoceno la *pone en cuestión.*

(iii) *El Antropoceno recuerda a los seres humanos que la Tierra es un hábitat potencialmente violento e inseguro por definición.* Así como el Holoceno ha sido descrito, quizá de manera exagerada, como un periodo benigno de estabilidad durante el cual la especie humana ha podido florecer, el Antropoceno aparece como su reverso: una época incierta en la que fuerzas telúricas peligrosas pueden manifestarse de distintas maneras. No habría entonces un espacio interior predecible en el que los seres humanos pudieran aislarse para vivir tranquilos[27]. La hipótesis de que existe un umbral pasado el cual la vida humana en la Tierra se vuelve imposible o cuando menos dificultosa, por añadidura, refuerza la fascinación que ejerce el Antropoceno y explica su rápida incorporación a los relatos apocalípticos

---

25 CUDWORTH, E. y HOBDEN, S., "Liberation for Straw Dogs? Old Materialism, New Materialism, and the Challenge of an Emancipatory Posthumanism", *Globalizations*, 12(1), 2015, 134-148; HARAWAY, D., "Anthropocene, Capitalocene, Plantationocene, Chthulucene: Making Kin", *Environmental Humanities*, 6 (1), 2015, 159-65.

26 SAITO, K., *Marx in the Anthropocene*, 2022, p. 131.

27 GROVE, K. and CHANDLER, D. (2017). Introduction: Resilience and the Anthropocene: The stakes of "renaturalising" politics. Resilience, 5(2), 79-91.

contemporáneos[28]. Mientras que los seres humanos habían vivido preocupados sobre todo por los acontecimientos históricos y la acción de las fuerzas sociales, se enfrentan ahora en medida creciente a riesgos planetarios: de las olas de calor a las sequías, de huracanes más fuertes a epidemias más severas. Aunque conviene distinguir: de un lado, está el hecho sorprendente de que la especie humana ha sido capaz de empujar al sistema terrestre hacia un nuevo estado, haciendo con ello del planeta una amenazante "otredad"[29]; y de otro, no debería perderse de vista que la Tierra ha sido siempre una entidad cambiante en la que han tenido lugar explosiones de violencia telúrica; en ese sentido, el Antropoceno es un *recordatorio* antes que un *descubrimiento*.

De ahí provienen la ambivalencia y la complejidad del Antropoceno. No es posible asignar un significado incontestable a los *hechos* del Antropoceno, ni cabe ponerse fácilmente de acuerdo sobre las *prescripciones normativas* que se extraen del mismo. Tal como se ha dicho, el Antropoceno no pone un final al tiempo social, sino que lo vincula al tiempo geológico y con ello crea una fuente de confusión para sus contemporáneos. Sucede algo parecido con la división entre lo humano y lo natural, que se ve difuminada y sin embargo no ha sido reemplazada por una nueva cosmovisión. Por último, la potencial peligrosidad del planeta también está preñada de ambigüedades: refiriéndose a riesgos planetarios creados por la actividad humana durante la era industrial, no deja de recordarnos que el planeta acredita una turbulenta historia geológica independiente de nosotros.

Decir que el Antropoceno es un concepto ambivalente es así reconocer que la realidad material que describe coloca a los seres

---

28 Véase ZYLINSKA, J., *The End of Man. A Feminist Counterapocalypse*. Minneapolis: University of Minnesota Press, 2018.

29 CLARK, N., y SZERSZYNSKI, B., *Planetary Social Thought. The Anthropocene Challenge to the Social Sciences*, Polity, Cambridge, 2021, p. 22.

humanos en una situación peculiar que puede ser interpretada *simultáneamente* de distintas maneras. O mejor: esa situación *debe* ser interpretada de distintas maneras a la vez si no queremos pasar por alto algunos de sus componentes e implicaciones. Y es que el Antropoceno *centra* y *descentra* a los seres humanos: somos inesperados protagonistas del drama planetario, porque hemos alterado el estado del sistema terrestre, pero al hacerlo hemos liberado fuerzas que son más poderosas que nosotros y que han operado en el planeta a escala geológica. En consecuencia, la humanidad es a la vez *poderoso* actor e *impotente* víctima; los miembros de la especie *transforman* su medio ambiente a la vez que lo *destruyen*. A medida que crece el impacto de sus acciones sobre el entorno, los seres humanos van desarrollando una relación cada vez más íntima con el mundo natural que, sin embargo, no impide su *separación* —otros dicen *alienación*— del mismo.

La trayectoria epistémica del Antropoceno queda así completada: mientras los científicos naturales empiezan proporcionando datos empíricos sobre el impacto humano sobre el sistema terrestre, científicos sociales y humanistas discuten sobre su significado y proponen soluciones políticas capaces de garantizar la futura habitabilidad del planeta. Tal como la próxima sección pone de manifiesto, empero, las ideas sobre el Antropoceno no siempre viajan fácilmente entre distintos campos disciplinares.

4. DE LA ESTACA DORADA AL *ANTHROPOS*: MALENTENDIDOS INTERDISCIPLINARES

En el debate sobre el Antropoceno, hay dos temas que ponen de manifiesto los malentendidos entre las ciencias naturales y las ciencias humanas. Por un lado, la elucidación de la fecha de comienzo del Antropoceno; por otro, la determinación del *sujeto* del Antropoceno, es decir, la identidad del *anthropos* que el término contiene. En buena medida, los desencuentros se producen porque se aplican distintas metodologías y cada disciplina busca una cosa distinta.

¿Cuándo empieza el Antropoceno? La geología exige la identificación material de un marcador que, funcionando como estratotipo global de límite (GSSP, por sus siglas en inglés) o "estaca dorada", debe ser global e isócrono a fin de que se conceda reconocimiento oficial a una nueva unidad cronoestratigráfica[30]. Decidir sobre esto último corresponde a la Comisión Internacional de Estratigrafía, que aún no ha tomado una decisión acerca del Antropoceno; lo hará sobre la base que proporcione el informe remitido por el Anthropocene Working Group, fundado en 2009, que reúne a un conjunto de geólogos y otros científicos naturales partidarios de tal reconocimiento. No es, sin embargo, una cuestión pacífica. Si se siguen las normas tradicionales. los estratos antropogénicos —restos fósiles de artefactos, nuevos materiales, estructuras— no pueden ser tenidos en cuenta. La consecuencia es irónica: el agente que está causando el cambio geológico busca las huellas de su propio impacto, pero no puede incluir las que han dejado los artefactos que él mismo ha creado y sin los cuales tal cambio geológico resulta inexplicable.

Una solución intermedia consistiría en distinguir entre el tiempo profundo, propio de la geología, y las escalas temporales arqueológicas que toman en consideración los estratos antropogénicos que el método estratigráfico deja al margen[31]. Otra posibilidad consiste en tratar el Antropoceno como un "episodio" [*event*] todavía en marcha y no como una época oficial[32]. En todo caso, la dimensión geológica del Antropoceno no agota al Antropoceno; los científicos naturales subrayan que su rasgo defi-

---

30 SALVADOR, A. (ed.), *International Stratigraphic Guide. A Guide to Stratigraphic Classification, Terminology and Procedure,* International Union of Geological Sciences/Geological Society of America, Boulder, 1994..

31 EDGEWORTH, M., ELLIS, E. C., GIBBARD, p. , NEAL, C., ELLIS, M., "The chronostratigraphic method is unsuitable for determining the start of the Anthropocene", *Progress in Physical Geography: Earth and Environment,* 43(3), 2019, 334-344.

32 EDGEWORTH, M., GIBBARD, p. , WALKER, M. et al., "The stratigraphic basis of the Anthropocene Event", *Quaternary Science Advances,* 11, 2023, 100088.

nitorio es el cambio en el sistema terrestre, deje o no el rastro exigido en el registro fósil. Por eso se ha llegado a sugerir que un "Antropoceno" con mayúsculas podría designar el concepto cronoestratigráfico y un "antropoceno" con minúsculas servir para interpretaciones más amplias al margen de la geología[33]. En lugar de buscarse el punto temporal donde el Antropoceno *geológico* dio comienzo, los científicos determinan un periodo más amplio en el que el sistema terrestre quedó radicalmente alterado debido al impacto de la actividad humana[34].

Ocurre que la fecha elegida por la ciencia para señalar el comienzo del Antropoceno no puede dejar de tener consecuencias políticas y simbólicas. De ahí que Swanson hable del Antropoceno como "geología política", aduciendo que los geocientíficos mismos saben que la posible reestructuración del tiempo geológico es una acción "profundamente política"[35]. Pero ¿es así? En realidad, una cosa es *percatarse* de las implicaciones políticas de esa decisión y otra distinta *seleccionar* la fecha de comienzo del Antropoceno en función de sus implicaciones políticas. Aunque los científicos sociales y los humanistas recelan de la pretensión de objetividad de sus colegas, las ciencias naturales aplican métodos de validación que exigen pruebas empíricas; la estaca dorada del Antropoceno no se puede elegir a capricho.

En las ciencias naturales, se han discutido varias opciones. Están el "Antropoceno temprano" que comienza con la revolución agrícola; el "Antropoceno de la era de las exploraciones", que derivan del impacto global de la biota humana entre los siglos XV y XVIII; el "Antropoceno contemporáneo" que se asocia a la revolución industrial; y el "Antropoceno de la Gran Aceleración" que

---

33 RUDDIMAN, W., ELLIS, E., KAPLAN, J., FULLERA, D., "Defining the epoch we live in", *Science*, 348 (6230), 2015, 38-39.

34 ZALASIEWICZ, J. et al. (2021). "The Anthropocene: Comparing Its Meaning in Geology (Chronostratigraphy) with Conceptual Approaches Arising in Other Disciplines", 2021.

35 SWANSON, H., "Anthropocene as Political Geology: Current Debates over how to Tell Time", *Science as Culture*, 25(1), 2016, 157-163.

se sitúa en torno a 1950[36]. Se espera que esta última, que supone identificar los residuos globales de los isótopos radioactivos liberados por los ensayos nucleares como estaca dorada, sea evaluada por la Comisión Internacional de Estratigrafía. Pero lo que interesa subrayar aquí es que, desde el punto de vista de las ciencias naturales, el rasgo definitorio del Antropoceno no es el hecho de que los humanos alteren sus entornos, ni el incremento dramático de su impacto en la era moderna (primero con la globalización temprana, después con la revolución industrial y la colonización imperial), sino el efecto *sistémico* que la acumulación histórica de actividad humana ha producido *finalmente* en el sistema terrestre.

Por contraste, los científicos sociales y los humanistas ven cada una de esas posibilidades de manera distinta. Un Antropoceno temprano indica que la especie humana está abocada a alterar su medio ambiente, sea cual sea su forma de organización económica; el llamado "Intercambio Colombino" y la gran era de la navegación apunta hacia la colonización europea, el imperialismo, y la subyugación de los pueblos indígenas. Una fecha más tardía, como la Revolución Industrial, vincula el Antropoceno con el capitalismo; la Gran Aceleración suma el impacto causado por los países industriales no capitalistas e incorpora las consecuencias ambientales de las economías basadas en el consumo de masas. Quienes creen que el Antropoceno es una derivación del capitalismo, de hecho, prefieren hablar de "Capitaloceno"[37]. Pero una cosa es afirmar que el Antropoceno no empieza hasta el siglo XX y otra culpar al capitalismo de su ocurrencia. El capitalismo bien

---

36 Véanse RUDDIMAN, W., "The Anthropogenic greenhouse era began thousands of years ago", *Climatic Change*, 61(3), 2003, 261-293; Baskin, J., "Paradigm dressed as epoch: The ideology of the Anthropocene", *Environmental Values*, 24, 2015, 9-29; TOIVANEN, T., LUMMAA, K., MAJAVA, et al., "The many Anthropocenes: A transdisciplinary challenge for the Anthropocene research", *The Anthropocene Review*, 4(3), 2017, 183-198; LEWIS, S y MASLIN, M., *The Human Planet: How We Created the Anthropocene*, Penguin, Londres, 2017.

37 MOORE, J., "The Capitalocene Part I: On the Nature and Origins of Our Ecological Crisis", *Journal of Peasant Studies*, 44(3), 2014, 594-630.

puede ser la última, más intensa expresión del tipo de adaptación agresiva al medio ambiente que caracteriza a la especie humana[38]. Sea como fuere, lo que me interesa destacar aquí es cómo los científicos naturales y los científicos sociales (además de los humanistas) miran el Antropoceno de manera muy distinta.

Tales diferencias se ponen asimismo de manifiesto allí donde la identidad del *anthropos* es objeto de discusión. Humanistas y científicos sociales rechazan la idea de que el sujeto del Antropoceno sea el "ser humano" como tal, o sea una entidad abstracta que pertenece a una "humanidad" indiferenciada. Arguyen que esa humanidad no existe: los diferentes grupos sociales han contribuido de manera desigual a la producción de los problemas medioambientales globales y no sufren en la misma medida los daños que de ellos resultan[39]. Más aun, esta "ficticia unidad humana" puede eclipsar el papel que el "capitalismo fósil" ha jugado en la disrupción del sistema terrestre[40]. Para otros comentaristas, el problema con el *anthropos* es que excluye a otros seres y entidades, consolidando así una lectura antropocéntrica del cambio medioambiental global[41]. Tomar la senda "post-humanista" puede no obstante ser también controvertido, ya que al marco multiespecista se le reprocha que minimice el rol de la política racial en la causación del Antropoceno[42].

Tanto los científicos sociales como los humanistas se resisten así a adherirse al pensamiento planetario. Para la mayoría de ellos, el *anthropos* debe "socializarse" o se convertirá en una categoría epistémicamente fallida. Sucede que la designación de la

---

38 Véase Arias-Maldonado, M., *Environment & Society*, 2015, cap. 3.

39 MALM A. y HORNBORG A., "The geology of mankind? A critique of the Anthropocene narrative", *The Anthropocene Review*, 1, 2014, 62-69.

40 Véase MOORE, J., "The Capitalocene Part I", 2014.

41 HOELLE, J. y KAWA, N., "Placing the anthropos in Anthropocene", *Annals of the American Association of Geographers*, 111(3), 2021, 655-662.

42 DAVIS, J., MOULTON, A. A., VAN SANT, L., WIL, B., "Anthropocene, Capitalocene,... Plantationocene? A manifesto for ecological justice in an age of global crises", *Geography Compass*, 13, 2018, 1-15.

especie humana es inherente al concepto de Antropoceno[43]. Su proposición central es que los seres humanos han alterado los sistemas planetarios; los detalles acerca de *cómo* lo han hecho son menos relevantes que la evidencia de que tal cambio se ha producido. Tal vez las ciencias humanas no están bien equipadas para adoptar el punto de vista planetario, en la medida en que ven las crisis ecológicas como un producto de la desigualdad socioeconómica y las diferencias culturales, históricas y éticas entre grupos o naciones[44]. Y no hay nada malo en ello. Pero se pierde algo si el pensamiento planetario es rechazado en nombre de la diferenciación social. Para dar sentido al Antropoceno, la humanidad debe entenderse *a la vez* como una especie biológica unificada (desde el punto de vista del planeta) y como una colectividad internamente diferenciada (desde el punto de vista del observador humano). Se sigue de ello que el término "Antropoceno" es el más apropiado para esta tarea: transmite un mensaje sencillo sobre las relaciones socionaturales. Las denominaciones alternativas —Capitaloceno, Tecnoceno, Plantacioceno— funcionan justamente porque son variaciones de un concepto ya establecido.

5. CONCLUSIÓN

El éxito multidisciplinar del Antropoceno debe así mucho a la sencillez del mensaje que transmite el concepto: la acumulación de impactos antropogénicos sobre el medio ambiente global ha terminado causando la disrupción del estado terrestre. Su fundamento está en las ciencias naturales, que proporcionan los datos empíricos que permiten sostener el relato según el cual una especie cada vez más poderosa transforma —quizá de manera pe-

---

43 TAYLOR, J., "Anthropocene", *Victorian Literature and Culture*, 46(3-4), 2018, 573-577, p. 574.

44 HEISE, U., "Introduction: planet, species, justice — and the stories we tell about them", en *The Routledge Companion to Environmental Humanities*, Routledge, Abingdon y Nueva York, 2017, pp. 1-9, p. 2.

ligrosa— el planeta que habita. Hablar del Antropoceno permite comprender hasta qué punto los seres humanos se hallan entreverados con la naturaleza, así como la necesidad de hacer que esas relaciones socionaturales sean sostenibles en el largo plazo. A tal fin, el Antropoceno puede y debe servir como un nuevo marco epistémico que urge a los científicos naturales y a los sociales "a tomarse en serio el trabajo del otro"[45]. Eso exige que los segundos dejen de ver el Antropoceno como "ideología disfrazada de paradigma"[46], ya que el concepto se basa en evidencia empírica que muestra cómo el sistema terrestre está cambiando bajo la presión ejercida por la actividad humana. Ni que decir tiene que los hallazgos de la ciencia natural no pueden identificarse automáticamente con la "verdad" sobre el mundo. Pero tampoco pueden despacharse como un simple "discurso", incluso si la manera en que presentan las relaciones socionaturales es criticada o rechazada. En suma: los significados y las prescripciones normativas solo pueden discutirse una vez que el fundamento biofísico del Antropoceno ha sido fijado y aceptado por parte de quienes participan en la conversación. De no ser así, si bien se mira, ni siquiera habría conversación.

---

45 SWANSON, H., "Anthropocene as Political Geology", *Current Debates over how to Tell Time, Science as Culture*, 25(1), 2016, 157-163, p. 162.

46 BASKIN, J., "Paradigm dressed as epoch: The ideology of the Anthropocene", *Environmental Values*, 24, 2015, 9-29.

Apocalipsis, poshumanismo y Antropoceno en la cultura pánica posmoderna

RAFAEL AGUILERA PORTALES

"Seamos optimistas, apostemos por la catástrofe".
CIORAN, *Breviario de la podredumbre*

1. ANTROPOCENO Y APOCALIPSIS COMO CRISIS DE LA TIERRA

Cuando hablamos de apocalipsis, no hablamos de fin de los tiempos o fin del mundo, sino de la capacidad que tiene el ser humano para evitar lo que parece inevitable, el crecimiento ilimitado e irreversible no puede continuar ni prolongar por mucho tiempo, hemos llegado a un momento o punto a partir del cual debemos reinventar o reelaborar nuestro modelo de civilización. La superpoblación, el calentamiento global, la contaminación nos someten a nuevas decisiones políticas globales. En este sentido, el apocalipsis es didáctico, opera como relato distópico para cambiar el presente y como amenaza desde el futuro hacia nuestro presente. En este sentido, el Antropoceno apocalíptico nos obliga a cambiar el curso de nuestra acción para que las peores previsiones del Antropoceno no se cumplan. El futuro es inevitable, nos espera si no hacemos nada.

La naturaleza vuelve hoy, la Tierra está reaccionando a la "Gran Aceleración" con cambios mucho más rápidos, virulentos y globales de lo que anticiparon los preciados pronósticos hace una década. El aumento de la temperatura del planeta, el aumento del nivel del mar, el deshielo, el aumento de refugiados ambientales debido al cambio climático. La incapacidad de los políticos, que se circunscriben a intereses partidistas y electorales a corto plazo, hacen inviable la toma de decisiones a nivel global y local respecto a esta problemática.

James Lovelock en su libro *La venganza de la tierra*[1] nos plantea un futuro incierto de la humanidad, tras haber explotado la tierra de forma depredadora e irresponsable, sin tener en cuenta sus consecuencias. El calentamiento global y el cambio climático son evidentes para cualquier observador y la Tierra comienza a vengarse. El problema de la autodestrucción de la especie humana es más cercano. La hipótesis Gaia de James Lovelock[2], según la cual la vida planetaria se regula a sí misma buscando su equilibrio. Igualmente, la hipótesis Gaia, que subraya cómo los seres vivos crean las condiciones de su propia habitabilidad.

El Antropoceno nos plantea problemas conceptuales, políticos y metafísicos-existenciales, que se han encontrado siempre en el meollo del humanismo, el sentido y rumbo de la especie humana junto al rumbo de la naturaleza: ¿Qué significa el ser humano? ¿Cuál es su puesto en el Cosmos? ¿Tiene sentido la existencia humana ante su extinción en un planeta Tierra? ¿qué grado de dependencia tenemos de Gaia? ¿Qué sentido tiene vivir en condiciones de estrés ecológico y ambiental? ¿Cuáles son las consecuencias de un crecimiento no sostenible, ilimitado e imparable? ¿Qué importancia tiene un capitalismo de hiperconsumo ante la catástrofe ecológica? ¿Qué importancia tiene la vida ante la muerte masiva o el hundimiento de la civilización mundial? ¿Qué decisiones políticas necesitamos para evitar lo que parece inevitable? ¿Cómo tomar estas decisiones políticas globales y locales ante la sombra de nuestro inevitable final?

---

1 LOVELOCK, J., *La venganza de la Tierra: La teoría de Gaia y el futuro de la humanidad*, Booket, s.l., 2020.

2 LOVELOCK J., *Gaia, a new look at life on Earth*, Oxford University Press, New York, 1979.

Nos encontramos ante problemas políticos y filosóficos por excelencia, que exigen un esfuerzo intelectual sin precedentes. Estas cuestiones no son lógico-conceptuales o empíricas, ni metodológicas, no pueden cuantificarse o estudiarse cuantitativamente. Montaigne afirmaba que "filosofar es aprender a morir"[3], por tanto, nos encontramos ante el Antropoceno, como la época más filosófica de la humanidad, porque el Antropoceno nos ubica en el filo de lo imposible o límite de nuestra existencia colectiva. El problema es que tenemos que aprender a morir no sólo individualmente, sino como civilización.

Pero, sabemos que aprender a morir no es fácil, esto es una cuestión que no se enseña en las escuelas ni universidades. La condición y la psique humanas se rebela de forma natural e instintiva ante su propia muerte o extinción, su propia finitud, no queremos morir, ni como individuos ni como civilización[4]. Nuestro instinto de supervivencia ha elaborado fabulosas y cómodas mentiras para evadir la cuestión o eludir la muerte, sesgos cognitivos para autoengañarnos, mentirnos y no aceptar la inevitable realidad que al fin se impondrá.

El mayor reto del Antropoceno no consiste en la preparación de nuevas guerras por los recursos escasos y limitados (política militar), sino tratar de asimilar que nuestra civilización está muerta, que el nihilismo y cinismo se han universalizado y que nuestra posible extinción como civilización está cada vez más cerca. En este sentido, el Antropoceno constituye una cuestión de carácter filosófico ante el nihilismo que vivimos.

El capitalismo fósil del carbono[5] es un sistema económico zombi, virulento, voraz y hiperagresivo que depreda todos los recursos naturales y ecológicos, por tanto, un sistema tóxico, suicida, caní-

---

3 SCRANTON, R., *Learning to Die in the Anthropocene. Reflections on the End of a Civilization*, City Light Books, San Francisco, 2014.

4 *Ibidem*, p. 34.

5 MOORE, J., *Capitalism in the Web of Life: Ecology and the Accumulation of Capital*, Verso, Londres, 2015.

bal y autodestructivo. Un sistema insostenible ante la catástrofe que se avecina del cambio climático. La supervivencia de la humanidad tras el colapso del capitalismo industrial del carbono en el Antropoceno dependerá de nuestra habilidad para morir en nuestra forma de vida hiperconsumista, explotadora y violenta, reelaborar nuevas formas de tecnología cultural y colectiva, innovar y adaptar nuestro legado sapiencial político y religioso hacia nuevas formas de existencia humana.

La incapacidad global de hacer frente al cambio climático constituye fundamentalmente un problema político decisivo[6], donde la política del carbono debe ser totalmente reelaborada y rediseñada hacia nuevas Políticas verdes sostenibles. La crisis del cambio climático global, la crisis del capitalismo y la crisis de las humanidades en la cultura actual son aspectos de la misma crisis. Las posibilidades de que nuestra civilización sobreviva son escasas. Las alternativas de respuestas son claras, una obviar o negar la catástrofe, comportarnos como si nada pasara, algo que hacemos muy bien en la actualidad, y otra, es aprender a mirar la muerte de frente cada día con acciones concretas y aprender a mirarla sin miedos ni ataduras. La acción política y ética constituye la única respuesta viable ante descomunal e ingente problema del Antropoceno.

La huella del ser humano en la Tierra es irreversible en la actualidad. Su impacto no se circunscribe a áreas geográficas, sino que afecta a la totalidad del planeta. Paradoja de tomar conciencia del daño colateral sobre el planeta; pero al mismo tiempo no tenemos el control de este, por tanto, sus consecuencias climáticas, geológicas y político-sociales se nos vienen encima.

---

6 ARIAS MALDONADO, M., *Antropoceno. La política en la era humana*, Taurus, Barcelona. 2018.

2. ¿QUÉ HACER ANTE LOS DESAFÍOS DEL ANTROPOCENO?

Entonces, ¿qué hay que hacer, como habría dicho Lenin? Sloterdijk, en su libro *¿Qué sucedió en el siglo XX?*[7], después de rechazar la "pasión por lo real" del siglo XX como precursor del extremismo político que conduce al exterminio de los enemigos, proporciona su propio esbozo de lo que se debería hacer en el siglo XXI, mejor encapsulado en el título de los dos primeros ensayos del libro "El Antropoceno" y "De la domesticación del hombre a la civilización de las culturas". "El Antropoceno" designa una nueva época en la vida de nuestro planeta en la que nosotros, los humanos, no podemos ya confiar en la Tierra como un reservorio dispuesto a absorber las consecuencias de nuestra actividad productiva: ya no podemos permitirnos ignorar los efectos secundarios (daño colateral) de nuestra productividad, ya no pueden ser reducidos al fondo de la figura de la humanidad. Tenemos que aceptar que vivimos en una "Nave Espacial de la Tierra", responsable de sus condiciones. La Tierra ya no es el fondo/horizonte impenetrable de nuestra actividad productiva, sino que emerge como un (otro) objeto finito que podemos destruir o transformar inadvertidamente para hacerla inviable.

No obstante, en el momento en que aceptamos plenamente el hecho de que vivimos en una Nave Espacial Tierra, la tarea que se impone con urgencia es la de civilizar las propias civilizaciones, de imponer la solidaridad universal y la cooperación entre todas las comunidades humanas, una tarea que resulta tanto más difícil con el aumento continuo de la religión sectaria religiosa y la violencia "heroica" étnica y la disposición a sacrificarse uno mismo (y el mundo) para la causa específica de uno.

---

7 SLOTERDIJK, p. , *¿Qué sucedió en el siglo XX?*, Siruela, Madrid, 2018.

Sloterdijk plantea que el humanismo[8], todavía prisionero de la dicotomía Humanos-Naturaleza, pretende salvar a los humanos de su salvajismo, hacerlos cada vez más "humanos" y menos "naturales", y la receta que da es leer a los clásicos. Pero ¿es una buena receta? Para empezar, la ética no se puede fundamentar en el conocimiento de los clásicos, la ética tiene más relación con la forma en que se distribuye el poder en la sociedad, con la reducción de las desigualdades, la protección de los débiles, el respeto del bien común, y no con los vínculos amistosos que puede crear el hecho de compartir semejantes referentes culturales. Por tanto, lo que hay que domesticar, en cualquier caso, es la cultura europeo-tecnológica. Sloterdijk provocó en 1999 un gran escándalo entre los filósofos alemanes, con Jürgen Habermas a la cabeza, porque atacó la *Carta sobre el Humanismo* de Heidegger. Le acusaron de emplear una "retórica fascista", cuando lo que Sloterdijk hacía era señalar la inutilidad demostrada por el humanismo tradicional frente al fascismo y su continuación en el capitalismo oligopolista.

El mayor problema ambiental es seguramente el calentamiento global (y sus repercusiones). Las cumbres sobre el tema se suceden con resultados escasos. Está claro que deberíamos concentrarnos en hacer cambios profundos sobre qué tipo de energía utilizamos. La estrategia de futuro podría pasar por la descarbonización, pero quedan muchas reservas de combustibles fósiles. China e India tienen una cuarta parte de las reservas mundiales de carbón y países como Polonia, Hungría y Chequia dijeron en una reunión en Madrid que no pueden prescindir de las suyas.

---

8 SLOTERDIJK, p. , *Has de cambiar tu vida. Sobre antropotécnica*, Pre-Textos, Valencia, 2012.

3. POLÍTICAS DE LA CATÁSTROFE: CULTURA PÁNICA DEL MIEDO

La dimensión apocalíptica nos acompaña desde le época de la globalización antigua, nace de la esperanza de que el imperio colapse, se hunda, y la providencia vigila esa caída apocalíptica, la caída de occidente. Vivimos en una cultura acelerada bajo la esperanza apocalíptica. Las situaciones límites y extremas se convierten en hechos cotidianos. El apocalipsis del hombre se hace cotidiano, cercano e inmediato.

> "No es culpa ni mérito nuestro que vivamos en una época en que el apocalipsis del hombre se ha vuelto un suceso cotidiano. No es necesario estar en medio de una tormenta de acero, bajo tortura, en un campo de exterminio, o vivir cerca de tales excesos, para advertir que el espíritu de las situaciones más extremas irrumpe en el proceso más íntimo de la civilización"[9].

¿Es nuestra cultura occidental intrínsecamente apocalíptica? ¿La cultura del miedo nos acompaña? ¿Puede la cultura apocalíptica ayudarnos como antídoto a evitar la catástrofe? ¿Qué son las esperanzas frustradas? ¿Que son las utopías político-sociales para el ser humano? ¿Cuántas catástrofes necesita el ser humano? ¿Qué significado tiene la cultura pánica? ¿Por qué tenemos tanta desafección y malestar social? ¿Por qué vivimos en una cultura pánica del miedo permanente? ¿La cultura no significa la eliminación del pánico a través de expectativas, seguridades, instituciones? ¿Necesita la catástrofe una cultura alternativa?

La intervención e injerencia del ser humano en la historia de la naturaleza muestra una nueva etapa de la humanidad por la que atravesamos que se caracteriza por el cambio climático y las consecuencias de la actividad industrial del hombre sobre la naturaleza. La cultura occidental en todas sus culturas narrativas ha tenido un lugar para la literatura apocalíptica del fin de los

---

9 SLOTERDIJK, p. , *¿Qué sucedió en el siglo XX?*, cit., p. 27.

tiempos. La crítica a la razón narrativa[10] apela a esta noción de "Apocalipsis" como un intento de evaluar el mundo desde el final, por tanto, un procedimiento cósmico-moral donde los buenos son separados de los malos, los dignos de supervivencia de los no-dignos de supervivencia, vida o condenación eternas, expresión metafísicamente sobrecalentada. La narrativa judeocristiana apela al apocalipsis como final de los tiempos en una concepción lineal-evolutiva de la historia. Las narrativas de tragedias griegas podrían también incluirse en estas narrativas apocalípticas. La humanidad padece un retraso de medidas "político-ambientales", el cambio climático avanza imparable e irreversiblemente, mientras los gobiernos a nivel global consiguen sólo muestras de acercamiento; pero no toman en serio las decisiones políticas globales, que pueden ayudarnos a superar la crisis ecológica global.

El concepto es relevante desde un punto de vista geológico (objetividad científica); pero también político, porque trasmite un mensaje de urgencia político-moral ante lo que viene; el mensaje es claro y contundente, el hombre se ha convertido en el gestor y administrador del planeta Tierra en su totalidad como especie dominante; su futuro como especie depende de su propia actividad. En este sentido, el concepto Antropoceno[11] alude y adquiere significado desde una lógica apocalíptica, como evidencia del final hacia atrás. "De modo que todo habla en favor de entender el concepto "Antropoceno" como una expresión que solo adquiere sentido en el marco de la lógica apocalíptica. "Apocalipsis" significa evidencia a partir del final hacia atrás[12].

El ritmo de crecimiento radical e ilimitado nos pone en cuestión el movimiento cinético del capitalismo industrial y postindustrical; la aceleración hasta el límite extremo incluye una dimensión apocalíptica, que Heidegger había denominado bajo la figura

---

10 SLOTERDIJK, p. , *Crítica de la razón cínica*, Siruela, Madrid, 2014.

11 CRUTZEN, p. J. y STOERMER, E. F., "The Anthropocene", en *Global Change Newsletter*, 41, 17-18, 2000.

12 SLOTERDIJK, p. *¿Qué sucedió en el siglo XX?*, cit.

de "adelanto hacia la propia muerte", como final existencialista. El problema de la humanidad es la consciencia de la muerte. Esto nos genera miedo y el miedo nos impulsa hacia una búsqueda de seguridad. Todos sabemos que nuestra vida un día finalizará y no hay vuelta atrás reversible. La verdadera y auténtica tarea de pensar consiste en indagar por qué la Modernidad se instala en la anticipación de un final total.

> "Con ello, la acuñación del concepto "Antropoceno" obedece ineludiblemente a la lógica apocalíptica. Señala el final de la despreocupación cósmica, que estaba en la base de las formas históricas del ser-en-el-mundo humano. [...] El pensamiento ontológico-escénico sigue en vigor mucho tiempo después del comienzo de la Revolución Industrial, a pesar de que la naturaleza-trasfondo se conciba ahora como campo integral de recursos y como vertedero universal"[13].

El Antropoceno nos sumerge de lleno en nuevas ingenierías tecnoecológicas revolucionarias; pero también en nuevos procedimientos cognitivos para enfrentar este desafío. La metáfora de la nave espacial que utiliza Sloterdijk nos ayuda a comprender que se trata de una tarea común y global, y que no estamos a salvo mientras exista el peligro inminente. Esta metáfora de la "nave espacial Tierra" y sus pasajeros para explicar la incomprensión de los efectos y consecuencias del cambio climático, la destrucción ambiental y calentamiento global. La humanidad precisa de nuevos procedimientos cognitivos como técnicos revolucionarios para poder enfrentar este desafío. "Si la Tierra es una nave espacial, su tripulación debe mostrarse interesada ante todo, y de hecho, en el mantenimiento de condiciones vivibles en el interior del vehículo (...) El miedo de los viajeros a bordo de la nave espacial Tierra tiene que ser mitigado por medios más concretos. Para su tratamiento se necesitan procedimientos cognitivos y técnicos revolucionarios"[14].

---

13 *Ibidem*, p. 13.

14 *Ibidem*, p. 20.

El Antropoceno consiste en un término que se refiere a una nueva era geológica en la que los seres humanos se han convertido en una fuerza dominante que moldea el planeta y sus sistemas naturales. En este sentido, Antropoceno es un concepto científico en construcción y objeto de debate entre científicos y expertos en política ambiental. La actividad humana ha acelerado los cambios en la biosfera y provocado un vuelco al estudio de la historia ambiental[15].

La actividad humana ya no solo afecta ecosistemas aislados, procesos climáticos locales o ambientes locales. La presencia de la humanidad, las acciones y vidas afectan al planeta como un todo integral y holístico. El planeta ha recibido la influencia potencial del ser humano, por un lado, su efecto trasformador beneficioso; pero, por otro, también su efecto nocivo, irreversible y perverso.

4. POLÍTICAS INMUNITARIAS DE ACLIMATACIÓN ANTE EL NIHILISMO APOCALÍPTICO POSMODERNO

El hombre busca nuevas esferas que habitar para sentir y gozar su invernadero novedoso; pero la cultura pánica y la cultura apocalíptica de la catástrofe le hacen perder las esperanzas. "El mundo que es seguro para nosotros está supeditado a una locura, o bien apocalíptica (judeocristiana), o bien pánica (pagana)". Las políticas de la catástrofe están aseguradas desde nuestra tradición judeocristiana apocalíptica. Esto ha generado un cinismo general, difuso y opaco"[16].

La actual insatisfacción o malestar social con el mundo tiene inconfundibles rasgos pánicos. La cultura pánica y apocalíptica se ha instalado en nuestra sociedad nihilista posmoderna. El que no siente pánico no vive en este tiempo, en este mundo, tal vez

15 *Ibidem*, p. 13.

16 SLOTERDIJK, p. , *Eurotaoismo*, Seix barral, Barcelona, 2004, p. 71.

apartado; pero quienes viven en el mundo sienten pánico por lo que viene. El pánico no brota del alarmismo permanente al que estamos expuestos, sino que el alarmismo hace brotar el pánico. Los mass media y las redes sociales suelen propagar el alarmismo, el malestar y el milenarismo. La desesperanza crece en la medida que tenemos necesidad de aprender de lo peor en el último momento. El malestar en la cultura ha adoptado un cinismo universal y difuso, una desesperanza radical hacia el futuro. La crítica a las ideologías manifiesta su agotamiento manifiesto y radical.

Los tanatólogos son los mejores teólogos porque adoptan de forma anticipada y proféticamente la perspectiva de dios sobre el fin de la historia, el fin del hombre y del mundo, los historiadores realizan la misma función en tanto comienzan a hablarnos de los inicios de los tiempos y, se ejercitan de modo indirecto sobre el fin de los tiempos. El ocaso de la civilización occidental comienza cuando sus habitantes del receptáculo cultural se dan cuanta que ningún sistema humano es inmortal, eterno e imperecedero, todo lo contrario, en el siglo XX se habló que esto era el-ser-para-la-muerte.

Nietzsche y Dostoievski son los dos grandes anticipadores[17] de la lógica de catástrofes de la modernidad. Efectivamente, tanto el Gran Inquisidor ruso del siglo XX como el superhombre germano popular: ambos pensadores de gran estilo, cínicos, anticipadores de lo que venía después. La domesticación social de los nacionalismos políticos con sus ejércitos, símbolos, territorios nos ha conducido hacia la catástrofe humana. Nada más execrable y deplorable que la guerra entre dinastías europeas, países y nacionalismos mediocres. Estas guerras han dejado una secuela de masacres, matanzas terroríficas. En nombre de Dios-nación, Dios-Estado, Dios-patria se ha masacrado. "Dios ha muerto". La Primera y Segunda Guerra Mundial generaron cincuenta y cinco millones de muertos en toda Europa, un reguero de sangre,

---

17 AGUILERA PORTALES, R., *Poder, Estado y Política en el pensamiento político de Nietzsche*, Res Pública, México, 2010.

trauma, catástrofe y muerte. La fuerza brutal de la catástrofe se anticipó, aunque no estuvimos atentos a ella.

La civilización occidental cristiana[18] en su psicograma interno lleva el riesgo del protofascismo en sí mismo, en su seno interior cultural, en épocas de crisis e incertidumbre cuando no puede realizar sus programaciones éticas entonces se radicaliza su presión hacia el exterior. La persecución de judíos (antisemitismo) comienza con las cruzadas santas, judíos, herejes, brujas, rojos, anticristos, todos van a ser víctimas de una operación quirúrgica sin precedentes.

El grito de guerra y combate ilustrado, *sapere aude*, sigue siendo el lema ilustrado de saber resistir a la catástrofe, sólo con el *aude*, valentía, coraje, atrevimiento podemos desencadenar un futuro que sea mejor frente al pasado de barbarie y catastrofismo del siglo XX, donde las viejas doctrinas e ideologías nos hablaron de "razón objetiva", que las cosas pueden volver a su sitio, que el cambio climático y la política armamentística no es la última palabra del sujeto posmoderno en el planeta tierra.

Las utopías político-sociales tratan de dar respuesta a la catástrofe, su fundamentación doctrinal e ideológica la encuentran en el mito de la revolución (cambios drásticos y violentos) y el mito del pueblo (un todo compacto, ficticio y homogéneo). Estas dos mitologías han fundamentado ideologías políticas de los tres últimos siglos. En definitiva, dos mitos que sirven para realizar cambios políticos que no resuelven la catástrofe[19], sino la empeoran. En nombre del pueblo y la revolución se han cometido las mayores masacres y genocidios de la historia de la humanidad. El fascismo, nacional-socialismo, comunismo, socialismo, socialdemocracia plantean estas tendencias catastróficas.

> "En el mito de la revolución y en el mito del pueblo, las tendencias catastróficas encontraron sus fundamentaciones "serias". Quien

---

18 SLOTERDIJK, p. , *Sin salvación. Tras las huellas de Heidegger*, Akal, Madrid, 2011.

19 SLOTERDIJK, p. , *Has de cambiar tu vida. Sobre antropotécnica*, cit.

> en secreto aceptaba la catástrofe, afirmaba a gritos saber cuál era el término del viaje y qué cura radical era la apropiada. Quien veía acercarse la catástrofe intentaba incluso antes saldar cuentas"[20].

Los deseos ingenuos han desaparecido en la superficie de la conciencia. La progresiva socialización de las reacciones reprime los gestos sinceros; lo que se llama democracia, psicológicamente significa un aumento de los autocontroles, cosa por otra parte necesaria en poblaciones aglomeradas. Estos dos mitos se han erigido como baluartes utópicos políticos para avanzar hacia la catástrofe, y materializar la tendencia nihilista hacia la catástrofe.

4.1. Escatología, genocidio y apocalipsis nacional-socialista

El nacional-socialismo ha ejercido el papel de religión nihilista o religión de la muerte, una ideología y fuerza política del siglo XX que se apropiado de una moral cínico-señorial desde una moral de rebaño fundada en el resentimiento social de las masas ignorantes, sumisas y obedientes, que ha sabido utilizar toda la simbología cristiana-escatológica de la muerte, (antiguos símbolos de la admonición cristiana de la muerte), la calavera como símbolo de identificación. El fascismo constituye la praxis y vitalismo de los muertos que pretenden danzar como movimiento político todavía desde viejas nostalgias del pasado como vampiros para chupar la energía y la sangre que no poseen, un movimiento político desvitalizado, nihilista y decadente que preconiza la ideología escatológica de la muerte.

4.2. Escatología, genocidio y apocalipsis marxista

En tanto que Marx y Engels equipararon a los "verdaderos" productores con el "proletariado", débil todavía demográficamente, pero en rápido crecimiento, de la nueva realidad-fábrica,

---

20 SLOTERDIJK, p. , *Crítica de la razón cínica*, cit., p. 205.

dotaron a este de las características de un colectivo de bastardos de trascendencia histórica universal. La nueva clase elitista del proletariado liberará al pueblo de la esclavitud y la opresión (mesianismo profético-escatológico) Para compensar su papel, hasta ahora rebajado, hay que confiarle el resto de la historia de la humanidad; a cuyo efecto la confusión, metódicamente practicada, entre campesinos, obreros agrícolas y obreros industriales sirvió desde el principio para presentar al "proletariado"[21] como la mayoría preponderante del pueblo, incluso en un tiempo en el que las mayorías todavía estaban presas en circunstancias rurales. Un sujeto político motor de la historia emancipadora y liberadora de la opresión del capitalismo.

El proletariado se convirtió en la nueva clase social por excelencia, los grandes cambios sociales, históricos y políticos vendrán de ella, bajo una esperanza escatológica ilusoria y fantástica, el motor de la historia, un nuevo colectivo bastardo cuyo origen etimológico proviene de procrear y dejar prole o descendencia. Lenin fue el artífice del nuevo Reich proletario de la Unión Soviética al visualizar al proletariado como sujeto de poder del Estado para poder realizar la economía socialista más desastrosa y desigual que llevó a la ruina económica a numerosos pueblos.

5. DISTINTAS VISIONES DEL APOCALIPSIS EN EL ANTROPOCENO

Actualmente hay por lo menos tres versiones del apocalipsis: la fundamentalista cristiana, la de la Nueva Era, y la tecnodigital-poshumana. Aunque todas comparten la noción básica de que la humanidad se está aproximando a un punto cero de trasmutación radical, sus respectivas ontologías difieren radicalmente: el apocalipticismo tecnodigital (Ray Kurzweil) permanece dentro

[21] SLOTERDIJK, p. , *En el mundo interior del capital. Para una teoría filosófica de la globalización*, Siruela, Madrid, 2010.

de los confines del naturalismo científico, e identifica en el nivel de la evolución de la especie humana los rasgos de su trasmutación en "poshumanos"[22]; el apocalipticismo de la Nueva Era (*New Age*) da a esta trasmutación un giro espiritual, interpretándola como el cambio desde un modo de "conciencia cósmica" a otro (normalmente, de la posición mecanicista-dualista moderna a una posición de inmersión holística); finalmente, el fundamentalismo cristiano interpreta el apocalipsis en estrictos términos bíblicos, buscando (y encontrando) señales de que la batalla final entre el Cristo y el Anticristo está cercana, de que las cosas se están aproximando a un cambio crítico. Aunque, esta última versión se considera la más ridícula, y aunque sea peligrosa en términos de su contenido, es la que está más cerca de una "milenaria" lógica emancipatoria radical.

La ecología política constituye, hoy por hoy, uno de los principales campos de batalla ideológicos, debate y controversia intelectual, con toda una serie de estrategias para ocultar las verdaderas dimensiones de la amenaza inminente ecológica:

(1) *Negacionistas y conspiracionistas*: esta posición ideológica consiste en la simple ignorancia: el cambio climático es un fenómeno geológico marginal, no digno de nuestra preocupación, la vida sigue, la naturaleza cuidará de sí misma; a lo largo de la historia geológica del planeta Tierra ha habido otros calentamientos y cambios atmosféricos, junto ciertas extinciones de especies animales; pero no es algo digno de preocupación. El planeta Tierra mantiene su equilibrio natural y se autorregula sólo. El negacionismo funciona negando el problema o buscando otras causas al problema. "El negacionismo funciona desdeñando las

[22] ŽIŽEK, S., "Lecciones sobre el apocalipsis del aire" [en línea], (2017), <http://www.resumenlatinoamericano.org/2017/01/02/opinion-lecciones-sobre-el-apocalipsis-del-aire/>. [Consulta: 25/07/2024.]

premisas claves: o el problema no existe, o, de existir, el causante no es la humanidad"[23]

Los negacionistas sostienen que el cambio es un proceso de cambio natural, que el CO2 forma parte de la vida y su impacto en la atmosfera es mínimo y normal. Los enemigos de la teoría del calentamiento global desdeñan el consenso científico y conforman una amalgama que une a extremistas religiosos con ultraliberales, cargos políticos, científicos solitarios y grandes empresas. Los científicos están de acuerdo de forma prácticamente unánime en que la actividad humana es la causante del ascenso de la temperatura del Planeta.

(2) *Ecomodernismo: la ciencia y la tecnología nos pueden salvar de la catástrofe.*

El primero de ellos se relaciona con el ecomodernismo y las políticas de innovación del cambio climático. Las políticas del cambio climático se encuentran en una encrucijada, pues a pesar del entusiasmo provocado por el *Acuerdo de París,* la falta de consenso entre las grandes potencias sigue existiendo, mientras tanto, no se ha conseguido evitar el aumento de las temperaturas medias a 1,5°C.

El ecomodernismo plantea que la Tierra se ha convertido en un planeta humano. La naturaleza salvaje, en tierras remotas, ya no existe. Por tanto, somos parte de la naturaleza y constantemente la transformamos. Qué tipo de paisajes producimos, cuáles conservamos y cuáles no, son cuestiones sociales y políticas, son cuestiones vitales que tienen que ver con las políticas públicas verdes. El ecomodernismo[24] se enfoca en cómo la sociedad ha enfrentado las crisis ambientales, proponiendo diferentes posturas

---

23 *Idem.*

24 ARIAS MALDONADO, M., "El giro antropocénico. Sociedad y medio ambiente en la era global", en *Política y Sociedad,* 53, 3, 2016, 795-814.

para diseñar políticas públicas verdes. Estas posturas incluyen el crecimiento basado en el progreso, la resolución técnica, la crítica ético-ecológica, la crítica modernista del crecimiento, la ecocrítica neomarxista, la modernización ecológica, la transformación verde a través de la limitación y el cultivo, y el ecomodernismo. Aunque, la objeción que podríamos dar al ecomodernismo es que en un mundo de recursos finitos no podemos generar un crecimiento infinito, dado que esta visión nos puede llevar a la catástrofe. Tal vez un discurso demasiado optimista del ecomodernismo nos puede conducir hacia una falta de responsabilidad ecológica global.

Aunque, dentro del ecomodernismo abundan autores y pensadores que consideran que la tecnoburocracia, geoingeniería, innovación mercantil e innovación tecnológicas sean suficientes para rodear o evadir la crisis ecológica sin mayores costes. En el sentido contrario, abundan autores que consideran que se precisa una revolución de la conciencia humana, un giro antropológico radical para sortear esta grave crisis ecológica, porque de lo contrario, tendríamos una catástrofe y apocalipsis anunciado. La misma noción de Antropoceno genera una definición al describir a la humanidad como fuerza geológica autodestructiva.

(3) *El Capitaloceno* consiste en la posición que plantea domesticar el capitalismo[25] para lograr encontrar soluciones del Antropoceno. La culpa del Antropoceno la tiene el capitalismo destructor y expoliador. En este sentido, dejar la solución al mercado (mayor tributación a los contaminadores, nuevos impuestos a las corporaciones, cambios energéticos del capitalismo fósil, etc.); Esta posición ideológica agrupa movimientos diversos como socialdemócra-

---

25 MALM, A., *Fossil Capital. The Rise of Steam-Power and the Roots of Global Warming*, Verso, Londres, 2015.

tas, ecocapitalismo, ecosocialismo. Los socialdemócratas, ecocapitalistas y ecosocialistas coinciden en echarle la culpa al egoísmo y codicia capitalista no tiene en cuenta que el capital, hoy, trata de reproducirse de forma impersonal, como sistema económico productivo irreversible.

El capitalista puede estar dedicado a la reproducción del sistema como un fin en sí misma: *Fiat profitus pereat mundus* (dejemos que los beneficios se hagan, aunque el mundo muera). El capitaloceno consiste en una ética perversa, codiciosa y avariciosa donde los costes colaterales son ignorados. Los intentos de internalizar los daños colaterales con impuestos o poniendo precio en los servicios ambientales están condenados al fracaso[26].

(4) *Ética individual de la culpabilización social: superego ideológico de responsabilidad moral.* Esta visión del Antropoceno ante la catástrofe civilizatoria plantea una salida infantil e individual, la culpa del fracaso y apocalipsis la tenemos todos, porque no hacemos nada para parar el calentamiento global, seguir emitiendo gases, consumiendo excesivamente. Por tanto, la salida suele ser la culpa individual y social (moral privada subjetiva)[27], sin consecuencias políticas o estructurales que puedan solucionar el problema grave que se avecina. La presión al superego sobre la responsabilidad personal en lugar de grandes medidas sistémicas o estructurales: cada uno de nosotros debería hacer lo que puede reciclar, consumir menos, usar más la bicicleta, etc.

La ética individual de la culpabilización social resulta inútil e inservible ante el apocalipsis, porque se centra exclusivamente en comportamientos individuales, en lugar de buscar causas globales, estructurales y sistémicas del problema del cambio climático. En este sentido, se trata-

---

26 ŽIŽEK, S., "Lecciones sobre el apocalipsis del aire", op. cit.

27 ŽIŽEK, S., *Revolution at the Gates. Žižek on Lenin. The 1917 Writings,* Verso, Londres, 2002.

ría de consumir menos, ser más austero, utilizar trasporte público y ecológico, vivir bajo el minimalismo,

El ecologismo a veces funciona como nuevo discurso culpabilizador de la sociedad, como superego colectivo de cómo no estamos haciendo nada al respecto para cambiar el destino desolador y apocalíptico al que nos dirigimos. En lugar de tomar medidas políticas globales y decisiones políticas colectivas cargamos la culpa sobre el comportamiento individual del consumidor, tratando de buscar una solución sistémica del cambio climático en comportamientos morales privados e individuales, tales como deberíamos utilizar más la bicicleta y menos el automóvil, debemos reciclar más, debemos ser más austeros y consumir menos para no contaminar tanto... En este sentido, encuentra *Žižek* que la culpabilización de los comportamientos individuales, que se resuelve con reciclaje, consumo de energías renovables, etc., esconde cuestiones mucho más pertinentes sobre la civilización industrial.

Además, hay que tener en cuenta cómo esta culpabilización se complementa inmediatamente con un ensayo de salida: reciclar, comprar alimentos orgánicos, utilizar energía renovable, etc., y ya no tenemos que sentirnos culpables, podemos disfrutar de la vida como de costumbre.

(5) *Vuelta a la Naturaleza desde el utopismo ecologista*: quizás lo peor de todo es la defensa de un retorno al equilibrio natural, a una vida más modesta, austera, sencilla y tradicional mediante la cual renunciamos a la soberbia humana y volvemos a ser hijos respetuosos de nuestra Madre Naturaleza: todo este paradigma de la Madre Naturaleza arruinado por nuestra arrogancia y soberbia humana.

Ecologismo utopista, romántico, idealista, rousseauniano plantea una ingenua vuelta el paraíso natural del Edén, tras haber cometido el pecado original, regreso a la madre naturaleza, a la pacha mama y recuperar las cosmovisiones ecológicas precolombinas, mediterráneas, celtas, antiguas que proporcionaron un pensamiento mágico-mítico-religioso menos virulento, agresivo y depredador con el medio ambiente. En el fondo, el pecado del hombre consiste en su soberbia intelectual y depredador[28], su poder tecnoindustrial ha generado un efecto devastador irreversible difícil de reparar. El ecologismo político medioambientalista y pensamiento político de izquierdas ha heredado esta concepción romántica, idealista y utópica del pensamiento naturista de Rousseau.

6. ANTROPOCENO COMO PLUTOCENO: EL PELIGRO DE LA GUERRA NUCLEAR

Nos encontramos ante una nueva carrera de armas nucleares entre EEUU y Rusia a la que se ha sumado, además, China, o una continuación de la guerra fría. En definitiva, podemos observar que continuamos con la doctrina de que las armas nucleares pueden servir como paradigma disuasorio y es, desde esta posición, que podemos. entender que EEUU se retire de los tratados de reducción de armas nucleares (el 2 de febrero de 2019 EEUU se retiró del Tratado INF y el Nuevo START, que expira en 2021, parece cada vez más improbable que se alargue) y suponer que, previsiblemente, Rusia también se retirará de estos tratados; que EEUU se opongan al Tratado sobre Prohibición de las Armas Nucleares y emprendan acciones para modernizar su arsenal nuclear nos permite afirmar que estamos entrando en una nueva carrera de armas nucleares entre EEUU y Rusia a la que se ha sumado China.

En el mundo actualmente tenemos 14.465 armas nucleares. Suficientemente armamento para destruir 30 veces el planeta Tierra. El número de armas nucleares en el mundo ha disminuido desde el final de la Guerra Fría, en su punto más álgido hubo

[28] ŽIŽEK, S., *Viviendo el final de los tiempos*, Akal, Madrid, 2012.

unas 70.300 armas, consecuencia de los tratados START I y II de reducción de los años posteriores; pero teniendo en cuenta la potencia de las armas nucleares existentes, podemos afirmar que las actuales existencias equivaldrían a 100.000 explosiones como las de Hiroshima y Nagasaki[29].

El sujeto moderno ha venido siendo inscrito en las distintas formas de adiestramiento, selección y disciplinamiento militar. Durante el siglo XIX y XX hemos tenido las guerras imperialistas, colonialistas, mundiales, nacionales sin igual. Sloterdijk manifiesta que con la bomba nuclear el sujeto occidental se completa enteramente. "nosotros somos ella", es decir, nuestra capacidad de arsenal nuclear extremo nos deja indefensos ante nosotros mismos, o elegimos la clarividencia o el fuego nuclear global.

> "Somos el Yo de metal, el Yo de bloque, el Yo de plutonio, el Yo de neutrones; somos los ciudadanos del búnker, los sujetos de la artillería, los pensionistas de los misiles, los accionistas de cañones, los lémures de la seguridad, los jubilados de coraza, los jinetes del apocalipsis de la coacción de los hechos y los pacifistas fantasmas que hacen propaganda por la causa mejor con una ética nuclear de estilo libre"[30].

El sujeto moderno posoberano se ha construido sobre una ficción logocéntrica de racionalidad sin emotividad, la imagen del sujeto trascendental kantiano ha generado una ficción que en la realidad no funciona. La visión puritana y pietista kantiana no funciona en la realidad. El sujeto trascendental kantiano ha entrado en bancarrota. No existe este sujeto autónomo político, ni moral soberana.

En plena guerra fría entre Ucrania y Rusia, suspensión del tratado desarme nuclear, amenazas de Putin, volvemos a la guerra fría, a la amenaza de la guerra total o guerra nuclear: "La bomba atómica es el Buda real de los países occidentales, un aparato so-

---

29 FONT, T. "Utopía y antropoceno: críticas y respuestas al reto nuclear" en *Papeles de relaciones ecosociales y cambio global*, 149, 2020, 65-76, p. 75.

30 SLOTERDIJK, p. , *Crítica de la razón cínica*, cit., p. 747.

berano, autónomo, perfecto"[31]. La enorme militarización nuclear constituye la quintaesencia de las enérgicas cósmicas, la máxima productividad humana en su propia autodestrucción colectiva, el triunfo radical de la racionalidad técnica instrumental, con ella se supera la razón práctica (razón moral, política y jurídica) que adopta medios adecuados a los fines. El Buda viviente de los países occidentales bajo su amenaza constante y posible. Las guerras mundiales y su catástrofe nos han conducido hacia un cinismo objetivo de la muerte que debemos superar por un cinismo objetivo de la náusea. La superación del absurdo a través de la gran política. El sueña con una revolución del frente en la que los supervivientes se sublevan a favor de los muertos[32].

El realismo político y cínico nos dice la verdad, el realismo desencadenado cínicamente nos dice la verdad, febrilmente, previniéndonos de nosotros mismos. En un macabro delirio de miedo, los subjetivismos pánicos marchan por los medios de comunicación hablando del fin: el apocalipsis es inminente. La sociedad de la información rompe la noción de habitar en las esferas, porque la cantidad de información es tan descomunal, desproporcionada y abundante que satura, sobreestimula, excita al ser humano como nuevas formas de conquista de una esfera global mayor, con las redes sociales estamos deslocalizados, porque podemos estar en muchos lugares al mismo tiempo. El populismo nos da palabra y discurso para sacar ese estrés. El populismo erige vencedores simbólicos para atacarlos en una dialéctica nosotros-ellos, para enfocar todo el estrés y violencia simbólica hacia esos chivos expiatorios.

La temática del apocalipsis[33] nos fascina, seduce y atrae, en realidad, no es una problemática nueva ni novedosa, porque se encuentra perfectamente instalada en nuestra cultura occidental. La versión teleológica del fin de los tiempos se encuentra pre-

31 SLOTERDIJK, p. *¿Qué sucedió en el siglo XX?*, cit. p. 217.

32 ŽIŽEK, S., *Viviendo el final de los tiempos*, cit., p. 339.

33 SLOTERDIJK, p. , *Sin salvación. Tras las huellas de Heidegger*, cit.

sente en numerosas narrativas, mitos, metáforas, discursos, ideologías que acompañan nuestra historia occidental. El holocausto nuclear durante mucho tiempo ha estado presente, en la guerra fría entre la URSS y USA; pero parece que la geopolítica global con la guerra de Ucrania y Taiwán vuelve a traerla al momento presente. La idea de un ataque preventivo y disuasorio puede desencadenar un final de los tiempos bajo el mayor genocidio y apocalipsis mundial.

7. ANTROPOCENO COMO CAPITALOCENO: EL CAPITAL CONTRA LA NATURALEZA

El Antropoceno no es solo una cuestión de temperaturas y niveles de polución, sino un modelo de civilización fundada en la convivencia humana y explotación de recursos naturales sostenibles. Antropoceno es una excusa de la verdadera causa explosiva y desarrollo del capitalismo y su impacto global, la conciencia de crisis o difícil situación por la que atravesamos se ha venido construyendo durante algún tiempo; pero la realidad de esta crisis. En definitiva, el Antropoceno es, en realidad, un capitaloceno[34].

Desde esta perspectiva, el capitalismo constituye una ecología-mundo que conjuga la acumulación de capital, la búsqueda del poder y la coproducción de la naturaleza en sucesivas configuraciones históricas. La Revolución Industrial como origen de la modernidad se deriva de un método histórico que privilegia las consecuencias ambientales y oculta las geografías del capital y el poder. El carbón y la máquina de vapor no determinaron la historia y, además, las fechas están todas equivocadas, no porque sea necesario remontarse a la última glaciación, sino porque es necesario al menos incluir las grandes remodelaciones del mercado y las mercancías de los largos siglos XVI y XVII, aunque pense-

---

34 BOFF, L., *Ecología. Grito de la Tierra, grito de los pobres*, Lohlé-Lumen, Buenos Aires, 1996.

mos (erróneamente) que podemos seguir siendo eurocéntricos al pensar en las transformaciones "globalizadoras" que dan forma al Capitaloceno.

En este sentido, el capitaloceno identifica el capitalismo como principal causa del cambio geológico y climático, en consecuencia, el desastre ecológico viene asegurado por el extraordinario desarrollo del capitalismo industrial y tecnológico, su impacto en los últimos siglos, su crecimiento expoliador, virulento y depredador. Marx, en *Elementos fundamentales para la crítica de la economía política,* había criticado la falta de límites del capital: cada récord que impone no es sino la base para romper el siguiente. La concentración de los medios de producción capitalista, la acumulación de capital ilimitado generará un crecimiento capitalista industrial ilimitado e insostenible.

En esta línea se sitúan clásicos como el investigador sueco Andreas Malm, en su obra, *Capital fósil,* el extraordinario desarrollo del capitalismo fósil[35] se ha debido a la sustitución de la máquina de vapor por el petróleo como fuente de energía primaria en todos los países con mayor rentabilidad energética, y también, atenuar el poder sindical obrero. Por tanto, el reto no consiste en anunciar la catástrofe ecológica de este desarrollo capitalista, sino alumbrar un nuevo sujeto político capaz de trasformar desde la praxis revolucionaria esta situación. El capital abarca cada vez más suelo y tierra de cultivo para ponerlo en producción a un ritmo más frenético y voraz, en cierta medida, la pandemia global del Covid-19 fue provocada como consecuencia de este desarrollo autodestructivo del capitalismo fósil. La excesiva explotación de tierras y desforestación ha generado mayor contacto con tierras y fauna salvaje a la que antes la humanidad no ha estado expuesta. En su libro *El murciélago y el capital* expone esta hipótesis como consecuencia directa del aumento de la producción agrícola, nuevos cultivos y la búsqueda de alimentos. Donna Haraway, Jason

---

35 MALM, A., *Fossil Capital. The Rise of Steam-Power and the Roots of Global Warming,* cit.

Moore y otros proponen un paso adelante: centrarse en el sistema que produce "naturaleza barata" y la extinción de culturas, lenguas y vidas[36].

El colapso del capitalismo hoy es la vieja narrativa de la crisis y el fin del capitalismo. El apocalipsis del modelo económico capitalista llega a su fin o, al menos, se encuentra cerca. El capital internaliza progresivamente los costos del cambio climático, la pérdida masiva de biodiversidad, los envenenamientos, las epidemias, pandemias y muchos otros daños biofísicos, a medida que nuevos movimientos cobran fuerza. En medio de la crisis climática sin precedentes a nivel global, el capitaloceno denuncia la dinámica expoliadora y depredadora del planeta Tierra.

8. LA FASCINACIÓN DEL APOCALIPSIS: EL FINAL DE LA CIVILIZACIÓN

La temática del apocalipsis nos fascina, seduce y atrae, en realidad, no es una problemática nueva ni novedosa, porque se encuentra perfectamente instalada en nuestra cultura occidental. La versión teleológica del fin de los tiempos se encuentra presente en numerosas narrativas, mitos, metáforas, discursos, ideologías que acompañan nuestra historia occidental. El holocausto nuclear durante mucho tiempo ha estado presente, en la guerra fría entre la URSS y USA; pero parece que la geopolítica global con la guerra de Ucrania y Taiwan vuelve a traerla al momento presente. La idea de un ataque preventivo y disuasorio puede desencadenar un final de los tiempos bajo el mayor genocidio y apocalipsis mundial.

En la tradición marxista, la profecía del final del capitalismo o civilización industrial ("autodestrucción del capitalismo") a causa de sus propias dinámicas internas siempre ha estado presente. El marxismo planteaba que la depauperización del proletariado y su

---

36 MOORE, J. W. (Ed.), *Anthropocene or Capitalocene? Nature, History, and the Crisis of Capitalism*, Pm Press, 2016.

elevada explotación laboral junto con la concentración de los medios de producción traerán consiguientemente la propia destrucción del sistema capitalista, incluso sin necesidad de revolución.

Marx había denominado a esta panorámica "la bestia del capital" como sistema económico y modo de vida, productivo y reproductivo, social y cultural maquinal y virulento basado en trabajos, circulaciones y consumos subordinados por la valorización del valor (un dispositivo catalizador depredador y alienante). De aquí a veinte, cincuenta o cien años, si continúa el modo de acumulación capitalista con sus ciclos y anticiclos contradictorios y esquizofrénicos de crisis de producción/reproducción demente de riqueza y destrucciones, basados precisamente en la esquilmación de esos recursos energético-materiales (matergéticos) salidos de los procesos geológicos, fotosintéticos y de la biodiversidad planetarios, irremisiblemente sobrevendrá la temible Sexta extinción, definitivamente apocalíptica.

El Antropoceno y las encrucijadas del ecomodernismo

DANIEL LARA DE LA FUENTE

1. INTRODUCCIÓN

El Antropoceno y sus implicaciones han tenido una recepción variada por parte de las concepciones contemporáneas de la sostenibilidad medioambiental. Esta multiplicidad oscila desde el rechazo del término por sus indeseadas connotaciones[1] a su empleo para justificar formas de tecnocracia[2]. Sin embargo, lejos de considerar de qué modo y en qué medida el Antropoceno puede repercutir en el examen o en la eventual modificación de sus premisas principales, casi todas las posiciones situadas dentro de este amplio espectro lo han recibido para reafirmar sus concepciones previas. Así, para los defensores del ecologismo clásico en sus distintas variantes contemporáneas, el Antropoceno es la confirmación de la disrupción planetaria irreversible de la que venían advirtiendo durante décadas, así como de la vigencia de sus recetas políticas; mientras que, para sus detractores, este diagnóstico confirma la obsolescencia del ecocentrismo y en la estipulación de límites biofísicos estrictos a la actividad humana para pensar el futuro político de las sociedades modernas.

---

1 Véase HARAWAY, D., *Staying with the Trouble. Making Kin in the Cthulucene.* Duke University Press, Durham and London, 2016; y MALM, A., *Fossil Capital. The Rise of Steam Power and the Roots of Global Warming,* Verso, London and New York, 2016.

2 CRUTZEN, p. , "The Anthropocene" en, *Earth System Science in the Anthropocene. Emerging Issues and Problems,* Springer-Verlag, Berlin, 2006, pp. 13-18.

En este contexto, pocas concepciones de la sostenibilidad se han tomado tan en serio el Antropoceno como el ecomodernismo. Si se entiende el primero como un concepto "grueso" que aúna elementos descriptivos y prescriptivos derivados de la alteración humana de los sistemas terrestres[3], el segundo se ha servido de ambos tanto para formular y consolidar sus premisas como para restar credibilidad y consistencia a las de sus rivales. Este mayor compromiso teórico por parte del ecomodernismo no implica una mera instrumentalización del diagnóstico científico para perseguir sus fines prácticos, sino que marca al menos dos hitos clave en su evolución.

El primero es la emergencia de nuevas formas de concebir el modo en que los seres humanos deben relacionarse con su entorno natural que, si bien no pueden ser reducidas a una sola, sí se guían por un principio fundamental: la aceptación del papel protagonista del ser humano en la historia contemporánea del cambio medioambiental. Sin embargo, este rol ya no se guiaría por las máximas clásicas de la conservación y la protección medioambiental, si se entiende por tales la preservación o la restauración de un entorno o un ecosistema libre de la mácula antropogénica. El segundo es la aparición de un nuevo horizonte psico-político que, basado en la plena aceptación de la inestabilidad planetaria y sus incertidumbres, mantiene no obstante las promesas de la modernidad a través de la creación, la mejora y el empleo de la ciencia y la tecnología para resolver o aminorar los retos medioambientales más importantes y arquetípicos del Antropoceno: el cambio climático, la pérdida de biodiversidad o la menos conocida alteración de los ciclos del fósforo y el nitrógeno.

En este capítulo, se ilustrará esta especial relevancia del Antropoceno, en calidad de concepto descriptivo y normativo, para en-

---

3 ARIAS MALDONADO, M. y TRACHTENBERG, Z., "Introduction", en *Rethinking the Environment for the Anthropocene. Political Theory and Socionatural Relations in the New Geological Epoch*, Routledge, London, 2019, pp. 1-16; DALBY, S., "Framing the Anthropocene: The good, the bad and the ugly", *The Anthropocene Review*, *3*(1), 2016, 33-51, p. 34.

tender el ecomodernismo y sus dos retos teóricos presentes. Para ello, se desgranarán en primer lugar algunas de las más importantes implicaciones ontológicas y epistemológicas de esta nueva era que impactan directamente en el concepto ecomodernista de naturaleza, así como en su interpretación de la conservación y la protección medioambientales. En segundo lugar, se contextualiza el horizonte político y moral ecomodernista del buen Antropoceno, y que aún requiere la provisión de argumentos normativos que le doten de un cuerpo político palpable más allá de la pulsión utópica. Ambos retos constituyen encrucijadas pendientes de superar por parte del ecomodernismo si ambiciona convertirse en una filosofía medioambiental consistente.

2. ECOMODERNISMO: UNA BREVE SEMBLANZA

El ecomodernismo es un discurso y una filosofía medioambiental, aún en proceso de construcción y sistematización plena, que fía la sostenibilidad y la justicia de las sociedades contemporáneas a innovaciones técnicas desarrolladas dentro de las democracias liberales[4]. Respecto a los adelantos técnicos, los ecomodernistas son reconocidos en la esfera pública por defender la intensificación urbana, la biotecnología, la energía nuclear de fisión o la implementación de programas, democráticamente discutidos, de geoingeniería solar. El presupuesto central es que, una vez maduros, estos dispositivos desacoplarán de manera absoluta las actividades humanas de sus impactos medioambientales, así como del consumo de materiales y recursos.

Según los ecomodernistas, la consecución política de estas innovaciones requiere del protagonismo de las instituciones públicas, consideradas las únicas capaces de desarrollarlas e implementarlas a la escala y a la velocidad necesarias para dar solución a los problemas socioambientales más perentorios. Además de

---

4 ASAFU ADJAYE, J. et. al. "An Ecomodernist Manifesto" [en línea], (2015). <http://www. ecomodernism.org/> [Consulta: 4 de abril 2023]

la expectativa del desacoplamiento absoluto, este planteamiento parte de otros tres presupuestos. Primero, que estas innovaciones concentran espacialmente las actividades humanas, aminorándose la demanda de bienes y servicios ecosistémicos y de esta manera permitiéndose la liberación y el reflorecimiento progresivos del entorno natural. Segundo, que no es necesaria una única concepción, moralmente perfeccionista, sobre cómo deben relacionarse los seres humanos con su medio natural para protegerlo. Tercero, que la aspiración de los habitantes de los países del sur global a estándares occidentales —y razonables— de vida es legítima, irrenunciable y compatible con los condicionantes ecológicos de las actividades humanas.

Estas ideas se expresan de manera conjunta por vez primera en el manifiesto ecomodernista[5], que culmina un desarrollo conceptual largo y disperso. Ambos rasgos de este proceso son obvios si se tienen en cuenta sus orígenes heteróclitos, tal y como reflejan las aportaciones de figuras como Richard Buckminster Fuller, Warren Weaver o Joseph Schumpeter. El primero, considerado el precursor de la tradición visionaria norteamericana, acuñó el término de "efimerialización", entendido como la capacidad progresiva de la tecnología moderna de realizar las mismas funciones con cada vez menos *inputs* materiales[6]. El segundo afirmó, en contra de los primeros argumentos neomalthusianos, que límites naturales a la acción humana como la energía solar recibida por el planeta Tierra son irrelevantes políticamente[7]. El tercero, a través de su concepto destrucción creativa[8], planteó que la innovación y la sustitución tecnológicas son los elementos característicos del

5 *Ibidem.*

6 BUCKMINSTER FULLER, R., *Utopia or Oblivion. The Prospects for Humanity,* Lars Müller Publishers, Baden, 2019, p. 26.

7 MANN, C.C., *The Wizard and the Prophet: Science and the Future of Our Planet,* Pan Macmillan, London, 2019, pp. 160-163.

8 SCHUMPETER, J.A *Capitalism, Socialism and Democracy,* Routledge, London and New York, 2003, pp. 81-86.

capitalismo, al explicar el surgimiento y la emergencia de nuevos mercados.

Bajo la influencia —explícita o implícita— de estos conceptos, el proceso de desarrollo del ecomodernismo comenzó a finales del siglo pasado y continúa hasta hoy. Los primeros avatares de esta evolución son Martin Lewis[9] y Jesse Ausubel[10], quienes en la década de los noventa criticaron los presupuestos filosóficos centrales de corrientes como el ecomarxismo, la ecología profunda o la ecología social y argumentaron a favor de las cualidades, medioambiental y económicamente beneficiosas, de tecnologías que contribuyeran a los procesos de descarbonización y desmaterialización de las economías modernas.

Una década después, aparecerían en escena Ted Nordhaus y Michael Shellenberger, tal vez los dos ecomodernistas más conocidos por haber fundado el Instituto Breakthrough, considerado el epicentro del ecomodernismo desde su fundación en el año 2007. Apenas tres años antes, se convirtieron en figuras públicas tras diagnosticar la osificación del movimiento ecologista norteamericano, carente a su juicio de una visión de futuro políticamente exitosa y capaz de afrontar el cambio climático[11]. Para superar estas incapacidades, ambos articularon una propuesta basada en dos elementos. El primero, que el ecologismo necesita aspirar a un mundo energéticamente abundante, limpio y accesible, compatible con la generación de empleo y con el crecimiento económico[12]. El segundo, que para llevarlo a cabo se requiere de una

---

9 LEWIS, M., *Green Delusions. An Environmentalist Critique of Radical Environmentalism*, Duke University Press, Durham and London, 1992.

10 Ausubel, J., "Can Humanity Spare the Earth?", *American Scientist, 84*(2), 1996, 166-178.

11 NORDHAUS, T. y SHELLENBERGER, M. "The Death of Environmentalism" [en línea], 2004. https://s3.useast2.amazonaws.com/uploads.thebreakthrough.org/legacy/images/Death_of_Environmentalism.pdf [Consulta: 30 de marzo 2023]

12 NORDHAUS, T. y SHELLENBERGER, M., *Breakthrough. Why Can't Leave Save The Planet to Environmentalists,* Mariner Books, Boston, 2009.

nueva era en el movimiento ecologista, basada en la inversión pública intensa y sostenida.

Stewart Brand, una leyenda de la contracultura norteamericana, continuó este proceso intelectual evolutivo al realizar una defensa pragmática y basada en evidencias empíricas de la urbanización, la energía nuclear de fisión, los alimentos genéticamente modificados y la geoingeniería solar[13]. Su mérito fue integrarlas, unificando las argumentaciones aisladas de cada una de ellas realizadas por otras figuras importantes como Mark Lynas[14], David Keith[15], o Barry Brook[16].

Fuera de Norteamérica, este proceso ha seguido su curso de la mano de Jonathan Symons y Rasmus Karlsson. El primero, autor de la primera monografía en inglés dedicada al ecomodernismo[17], destaca por articularlo como una respuesta socialdemócrata global a los retos del Antropoceno que al mismo tiempo defiende las políticas de innovación técnica como núcleo de la agenda soberana de los países en desarrollo. El segundo analizó las repercusiones de las ideas ecomodernistas en la noción de ciudadanía medioambiental, disintiendo tanto de las visiones ecologistas convencionales como de las interpretaciones más tecnocráticas del ecomodernismo[18].

---

13 BRAND, S., *Whole Earth Discipline*, Penguin Books, New York, 2010.

14 LYNAS, M., *Nuclear 2.0: Why a Green Future Needs Nuclear Power*, UIT Cambridge Ltd, Cambridge, 2014.; LYNAS, M., *Seeds of Science: Why We got It So Wrong On GMO's*, Bloomsbury Sigma, London, 2018.

15 KEITH, D., *A Case for Climate Engineering*, A Boston Review Book, MIT Press, Cambridge, 2013.

16 BROOK, B. y LOWE, I., *Why vs. Why: Nuclear Power*, Pantera Press, ebook, 2012.

17 SYMONS, J., *Ecomodernism: Technology, Politics and the Climate Crisis*, Polity Press, Cambridge, 2019.

18 KARLSSON, R. "Individual Guilt or Collective Progressive Action? Challenging the Strategic Potential of Environmental Citizenship Theory". *Environmental Values, 21*(4), 2012, 459-474.; SYMONS, J. y KARLSSON,

En resumen, el ecomodernismo se distingue por la defensa, bajo premisas pragmáticas, de procesos de innovación técnica proactiva[19] liderados por los Estados nación para dar respuesta a los retos existenciales del Antropoceno. El pragmatismo se basaría en una interpretación ingenieril, teóricamente flexible y modesta, de estos desafíos; la innovación proactiva se apoya en la consideración, caso por caso, de costes y beneficios —medioambientales, sociales y económicos— de determinadas tecnologías, en sustitución de posiciones a priorísticas como el principio jurídico y político de precaución.

3. HIBRIDACIÓN Y DESACOPLAMIENTO

Desde que Crutzen y Stoermer lo sacaran a la luz pública[20], es sabido que el Antropoceno se propone desde las entonces nacientes ciencias del sistema terrestre para corroborar estratigráficamente un salto cualitativo del impacto humano en los sistemas naturales. Esta huella humana, cuya permanencia y efectos transformadores se estiman en milenios[21], ha sido analizada y demostrada respecto a múltiples indicadores socioecológicos[22]. Este salto cualitativo ha dado lugar a dos fenómenos de gran relevancia para pensar las interpretaciones ecomodernistas de la naturaleza: acoplamiento e hidridación.

R. "Ecomodernist citizenship: Rethinking political obligations in a climate-changed world", *Citizenship Studies, 22*(7), 2018, 685-704.

19 FULLER, S. y LIPINSKA, V., *The Proactionary Imperative,* Palgrave Macmillan, London, 2014.

20 CRUTZEN, p. y STOERMER, E., "The Anthropocene". *Global Change Newsletter, 41,* 2000, 17.

21 CRUTZEN, p. , "Geology of Mankind", *Nature, 415,* 2002, 23.

22 Véase STEFFEN, W., BROADGATE, W., et. al, "The trajectory of the Anthropocene: The Great Acceleration". *The Anthropocene Review, 2*(1), 2015, 81-98.

Con acoplamiento se entiende el solapamiento entre los sistemas humanos y naturales, rubricado por interacciones recíprocas más intensas que en el Holoceno. Estas dan lugar a elementos o variables intermedias —entre lo natural y lo social— en el estudio de los impactos humanos y sus respuestas por parte de los sistemas naturales. A partir de estudios comparados de caso sobre diferentes ecosistemas del planeta, este acoplamiento se compondría de los siguientes elementos[23]. El primero, la existencia de bucles complejos de retroalimentación entre sistemas, como ejemplifica la incidencia de la agricultura intensiva en el agotamiento de la fertilidad y la reducción de captura de dióxido de carbono de los suelos. El segundo, la precipitación de dinámicas no lineales provocadas por la superación de ciertos umbrales ecológicos a escala regional y temporal. El tercero, una mayor presencia de múltiples efectos-legado en los ecosistemas, que muestran la disparidad e incertidumbre sobre los efectos tangibles de las acciones humanas y las respuestas a estas por parte de los entornos naturales.

La denominada hibridación sería la principal consecuencia epistemológica y normativa de este acoplamiento, entendiéndose por aquella la imposibilidad de distinguir en términos puros entre entidades naturales y sociales. Esto tendría tres implicaciones. La primera y más general es que no cabe analizar ni reflexionar de manera aislada sobre los sistemas humanos y naturales. La segunda es que, si la acción humana ha alterado el funcionamiento de los subsistemas terrestres hasta el punto de desbordar los rangos de variabilidad del Holoceno, no cabría entender —ni por tanto desear— una naturaleza carente de la huella humana. La tercera es que el desarrollo humano ya no puede pensarse ni promoverse a espaldas de sus condicionantes medioambientales, dado que estos últimos han dejado de ser relativamente constantes y predecibles. En términos similares se pronuncia el historiador Dipesh Chakrabarty al formular la primera de sus cuatro célebres tesis: la historia natural y la historia humana ya no discurren en paralelo,

---

[23] LIU, J., et. al., "Coupled Human and Natural Systems". *Ambio, 36*(8), 2007, 619-649

sino que se fusionan a la luz de la influencia antropogénica en el planeta, siendo el cambio climático su mayor expresión[24].

Ambos fenómenos han servido a los pensadores ecomodernistas para proponer nuevos marcos interpretativos sobre lo natural y lo social más allá del dualismo, y que se traducen en modos alternativos de pensar la conservación ambiental. Antes de que el Antropoceno se hiciera conocido en las ciencias sociales y humanas, Nordhaus y Shellenberger ya eran implícitamente conscientes de las implicaciones mencionadas cuando criticaron uno de los presupuestos de la estrategia del ecologismo norteamericano: concebir el medio ambiente como un ente aparte de su esfera social y política circundante, y que el cambio climático antropogénico habría tornado definitivamente obsoleto[25]. En esta línea, Stewart Brand afirmó que el entrelazamiento entre lo natural y lo humano es un hecho fácilmente reconocible si se aplica una mentalidad resolutiva y pragmática —previamente aplicada en la trasformación de los sistemas sociales— para atajar el cambio climático e idear un nuevo sistema alimentario entre otros problemas socioambientales[26].

Más adelante, la hidridación y el acoplamiento entre los sistemas naturales y sociales se han abrazado explícitamente para cuestionar los presupuestos clásicos del conservacionismo. Esto queda ilustrado a través de categorías o metáforas ecomodernistas como el cuidado del "jardín vibrante"[27], la gestión de "paisajes multifuncionales"[28] o la llamada a adoptar un relato

---

24 CHAKRABARTY, D., "The Climate of History: Four Theses". *Critical Inquiry, 35*(2), 2009, 197-222

25 NORDHAUS, T. y SHELLENBERGER, M. "The Death of Environmentalism",cit.

26 BRAND, S., *op. cit.*

27 MARRIS, E., *Rambunctious Garden. Saving Nature in a Post Wild World*, Bloomsbury, New York, 2013.

28 ELLIS, E. "Nature for the People. Toward a Democratic Vision for the Biosphere" [en línea], 2017. https://thebreakthrough.org/journal/issue-7/nature-for-the-people [Consulta: 3 de abril 2023]

"composicionalista"[29] entre los artefactos humanos y no humanos que tienen en común su oposición a la distinción nítida entre lo humano y lo natural y a la ambición clásica de proteger entornos con la intención de que permanezcan libres de la influencia humana. La primera metáfora, cercana al naturalismo filosófico, propone enmarcar dentro de la categoría "naturaleza", y por tanto conservar, organismos situados dentro de espacios arquetípicamente humanos, tales como entornos urbanos o granjas[30]. Su presupuesto es que, en calidad de jardinero al cuidado de los ecosistemas, el ser humano ha de asumir y controlar reflexivamente su rol protagonista en el cambio ambiental partiendo de su irreversibilidad. Ello conlleva incluso valorar el posible rol positivo que pueden ejercer en algunos contextos las especies invasoras en el mantenimiento de funciones ecosistémicas.

Paralelamente, la noción de paisaje multifuncional implica la gestión de ecosistemas híbridos[31], en los que la protección de entornos es simultánea a —y no contradictoria con— las actividades productivas humanas. Como afirma Erle Ellis, esto permitiría amortiguar los efectos negativos del aumento de las temperaturas en la biodiversidad, a través de corredores a escala mundial para especies migrantes sin necesidad de elegir entre protección del entorno y producción[32]. Por último, el relato composicionalista implica aceptar y fomentar la relación, cada vez más íntima, que las tecnologías modernas han establecido entre aquello que antaño se concebía en términos puros como producto de la acción humana y lo que permanecía ajeno a su campo. Ello implicaría

---

29 LATOUR, B. "Love Your Monsters: Why We Must Care For Our Technologies As We Do Our Children" [en línea], 2012. <https://thebreakthrough.org/journal/issue-2/love-your-monsters> [Consulta: 5 de abril 2023]

30 MARRIS, E. *op. cit,* p. 2.

31 HOBBS, R.J. et. al., "Managing the Whole Landscape: Historial, Hybrid and Novel Ecosystems". *Frontiers in the Ecology and the Environment, 12*(10), 557-564.

32 ELLIS, E. *op. cit.*

rechazar tanto el relato moderno arquetípico —según el cual el ser humano ha logrado emanciparse de varios de sus determinantes naturales— como de lo que a juicio de Latour es una ambición clásica del ecologismo político de orientación ecocéntrica —liberar al entorno natural de la invasión humana.

Sin embargo, esta asunción de la hibridación entre lo natural y lo humano no es unánime dentro del ecomodernismo; durante su desarrollo, ha destacado una noción que discurre ajena a este hecho: el desacoplamiento espacial entre las actividades humanas y el entorno natural, potencialmente precipitado por la innovación tecnológica. Bajo esta premisa se entienden dos nociones fundamentales que articulan el pensamiento ecomodernista. La primera es la necesidad de establecer una relación, tanto económica como estética, cada vez más distanciada entre lo social y lo natural, bajo el supuesto de que esta distancia permite proteger en mayor medida al entorno natural del impacto humano[33]. En el sentido económico, Martin Lewis considera que los materiales sintéticos o las ciudades reducen la dependencia humana de servicios y bienes ecosistémicos respecto al empleo de recursos como la madera o el papel —considerados productos menos manipulados por la humanidad y por tanto más inmersos en los procesos naturales— o al mundo rural —menos eficiente en cuanto a impacto medioambiental y a consumo de recursos per cápita. En el sentido estético, en contextos de alta población humana se considera más benigno para el entorno natural una relación cada vez más mediada, a través de medios y dispositivos digitales. La segunda noción, acuñada por Jesse Ausubel, es que las tecnologías modernas que contribuyan a la descarbonización y a la progresiva desmaterialización de las economías tienen como efecto correlativo la liberación del entorno natural[34]. Esta se basaría en una seg-

---

33 Lewis, M., "On Human Connectedness with Nature", *New Literary History*, 24(4), 1993, 797-809.

34 Ausubel, J., "The Liberation of the Environment", *Daedalus*, 125(3), 1996, 1-17.

mentación progresiva entre las actividades humanas y su medio ambiente, permitiéndose a este último regenerarse y reflorecer.

Estas dos nociones permiten a los ecomodernistas justificar que el desarrollo humano no es contrario a otorgar al entorno natural un valor intrínseco. De ahí la afirmación del manifiesto: "Las generaciones presentes y futuras podrían sobrevivir y prosperar con mucha menos biodiversidad y naturaleza salvaje. Pero ese no es el mundo que queremos ni tenemos por qué aceptar si los humanos adoptan procesos de desacoplamiento"[35]. Rasmus Karlsson va incluso más lejos en esta dirección al afirmar que el progresivo desacoplamiento entre entornos humanos y naturales gracias a las tecnologías modernas y a una valoración intrínseca de la protección del entorno natural pueden catalizar ambiciosos procesos de renaturalización a nivel mundial, si bien desprovistos de escenarios base prístinos[36].

Prima facie, los marcos de la hidridación y el desacoplamiento son conceptualmente incompatibles. La primera, basada en una aceptación plena de las implicaciones ontológicas y epistemológicas del Antropoceno, significa rechazar la ambición de proteger o liberar un entorno considerado como natural —prístino o no. Por otra parte, la segunda depende de una concepción dualista entre naturaleza y sociedad que precisamente ambiciona aquello que para Latour es imposible debido la intimidad alcanzada entre lo natural y lo social: liberar al medio natural de la humanidad. Precisamente, este es el objetivo último de Ausubel a través de la desmaterialización y la descarbonización de las sociedades modernas a través de la innovación tecnológica, en congruencia con un relato moderno precisamente impugnado por Latour: la emancipación humana de la naturaleza, ejemplificada en fenómenos como la reducción drástica de la mortalidad por enfermedades

35 ASAFU ADJAYE, J., et. al, *op. cit,* p. 25.

36 Karlsson, R., "*Ecomodernism*". WPSA Annual Meeting, San Francisco, 2023, [en línea] <http://www.wpsanet.org/papers/docs/WPSA%20 2023,%20Ecomodernism%20by%20Karlsson.pdf> [consulta: 6 abril de 2023]

infecciosas o el aumento inédito de la esperanza de vida humana[37].

Esta tensión entre ambos presupuestos marca la primera encrucijada del ecomodernismo. Si bien esta ha sido mencionada previamente a muy grandes rasgos[38], ni sus fuentes ni sus implicaciones han sido expuestas con detalle aún. La resolución de esta disyuntiva —ya sea a través de la compatibilización de ambos presupuestos o mediante el abandono de uno de ellos— es una tarea pendiente y fundamental para dotar de solidez conceptual a la propuesta ecomodernista.

4. EL BUEN ANTROPOCENO Y SU CONCRECIÓN NORMATIVA

La influencia y el impacto del Antropoceno en los presupuestos ecomodernistas no son solamente de índole ontológica o epistemológica. Esto se entiende intuitivamente si se toma en consideración la carga normativa del concepto, que remite a preguntarse por el lugar y el papel del ser humano en el mundo tras dejar una impronta indeleble —corroborada ecológicamente y pendiente de confirmar geológicamente— en los sistemas terrestres, así como el modo en que este rol ha de afirmarse y articularse políticamente. Al respecto, la literatura reciente ha experimentado un aumento considerable durante el último lustro y apunta hacia una reconsideración de conceptos clave como poder[39], sostenibi-

---

37 AUSUBEL, J. *op. cit.*

38 Véase KALLIS, G. y BLISS, S. "Post-environmentalism: Origins and evolution of a strange idea", *Journal of Political Ecology*, *26*(1), 2019.

39 Véase BURKE. A. y FISCHEL, S. "Power, World Politics and Thing-Systems in the Anthropocene", en *Anthropocene Encounters. New Directions in Green Political Thinking*, Cambridge University Press, Cambridge, 2019, pp. 87-108.

lidad, justicia o democracia[40]. Respecto al primero se ha llegado a plantear, en congruencia con los planteamientos del nuevo materialismo y por la intimidad alcanzada entre los sistemas humanos y naturales, que su espectro va más allá de las relaciones humanas. En cuanto a las restantes, se afirma que su reformulación ha de ajustarse a condiciones ecológicas inciertas e imprevisibles, y de repercusiones ineludiblemente globales.

En buena medida, estas reflexiones morales y políticas parte de determinados enmarques o narrativas sobre los posibles efectos del Antropoceno, de notables y variadas connotaciones psicológicas. El ecomodernismo ilustra este hecho al haber popularizado la expresión "buen Antropoceno"[41] para distinguirse de relatos escatológicos o sombríos sobre el futuro de la humanidad tras el final de unas condiciones ecológicas estables que han permitido el desarrollo de las grandes civilizaciones. Partiendo de la condición irreversible de las alteraciones producidas en los sistemas planetarios, el ideal utópico del buen Antropoceno mantiene no obstante que estas no comprometen necesariamente el futuro y la trayectoria de las sociedades modernas. Esto sería así por la existencia de unas estrategias sociales y técnicas potencialmente aplicables por la humanidad para adaptarse y prosperar a pesar de estas dinámicas de cambio. Por tanto, este horizonte no significaría simplemente paliar en la medida de lo posible los efectos ecológicos más adversos del Antropoceno, sino superarlos o al menos aminorarlos sin renunciar a la universalización de estándares razonables de vida, entre los cuales figurarían el acceso a energía limpia y barata[42] o la satisfacción generalizada y sostenible de las necesidades nutricionales humanas básicas.

---

40 Véase DRYZEK, J. y PICKERING, J., *The Politics of the Anthropocene*. Oxford University Press, Oxford and New York, 2019.

41 ELLIS, E. "The Planet of No Return", [en línea], 2011. <https://thebreakthrough.org/journal/issue-2/the-planet-of-no-return> [Consulta: 8 de abril 2023]

42 KARLSSON, R., "Expanding Opportunity in the Anthropocene", *Ethics, Policy & Environment, 20*(3), 2017, 240-242.

La idea del buen Antropoceno parte de una premisa polémica, según la cual no existiría un vínculo necesario entre el florecimiento humano y las condiciones ecológicas estables características del Holoceno. Aunque estas últimas lo hayan hecho en el pasado, ni ellas por sí mismas promoverían el desarrollo humano, ni sus modificaciones lo han comprometido en toda circunstancia y lugar. Ejemplos de ello serían un calentamiento global de más de un grado o la sobreabundancia de nitrógeno y fósforo en los sistemas naturales que, a pesar de provocar unos efectos ecológicos disruptivos y pendientes de solución, han tenido también como correlato estándares de vida inéditos en la historia humana[43]. Por tanto, el horizonte ecomodernista del buen Antropoceno implica renunciar a la idea de que existe la posibilidad de volver a algo similar a un espacio ecológico estático y seguro[44]; así como defender que la inexistencia de tal espacio es compatible con la posibilidad de que las ventajas de la modernidad, que hasta ahora solo han sido disfrutadas plenamente por una pequeña parte de la población mundial, sean universalizables.

A la hora de detallar qué estrategias técnicas y sociales pueden promover este buen Antropoceno, los ecomodernistas han concentrado hasta ahora sus esfuerzos en las primeras. Concretamente, han empleado argumentos centrados en la posibilidad de aminorar sustancialmente sus riesgos y en mostrar la evidencia empírica existente acerca de su benignidad medioambiental y social. Este enfoque ha sido empleado sobre todo para argumentar en favor de la energía nuclear de fisión, los alimentos transgénicos y la implementación de programas de geoingeniería solar.

---

43 NORDHAUS, T. SHELLENBERGER, M. y BLOMQVIST, L. "The Planetary Boundaries Hypothesis. A Review of the Evidence" [en línea], 2012. https://s3.useast2.amazonaws.com/uploads.thebreakthrough.org/legacy/blog/Planetary%20Boundaries%20web.pdf [Consulta: 9 de abril 2023]

44 Véase ROCKSTRÖM, J. et. al, "Planetary Boundaries: Exploring the Safe Operating Space for Humanity", *Ecology and Society, 14*(2), 2009, art32.

Sin embargo, se ha prestado poca atención a las estrategias sociales, dentro de las cuales la justificación político-normativa desempeña un rol esencial. Los primeros intentos al respecto han tenido como denominador común requerimientos de justicia global. Más en concreto, se ha defendido el derecho incondicional de los países en desarrollo de emplear combustibles fósiles, bajo el supuesto que la preocupación por la descarbonización de sus economías solo será una prioridad si las necesidades materiales de sus poblaciones han sido satisfechas previamente; o el derecho de estos mismos países a financiar e implementar de manera unilateral programas de geoingeniería solar para proteger unas condiciones climáticas apropiadas para su desarrollo económico y social al tiempo que logran presionar a los países desarrollados para que aceleren sus procesos de descarbonización y transición energética, debido a que la amenaza de un shock terminal provocado por el cese súbito de la liberación de sulfatos a la estratosfera reduciría ostensiblemente la lejanía temporal de los riesgos del cambio climático[45] —que, como es bien sabido, es uno de los obstáculos más importantes a la implementación de políticas climáticas contundentes y verdaderamente vinculantes.

A pesar de su interés y relevancia, estos controvertidos argumentos no han sido suficientes para justificar las ideas ecomodernistas de manera sistemática y plenamente coherente. Esto marca una segunda encrucijada para el ecomodernismo, consistente en dar cuerpo normativo a un buen Antropoceno cuyos contornos son aún difusos y permanecen por tanto en el terreno de la psicología y el enmarcado político. Para superar esta encrucijada, propongo que la innovación tecnológica para afrontar los retos ecológicos y sociales del Antropoceno ha de sostenerse sobre una premisa básica: la expansión de capacidades humanas y no humanas. En otros términos, la implementación de estas innovaciones se considera normativamente superior a otras opciones políticas en tanto que permiten en mayor medida expandir las posibilida-

---

45 SYMONS, J. op. cit., p. 181.

des vitales de "ser y hacer", denominadas también por Amartya Sen "libertades sustantivas"[46].

Dentro de esta reflexión normativa, entender el ecomodernismo en términos de expansión de capacidades cumple tres funciones suplementarias. La primera, dotar a las ideas ecomodernistas de una coherencia política compatible con sus distintas interpretaciones, culminándose así su proceso de autocomprensión y distinguiéndolas más nítidamente de otras corrientes como el administrativismo medioambiental[47] o el pensamiento prometeico ortodoxo[48]. Dentro de estas interpretaciones, destacan la más cercana al liberalismo o incluso al apoliticismo —cuya máxima expresión sería el manifiesto ecomodernista— y aquella más proclive a ideas socialdemócratas —interpretada por Symons.

La segunda función sería preservar los ideales regulativos del enfoque clásico de las capacidades que son puestos en duda en un contexto de crisis socioecológica: el pluralismo[49] y la libertad de elección[50]. Tales principios son cuestionados en tanto que han permitido que la agregación espaciotemporal irrestricta de las actividades humanas ponga en peligro la estabilidad de los sistemas planetarios. A este respecto, el decrecimiento es la filosofía política que actualmente abandera la limitación voluntaria de algunas capacidades humanas, bajo principios de sencillez y frugalidad, para perseguir un ideal sostenible de vida buena. Frente a esta opción, el ecomodernismo permanece, al igual que Sen y Nussbaum, agnóstico respecto a qué ideal concreto de vida buena

---

46 SEN, A. *Development as freedom*, Knopf, New York, 1999.

47 DRYZEK. J.S. *The politics of the earth: Environmental discourses* (4th ed.). Oxford University Press, Oxford and New York, 2022, p. 75.

48 Véase SIMON, J. *The Ultimate Resource 2*. Princeton University Press, Princeton, 1998; LOMBORG, B. *The Skeptical Environmentalism*, Cambridge University Press, Cambridge, 1998.

49 NUSSBAUM, M. *Creating capabilities: The human development approach*, Belknap Press of Harvard University Press, Cambridge, 2011, p. 110.

50 SEN, A. "Freedom of choice: Concept and content", *European Economic Review, 32*(2-3), 1998, 269-294.

ha de ir encaminado el ejercicio de las capacidades humanas, lo cual marca un punto de partida común sobre el que fundamentar las ideas ecomodernistas. La tercera función sería justificar la innovación tecnológica en términos de desarrollo humano y no humano, más allá de criterios técnicos de eficiencia en el consumo de recursos y servicios ecosistémicos o en la reducción de impactos medioambientales.

Al respecto, destacan dos fenómenos que marcan la potencialidad de este proceder. El primero, la urbanización de los países en desarrollo, defendida tanto por los pensadores ecomodernistas como por Nussbaum en realidades como la India[51], por proteger y expandir las capacidades de las mujeres, y cuyas consecuencias demográficas —reducción de la fecundidad— son medioambientalmente benignas. Concretamente, por proporcionar las condiciones sociales y económicas de su emancipación, que les permite liberarse de vínculos fraternos opresivos y planificar sus etapas vitales. El segundo sería la concentración espacial o desacoplamiento de las actividades humanas de sus impactos medioambientales, que en última instancia permitiría proteger las capacidades del mundo no humano. Aunque la noción de desacoplamiento ha de someterse al examen ontológico y epistemológico mencionado en la sección anterior, alberga una potencialidad largamente ignorada: conectar al ecomodernismo no solo con el enfoque clásico de las capacidades, sino también con sus interpretaciones no antropocéntricas.

Aunque presentadas sucintamente, las ideas expresadas respecto a esta fundamentación del ecomodernismo en términos de capacidades atestiguan su pertinencia, y constituyen los pilares básicos de un programa de investigación inédito.

---

51 NUSSBAUM, M. *op. cit.*, pp. 2-5.

5. CONCLUSIONES

Tras haber experimentado un proceso largo y discontinuo que ha culminado en su constitución como un movimiento autoconsciente, el ecomodernismo se encuentra ante dos encrucijadas. Ambas son resultado de las implicaciones ontológicas, epistemológicas, morales y políticas del Antropoceno, y su superación marcará la futura relevancia teórica y política de esta filosofía medioambiental.

Las implicaciones ontológicas y epistemológicas afectan directamente a la concepción ecomodernista de la naturaleza, así como a su ideal de conservación y de protección medioambiental. Por una parte, sus promotores aceptan plenamente dos de los fenómenos característicos del Antropoceno según la evidencia aportada por las ciencias del sistema terrestre: el acoplamiento y la consiguiente hibridación entre los sistemas naturales y humanos. Con base en esta aceptación, han cuestionado la premisa fundamental del conservacionismo medioambiental clásico, basado en el mantenimiento o la restauración de entornos desprovistos de la huella humana. Dado esto, proponen nuevas vías, fuera de la dicotomía sociedad-naturaleza, que promuevan el mantenimiento de ecosistemas y que ofrezcan soluciones efectivas a problemas como el cambio climático, la pérdida de biodiversidad, el futuro del sistema alimentario o la alteración de ciclos biogeoquímicos fundamentales sin perjuicio del desarrollo humano. Por otra, los ecomodernistas permanecen ajenos a estas implicaciones ontológicas y epistemológicas al mantener, a través de las nociones de desacoplamiento y de liberación del medio ambiente, que la protección y el reflorecimiento del entorno natural dependen de su progresiva compartimentación respecto a la actividad humana a través de la innovación tecnológica. Dada la tensión conceptual existente entre estas dos premisas —hibridación y desacoplamiento—, el ecomodernismo tiene aún la tarea pendiente de plantear un concepto de naturaleza que, si bien puede y ha de ser plural en sus interpretaciones, no se puede permitir el lujo de la contradicción interna.

En segundo lugar, las implicaciones morales y políticas de la era humana se detectan con la misma intensidad en el horizonte psico-político promovido por el ecomodernismo: el buen Antropoceno. Como se ha reflejado, este último consiste en aceptar —sin nostalgia ni pesar por un equilibrio ecológico perdido— hasta sus últimas consecuencias el papel protagonista de la humanidad como agente de cambio planetario y que, partiendo de un conocimiento más reflexivo y matizado sobre las consecuencias disruptivas de este cambio, permita universalizar a través de nuevas estrategias sociales y técnicas el desarrollo humano. A pesar del optimismo —moderado y realista— promovido por este horizonte respecto a las posibilidades que ofrece la nueva era en contraste con otras visiones, el ecomodernismo ha ofrecido casi en exclusiva argumentos de carácter técnico para refrendar de manera pragmática sus propuestas. En consecuencia, tiene un segundo compromiso pendiente, consistente en dar argumentos normativos en favor de ellas que permitan distinguir nítidamente entre ecomodernismo y tecnocracia medioambiental. Haciéndome eco de esta necesidad, planteo que la argumentación en favor de la innovación tecnológica sobre la base de la ampliación de las capacidades humanas y no humanas ofrece un marco óptimo y plenamente congruente con el espíritu ecomodernista. En concreto, con su disposición teóricamente flexible y modesta, así como son su aspiración por universalizar el desarrollo humano siguiendo principios cosmopolitas y defensores de las agendas soberanas de los países en desarrollo.

Responsabilidad histórica y liderazgo climático

LAURA GARCÍA-PORTELA
ÓSCAR ANCHORENA

1. INTRODUCCIÓN

El cambio climático es uno de los problemas más acuciantes de nuestro tiempo. La prevención, adaptación y reparación de sus efectos negativos exige esfuerzos considerables, como dejar intactas gran parte de las reservas de carbono, desarrollar avances tecnológicos para llegar a una economía neutra en carbono en el plazo de unas pocas décadas y realizar inversiones para adaptarse a aquellos efectos del cambio climático que ya están en marcha. Existe un debate extenso acerca de cómo distribuir estos y otros esfuerzos de una manera justa. Sin embargo, pocas veces se ha abordado la cuestión de cómo distribuir los esfuerzos necesarios relacionados con el liderazgo climático. Aquí nos centramos en esa tarea y desarrollamos un argumento basado en un principio de responsabilidad histórica.

En primer lugar, sostenemos que las aportaciones iniciales al desarrollo de la economía fósil constituyeron una forma de contribución estructural al cambio climático porque crearon trayectorias de dependencia (*path-dependencies*) y un uso consolidado del carbono (*carbon lock-in*), llevando así al mundo a una economía basada en el carbono (argumento de responsabilidad histórica cualitativa). En segundo lugar, basándonos en lo anterior, argumentamos que los primeros contribuyentes al desarrollo de dicha economía fósil tienen el deber de justicia correctiva de establecer las condiciones estructurales para enfrentarnos de forma colectiva al cambio climático, revirtiendo así su pasada contribución estructural al mismo. Consideramos que esta obligación de justicia correctiva puede plantearse en términos de tareas de liderazgo climático (argumento de la responsabilidad de liderar). Este deber de justicia correctiva estructural es de naturaleza condicional, es decir, se mantiene al menos si la responsabilidad histórica importa, de forma general, para distribuir los esfuerzos para enfrentarse al cambio climático.

Una breve advertencia antes de empezar: asumimos que el liderazgo climático se asignaría a los estados, entendidos como entidades transgeneracionales. Aunque esta asunción no carece por completo de problemas, se trata del supuesto operativo en la mayoría de las negociaciones sobre el cambio climático y es ampliamente compartido entre los estudiosos de la justicia climática. En este sentido, no entraremos a cuestionar los argumentos subyacentes a este supuesto expuestos en la literatura reciente sobre justicia climática.

2. JUSTICIA CLIMÁTICA NO-IDEAL: EL PAPEL DEL LIDERAZGO CLIMÁTICO

A menudo, los filósofos dedicados a la justicia climática se mueven en el ámbito de la teoría ideal[1]. Esto es, se preguntan: si queremos diseñar un plan colectivo para hacer frente al cambio climático, ¿qué principios debemos seguir?[2] Esta teorización ideal[3] tiene dos supuestos: el pleno cumplimiento de los princi-

---

1 Una excepción a la tendencia la teoría ideal se puede encontrar en HEYWARD, C. y ROSER, D. (eds.), *Climate Justice in a Non-Ideal World*, Oxford University Press, Oxford, 2016.

2 CANEY, S., '"Distributive Justice and Climate Change"', en *The Oxford Handbook of Distributive Justice*, Oxford University Press, Oxford, 2018.

3 Las condiciones para la teorización ideal fueron establecidas por RAWLS, J., *A Theory of Justice*, Belknap Press, Cambridge, Massachusetts, 1971.

pios de justicia climática y la existencia de circunstancias relativamente favorables en términos de habilidades y recursos.

La falta de cooperación, sin embargo, hace que la lucha contra el cambio climático deba ser abordada desde el punto de vista de la teoría no ideal. Como otros han explicado, la lucha contra el cambio climático es un ejemplo claro de la "tragedia de los comunes"[4]. El problema es bien conocido. Queremos proteger nuestro planeta de los efectos negativos del cambio climático. Sin embargo, los actores individuales no tienen incentivos para mitigar sus emisiones de manera individual porque una solución satisfactoria al cambio climático solo es posible con la contribución de todos. El precio de actuar en solitario es muy alto porque priva a los que inicien esta tarea de los beneficios de emitir y por tanto les coloca en desventaja competitiva frente los que siguen emitiendo. Por lo tanto, es racional para cada uno de los actores esperar a que otros den el primer paso (e incluso el segundo, el tercero, etc.). Esto lleva a una situación en la que todos esperan a que los demás den el primer paso. Sin embargo, los retrasos en la acción global contra el cambio climático serán muy costosos en conjunto. La acción más racional desde un punto de vista colectivo no es la acción más racional desde un punto de vista individual.

Salir de la tragedia de los comunes sería más fácil si al menos algunos actores planificaran y llevaran a cabo acciones eficaces y ambiciosas de forma unilateral, mostrando su voluntad política de cooperar con los demás en impulsar el proyecto colectivo de una transición justa hacia sociedades con bajas emisiones de carbono. Para ello, los países tendrían que convertirse en pioneros en el desarrollo de tecnologías, leyes y transformaciones sociales que permitan la independencia de los combustibles fósiles lo antes posible. Estos procesos ayudarían a desenmarañar la tragedia de

---

4 HARDIN, G., "The Tragedy of the Commons", *Science*, 162 (3859), 1968, 1243-1248; SHUE H., "Face Reality? After You! – A Call for Leadership on Climate Change", *Ethics & International Affairs*, 25 (01), 2011, 17-26; y MALTAIS, A., "Failing International Climate Politics and the Fairness of Going First", *Political Studies*, 62 (3), 618-633, 2014.

los comunes, al preparar el terreno para que otros se sumaran a la transición hacia sociedades con bajas emisiones de carbono. De ahí que en este trabajo se entiendan los deberes de liderazgo como tareas que impulsen acciones unilaterales para reducir las emisiones de gases de efecto invernadero (GEI), con el objetivo de mostrar voluntad política para resolver colectivamente el cambio climático y de sentar las bases para la cooperación. La afirmación central aquí es que el liderazgo climático es necesario, o al menos hace más probable, salir de la tragedia de los comunes que caracteriza la acción colectiva contra el cambio climático[5].

Ahora, la pregunta es: ¿quién debe asumir la carga del liderazgo climático? A continuación, presentamos un argumento para la distribución de las tareas del liderazgo climático basado en la responsabilidad histórica.

3. EL ARGUMENTO DE LA RESPONSABILIDAD HISTÓRICA CUALITATIVA

Este argumento sostiene que las contribuciones iniciales a la economía fósil constituyen una contribución estructural al cambio climático porque crearon trayectorias de dependencia futura y un uso consolidado del carbono, llevando así al mundo a una economía basada en el carbono. Esto se basa en la noción de contribuciones estructurales al cambio climático, así como en la importancia normativa del futuro uso consolidado del carbono para

---

5 Esta afirmación no es mera especulación, está respaldada por pruebas empíricas relevantes. En 2011, Saul y Seidel estudiaron el papel del liderazgo climático en la cooperación. Analizaron los efectos del liderazgo de la UE en las negociaciones internacionales (1995-2008) sobre el nivel de cooperación alcanzado y mostraron un efecto positivo del liderazgo en la cooperación. SAUL, U. y SEIDEL, C., "Does Leadership Promote Cooperation in Climate Change Mitigation Policy?", *Climate Policy*, 11 (2), 2011, 905.

la estabilización de la economía fósil global. Ambas, cuestiones interrelacionadas.

3.1. Contribuciones estructurales al cambio climático

El argumento de la responsabilidad histórica cualitativa se basa en la existencia de contribuciones estructurales al cambio climático, diferentes de lo que podríamos denominar contribuciones directas. Estas se refieren a las actividades generadoras de emisiones que provocan su acumulación en la atmósfera y los consiguientes efectos nocivos asociados al cambio climático (sequías, inundaciones, olas de calor, etc.) Normalmente, los principios de responsabilidad histórica en el cambio climático han señalado a estas contribuciones como las normativamente relevantes. Por ejemplo, el conocido principio de *quien contamina paga* siempre se ha interpretado en el sentido de que los contaminadores deben hacer frente al cambio climático en proporción a su contribución directa en forma de emisiones, es decir, en proporción a su contribución cuantitativa al cambio climático. Dicha contribución se mide por su historial de emisiones[6].

La responsabilidad histórica por las contribuciones directas al cambio climático sigue el modelo de responsabilidad, popularizado por Iris Marion Young[7]. Dicho modelo atribuye una responsabilidad histórica por los resultados negativos derivados de una sola acción de un solo individuo, dadas ciertas condiciones de fondo. Aplicado al cambio climático, el modelo señala las emi-

---

6 NEUMAYER, E., "In Defence of Historical Accountability for Greenhouse Gas Emissions", *Ecological Economics*, 33 (2), 2000, 185-192; SHUE, H., "Historical Responsibility, Harm Prohibition, and Preservation Requirement: Core Practical Convergence on Climate Change", *Moral Philosophy and Politics*, 2 (1), 2015; y ZELLENTIN, A., "Compensation for Historical Emissions and Excusable Ignorance", *Journal of Applied Philosophy*, 32 (3), 2015, 258-274.

7 YOUNG, I., *Responsibility for Justice*, Oxford Political Philosophy, Oxford University Press, Oxford, 2011.

siones como unidades de responsabilidad histórica del mismo. En consecuencia, distribuye dicha responsabilidad en proporción a la contribución cuantitativa en forma de emisiones[8].

Las contribuciones estructurales al cambio climático son más bien aportaciones al desarrollo de estructuras sociopolíticas y económicas que conducen al cambio climático. Aquí se entiende que este no se deriva solo de contribuciones directas a través de actividades generadoras de emisiones, sino también de una arquitectura institucional (es decir, normas y prácticas socioeconómicas y políticas) que afecta negativamente al bienestar[9]. Por tanto, son contribuciones al desarrollo de esa arquitectura institucional que hace posible el cambio climático.

Es importante señalar que las contribuciones estructurales al cambio climático tienen un componente cualitativo notable. No son necesariamente más relevantes cuanto más son, sino cuanto más reúnen ciertas características diferenciales en el desarrollo de una arquitectura institucional perjudicial. Por ejemplo, la posición social y política de los individuos puede influir en su contribución estructural al cambio climático. Un líder político puede hacer una mayor contribución con su discurso público que otros individuos. Sus palabras pueden tener un influjo especial en las decisiones de los inversores, el comportamiento de las personas o las relaciones internacionales. De ahí que sus palabras puedan marcar una diferencia cualitativa en el desarrollo de la arquitectura institucional que conduce al cambio climático.

---

8 ECKERSLEY, R, "Responsibility for Climate Change as Structural Injustice", en *The Oxford Handbook of Environmental Political Theory,* Vol. Environmental Political Theory, Oxford University Press, Oxford, 2016; LARRÈRE C., "Responsibility in a Global Context: Climate Change, Complexity, and the "Social Connection Model of Responsibility", *Journal of Social Philosophy,* 49 (3), 2018, 426-438.

9 BORAN, I., "Two Concepts of Wrongful Harm: A Conceptual Map for the *Warsaw International Mechanism for Loss and Damage*", *Ethics, Policy & Environment,* 20 (2), 2017, 195-207.

Esta concepción de las contribuciones estructurales al cambio climático se deriva de una interpretación en retrospectiva del modelo de conexión social de la responsabilidad de Young[10]. Según dicho modelo, muchas formas de daño e injusticia social son el resultado de la interacción no culpable de muchos individuos. Para Young, la participación de los individuos en injusticias estructurales crea la responsabilidad política de remediarlas. Sin embargo, la responsabilidad de cada individuo varía en función de factores sociales y políticos: aumenta con el poder, el privilegio, el interés o la capacidad para remediar una injusticia.

Aquí no entramos en si esos factores generaron más responsabilidad o en cómo lo hicieron. Nuestro punto es más bien que estos factores, u otros similares, pueden marcar una diferencia cualitativa no solo en términos de responsabilidad orientada hacia el futuro, sino también en términos de responsabilidad orientada hacia el pasado[11]. Tomemos el ejemplo del líder político. Siguiendo a Young, su poder y capacidad para influir en la evolución social y política afectan también al tipo de obligaciones para remediar ciertas injusticias. Sin embargo, esas características también influyen en el tipo de responsabilidad retrospectiva en la *creación* de determinadas estructuras sociales y políticas. Por lo tanto, nuestro argumento aquí se basa en una lectura retrospectiva del modelo de conexión social de la responsabilidad, incluso si, como argumentaremos más adelante, esa responsabilidad retrospectiva también da lugar a obligaciones prospectivas.

Aquí nos gustaría centrarnos en un tipo concreto de contribución estructural al cambio climático, a saber, las contribuciones a las dependencias futuras y globales de la trayectoria y el bloqueo del carbono. En la siguiente sección mostramos por qué las con-

---

10 YOUNG, I., *op. cit.*

11 De forma similar, GARCÍA-PORTELA, L., "Two Mutually Exclusive Concepts of Harm? Retrospective and Structural Wrongful Harm at the Bases of a Compensatory-Based Approach for Loss and Damage", *Ethics, Policy & Environment*, 21 (3), 2018, 391-395.

tribuciones tempranas al desarrollo de un determinado sistema son relevantes para atribuir la responsabilidad retrospectiva de la arquitectura social y política de un sistema global y duradero como la economía de los combustibles fósiles.

3.2. *El papel estructural de las contribuciones tempranas*

Las contribuciones tempranas a un determinado sistema social y político tienen dos consecuencias normativas pertinentes: crean ciertas trayectorias que determinan en gran medida el comportamiento futuro y limitan las posibles alternativas, lo que conduce a efectos de bloqueo duraderos en los sistemas socioeconómicos y políticos; y dicho poder causal se extiende a los agentes futuros y también a otros sistemas contemporáneos. Por tanto, las contribuciones tempranas a un determinado sistema social y político son pertinentes desde el punto de vista normativo porque conducen al mundo hacia dicho sistema, es decir, canalizan el desarrollo global e intergeneracional y empujan a las personas contemporáneas y futuras hacia él. Aquí, exploramos cómo lo hacen.

El momento temporal en el que un agente contribuye a un sistema tiene una fuerte influencia en su poder causal sobre el futuro de este. Los desarrollos tempranos de un sistema condicionan la forma en la que el sistema será en el futuro, al crear dependencias de los desarrollos pasados, como inercias tecnológicas, diseños institucionales y hábitos de comportamiento que tienden a permanecer en el tiempo. Estos dificultan los desarrollos del futuro, dando lugar a mecanismos de bloqueo. En el caso del cambio climático, este proceso se conoce como consolidación del carbono (*carbon lock-in*). La consolidación del carbono surgió en los países desarrollados debido al uso generalizado de combustibles fósiles con fines energéticos y económicos, lo cual hizo menos viable el desarrollo de alternativas de bajas emisiones.

Podemos identificar al menos tres tipos de *bloqueo de carbono*[12]. En primer lugar, el bloqueo infraestructural se refiere a los efectos de la infraestructura de larga duración en la demanda de carbono y en el éxito de posibles nuevas infraestructuras de bajas emisiones. Las inversiones tempranas en infraestructura duradera favorecen su uso hasta que se vuelva económicamente ineficiente en lugar de probar alternativas. La adopción de tecnología de energía de bajas emisiones de carbono no es económicamente razonable hasta que sus costes de implantación y uso sean sustancialmente inferiores a los de la tecnología basada en combustibles fósiles. Algo similar ocurre con las infraestructuras que demandan energía, como edificios, trazados de calles, patrones de uso del suelo, infraestructura de transporte, etc. Una vez instaladas, son muy costosas y difíciles de reemplazar o eliminar, lo que produce mecanismos de bloqueo. En segundo lugar, existe también una forma de bloqueo institucional a nivel de gobernanza que afecta a la toma de decisiones. Los agentes sociales, económicos y políticos tienen incentivos para mantener estructuras de gobernanza, en especial si benefician a sus intereses. Finalmente, el bloqueo conductual consiste en patrones de comportamiento (estilos de vida, hábitos, rutinas), a nivel individual como social, que con el tiempo devienen automáticos y difíciles de cambiar.

Además, los primeros avances de un determinado sistema tecnológico, social y político influyen en el desarrollo de otros sistemas. Es decir, las contribuciones tempranas al desarrollo de un sistema no solo crean dependencias futuras, sino también dependencias globales. En particular, en el contexto del cambio climático, este proceso se conoce generalmente como transferencia de la consolidación de carbono (*carbon lock-in transfer*).

Dos mecanismos son fundamentales para la transferencia de dicha consolidación del carbono. El primero es la creación de dependencias en la toma de decisiones. Los estadios iniciales de

12 SETO, K., et al, "Carbon Lock-In: Types, Causes, and Policy Implications", *Annual Review of Environment and Resources*, 41 (1), 2016, 425-452.

una economía fósil influyen en la decisión de otras sociedades sobre en qué fuentes de energía confiar para impulsar su desarrollo socioeconómico. Esta afirmación se basa en hechos psicológicos generales. La investigación psicológica sugiere que las decisiones previas reducen la flexibilidad de los futuros tomadores de decisiones[13]. Cuando un agente, colectivo o individual, se enfrenta a una decisión es más probable que decida seguir las acciones emprendidas por otros. Este mecanismo se aplica incluso si los riesgos e incertidumbres de las alternativas son similares. Existe un sesgo hacia decisiones anteriores que aún no han demostrado ser infructuosas. Aplicado a nuestro caso: uno de los mecanismos para transferir el bloqueo del carbono de las economías basadas en combustibles fósiles a las que aún no lo están consiste en condicionar la toma de decisiones de los recién llegados. Su decisión se halla condicionada con fuerza hacia el uso de combustibles fósiles simplemente porque ese camino ya ha sido trillado.

El segundo mecanismo de transferencia de la consolidación del carbono tiene que ver con que el uso de combustibles fósiles ha demostrado ser una vía rápida para el desarrollo económico. Las tecnologías de energía de combustibles fósiles parecen ser soluciones de bajo coste para una rápida industrialización[14]. En condiciones de competitividad, su uso se volvió racional. Si unas sociedades no hubieran seguido esa tendencia, habrían quedado en desventaja respecto a otras. Al introducir los combustibles fósiles como un factor central del crecimiento económico, los emisores tempranos empujaron a otros a seguirlos para no quedar atrás.

Como podemos ver, las contribuciones tempranas a la economía fósil revisten una importancia normativa significativa, debido a su contribución estructural al cambio climático por la influencia en el desarrollo futuro de las sociedades y su influencia global en

---

13 ARBUTHNOTT, K. D. y DOLTER, B., "Escalation of Commitment to Fossil Fuels", *Ecological Economics*, 89 (May), 2013, 7-13.

14 UNRUH, G. C. y CARRILLO-HERMOSILLA, J., "Globalizing Carbon Lock-In", *Energy Policy*, 34 (10), 2006, 1185-1197.

otras. Al hacerlo, los primeros emisores actuaron como líderes de la economía fósil, es decir, promotores de un camino socioeconómico que otros fueron empujados a seguir.

En definitiva, las observaciones de esta sección justifican el argumento de responsabilidad histórica cualitativa, que afirma que las contribuciones tempranas a la economía fósil constituyen una forma de contribución estructural al cambio climático porque crearon un bloqueo futuro y global del uso de carbono, llevando así al mundo a una economía basada en el mismo. Esta afirmación conduce al argumento de la responsabilidad de liderazgo, que presentamos y discutimos en la siguiente sección.

4. EL ARGUMENTO DE LA RESPONSABILIDAD DE LIDERAR

El argumento de la responsabilidad del liderazgo afirma que los contribuyentes iniciales al desarrollo de la economía fósil tienen el deber de justicia correctiva de fijar las condiciones estructurales para afrontar de modo colectivo el cambio climático, revirtiendo así su contribución estructural en el pasado. Este deber puede plantearse en términos de liderazgo climático, esto es, como la tarea de emprender acciones unilaterales para reducir las emisiones de GEI, para mostrar así voluntad política de enfrentar colectivamente el cambio climático y sentar las bases para la cooperación. Esta formulación se apoya en una comprensión de la justicia correctiva centrada en la acción. Además, debe interpretarse que tiene una estructura condicional que abordaremos en esta sección.

Aristóteles entendía la justicia correctiva como una forma de justicia que aborda las transacciones ilícitas entre dos partes. Esta forma de justicia sigue, en su acercamiento, un modelo aritmético que implica a dos agentes y en el que uno ha ganado ciertos bienes o males del otro; o bien uno ha perdido ciertos bienes o males para el otro[15]. Tal forma de entender la justicia correctiva está bien representada en los casos abordados por el derecho de daños, como en el que el agente A roba una bicicleta al agente B, causando así una pérdida. El enfoque aristotélico se basa en la existencia de correlación entre ganancias y pérdidas, que la justicia correctiva debe igualar[16]. Así, en este caso, se requiere que A le devuelva la bicicleta a B. Dicha forma de entender la justicia correctiva aparece incluso en situaciones en las que no hay una ganancia aparente para la parte culpable, como daños a la propiedad o daños físicos. Sin embargo, el hecho de que A haya perjudicado a B, incluso sin adquirir nada, constituye una ganancia en el sentido de que A ha perseguido sus propios objetivos a costa de otro. La justicia correctiva tiene por objetivo igualar también esas ganancias y pérdidas, haciendo que A repare o pague por las pérdidas de B[17]. Una comprensión más amplia de la justicia correctiva se centra no solo en la anulación de las pérdidas y ganancias, sino también en la corrección de las propias acciones ilícitas[18]. Diferentes estudiosos han interpretado cómo corregir las acciones ilícitas. Por ejemplo, para Coleman, la justicia correctiva consiste en responsabilizar a los infractores de las pérdidas causadas por sus actos ilícitos mientras que, para Gardiner, consiste en corregir el incumplimiento de las razones morales en contra de la realización de la fechoría.

---

15 ARISTÓTELES, *Nicomachean Ethics*, edición de Roger Crisp, Cambridge University Press, Cambridge, 2004, V, 1132a.

16 WEINRIB, E. J., "Corrective Justice in a Nutshell", *The University of Toronto Law Journal*, 52 (4), 2002, 349.

17 GORDLEY, J., "Tort Law in the Aristotelian Tradition", en *The Philosophical Foundations of Tort Law*, Oxford University Press, Oxford, 1997, 157.

18 COLEMAN, J., "The Practice of Corrective Justice", en *Philosophical Foundations of Tort Law*, Oxford University Press, Oxford, 1995, 53-72; GARDNER, J., "What Is Tort Law for? Part I. The Place of Corrective Justice", *Law and Philosophy*, 30 (1), 2011, 1-50; y *From Personal Life to Private Law*, Oxford University Press, Oxford, 2018; RIPSTEIN, A., "Theories of the Common Law of Torts", en *The Stanford Encyclopedia of Philosophy*, Summer 2022, Metaphysics Research Lab, Stanford University, 2022.

De cualquier modo, ya se centren en las ganancias y pérdidas o en las propias acciones ilícitas, los enfoques estándar de la justicia correctiva apuntan a tipos determinados de acciones, a saber, las transacciones. Aquí proponemos una interpretación más abstracta y global en la que el objetivo de la justicia correctiva es deshacer o revertir cualquier tipo de acción ilícita, a menudo con el fin de lograr el resultado opuesto, esta vez el moralmente el correcto. Consideremos el ejemplo de la bicicleta. En este caso, deshacer o revertir la acción ilícita implica reasignar o devolver (el contrario de quitar) la bicicleta de A a B. Asimismo, en casos de daños a la propiedad, la justicia correctiva implica repararla (lo opuesto a dañar). Esta interpretación alternativa es compatible con la anterior, al tiempo que explica cómo corregir acciones ilícitas de distinto tipo.

Creemos que esta interpretación tiene la ventaja de estar en consonancia con los enfoques anteriores y, al mismo tiempo, proporcionar una justificación clara al argumento de la responsabilidad del liderazgo: los contribuyentes tempranos al desarrollo de la economía fósil deben establecer las condiciones estructurales para superar el cambio climático, revirtiendo así sus pasadas contribuciones estructurales al mismo. Ya que, por una cuestión de justicia correctiva, las acciones erróneas deben deshacerse o revertirse, y tales acciones consistieron en liderar el desarrollo de sociedades basadas en combustibles fósiles, deshacerlas o revertirlas implica liderar el desarrollo de sociedades bajas en carbono.

Como otros principios de responsabilidad histórica, nuestro argumento podría estar sujeto a objeciones que pusieran en duda la fuerza normativa de la responsabilidad histórica, como la objeción de la ignorancia excusada. Esta sostiene que los contaminadores no deben ser considerados moralmente responsables de los efectos negativos de sus acciones si no podían haberlos previsto. Esto se aplicaría, por ejemplo, a las emisiones anteriores a 1990 porque hasta entonces no se publicó el primer informe del IPCC y, por tanto, los contaminadores no podían haber previsto los efectos negativos de sus actividades generadoras de emisiones[19]. Esta objeción suele plantearse en el contexto del principio de *quien contamina paga*, pero podría aplicarse igualmente a la responsabilidad de liderar. De hecho, sería más fuerte en este caso, ya que los primeros emisores tenían incluso menos conocimientos disponibles sobre las consecuencias negativas del cambio climático. Por tanto, si los argumentos de responsabilidad histórica se vieran socavados por la objeción de ignorancia excusada, esto también invalidaría las atribuciones de responsabilidad de liderar la transición hacia sociedades bajas en emisiones.

Sin embargo, no existe un acuerdo universal sobre si la ignorancia excusada socava los principios de responsabilidad histórica. Varios filósofos han proporcionado una variedad de argumentos que solucionarían el problema de la ignorancia excusada. Por ejemplo, Butt ha argumentado que quienes contaminan tienen una responsabilidad de reparar que obedece a consideraciones retrospectivas. Su argumento es que, aunque los agentes contaminantes supieran de los efectos negativos de sus emisiones, no habrían dejado de actuar como actuaron. Esto les hace responsables en un sentido contrafáctico. En favor de esta hipótesis habla el hecho de que las naciones históricamente contaminantes no tuvieron reparos, en aquella época, en perpetrar violaciones de derechos humanos a través de sus actividades colonizadoras. Además, también siguieron emitiendo cantidades desproporcionadas de emisiones incluso después de conocer sus efectos negativos. Para Butt, el colonialismo y las posteriores contribuciones de las naciones industrializadas al cambio climático apoyan la atribución de una forma de responsabilidad histórica contrafáctica[20]. Por último, Tan ha argumentado recientemente que un principio

---

19 MEYER, L. y ROSER, D., "Climate Justice and Historical Emissions", *Critical Review of International Social and Political Philosophy*, 13 (1), 2010, 229-253; WÜNDISCH, J., "Does Excusable Ignorance Absolve of Liability for Costs?", *Philosophical Studies*, 174 (4), 2017, 837-851.

20 BUTT, D. "Excusable Ignorance, Hypothetical Wrongdoing, and Historical Emissions: Does It Matter Who Knew What When?", en *Climate*

de responsabilidad histórica por el cambio climático no necesita basarse en la culpabilidad y el castigo, sino simplemente en la responsabilidad de reparar el daño causado[21].

La importancia normativa de la responsabilidad histórica por el cambio climático es una cuestión controvertida, si bien no disponemos aquí del espacio para zanjarla. La buena noticia es que podría no ser necesario. En su lugar, podemos interpretar el argumento de la responsabilidad de liderar como un argumento condicionado al éxito general de la atribución de responsabilidad histórica. En consecuencia, si las contribuciones históricas al cambio climático son normativamente relevantes, entonces los contribuyentes históricos al desarrollo de la economía fósil tienen deberes de liderazgo climático derivados de su contribución histórica a los aspectos estructurales del cambio climático.

5. ASPECTOS HISTÓRICOS RELEVANTES PARA LA DISTRIBUCIÓN DE DEBERES DE LIDERAZGO CLIMÁTICO

Ya hemos argumentado que los contribuyentes tempranos a la economía fósil tienen responsabilidad histórica por su contribución estructural al cambio climático, fundamentada en un deber de justicia correctiva para liderar la transición a sociedades de bajas emisiones. Sin embargo, falta profundizar en quiénes podrían ser esos responsables. Una respuesta rotunda queda fuera de alcance ahora, pero nos gustaría señalar el tipo de contribuciones que influyeron en el bloqueo de trayectorias futuras y en la creación de patrones globales, ya descritos. Y ofrecer ideas so-

---

Change and Historical Emissions, Cambridge University Press, Cambridge, 2017.

21 TAN, K-C. "Climate Reparations: Why the Polluter Pays Principle Is Neither Unfair nor Unreasonable", *WIREs Climate Change*, n/a (n/a), e827, (en línea), 2023, 4.

bre qué estados nacionales podrían asumir dicha responsabilidad histórica.

El desarrollo del capitalismo, del colonialismo y de la industrialización proporcionaron las bases para la configuración de la economía fósil. En particular, el espíritu capitalista de aumento de la productividad y maximización de los beneficios favoreció procesos de innovación y tecnificación basados fundamentalmente en carbón y petróleo, debido a su alta tasa de ganancia y a su eficiencia energética. El uso extensivo de tecnologías y combustibles fósiles atrapó a sus promotores en la economía fósil. Además, el aumento de productividad favorecido por la competencia internacional extendió dicha dependencia a otras naciones. Las primeras naciones industrializadas no solo hicieron uso de los recursos existentes en otros lugares, aumentando su influencia sobre ellos, sino que su éxito empujó hacia la economía fósil a los que llegaron después. De esta manera, las contribuciones al desarrollo temprano del capitalismo, la industrialización y el colonialismo favorecieron las dependencias futuras globales y la expansión de la economía fósil. Ahora destacaremos las contribuciones de dos actores históricos pioneros.

Una interpretación histórica señala al Reino Unido y a los Estados Unidos como contribuyentes significativos a la economía fósil. El primero desarrolló las bases del capitalismo industrial y colonial, necesario para el surgimiento y expansión mundial e intergeneracional de la economía fósil. Con ello, generó los mecanismos globales de fijación futura. El segundo marcó una diferencia cualitativa en el desarrollo y la expansión de la economía fósil, con la extracción y explotación de gasolina y con su influencia económica y energética mundial.

Durante los siglos XV y XVI, Inglaterra experimentó una transformación sin precedentes de sus relaciones sociales de producción, impulsada entre otras por la búsqueda de una mayor productividad agrícola. Los cambios en la propiedad de la tierra (concentración o expulsión de arrendatarios), el aumento del número de trabajadores empobrecidos (convertidos en consumidores) y la creación de un mercado nacional coadyuvaron al surgimiento del capitalismo. Tales cambios pronto traspasaron sus fronteras. Los imperativos del *mejoramiento* se emplearon en la colonización de Irlanda por la dinastía Tudor en el siglo XVI. El ineficiente uso de la tierra justificaba invadir el país e implantar un nuevo sistema económico y un nuevo orden político y jurídico. Irlanda devino "una extensión de la economía inglesa"[22]. Una vez que el capitalismo británico se consolidó en su forma industrial, todos los países europeos se vieron sometidos a los imperativos capitalistas, por su dependencia del mercado internacional. Siendo claro para las colonias, en otras naciones como Francia o Alemania el capitalismo pudo desarrollarse en respuesta a las presiones externas de un sistema capitalista ya existente: la economía británica[23].

El Imperio Británico se expandió en parte debido a que la productividad de su economía le confirió notables ventajas técnicas y geopolíticas. Por ejemplo, su superioridad económica permitió construir rápidamente una flota militar para romper el dominio en las Indias Orientales durante las guerras comerciales con los Países Bajos, entre 1654 y 1674[24]. Además, su mayor capacidad de endeudamiento resultó decisiva para la victoria sobre Francia en la Guerra de los Siete Años (1756-1763), donde logró la supremacía en el comercio marítimo y en el Atlántico Norte. Por tanto, el sistema económico capitalista permitió al Reino Unido expandir su poder al mismo tiempo que las dimensiones geográficas de la futura economía fósil.

A finales del siglo XVIII, Gran Bretaña fue el primer país en desarrollar la Revolución Industrial, alimentada por la energía de vapor. La Revolución Industrial: "la transformación más funda-

---

22 MEIKSINS WOOD, E., *The origins of capitalism. A longer view,* Verso, 1999, 154. La traducción es nuestra.

23 *Idem,* 153-176.

24 FERGUSON, N., *Empire. How Britain made the Modern World,* Random House, 2002

mental de la vida humana registrada en documentos escritos"[25], coincidió un tiempo con la historia del Imperio Británico, entonces "factoría del mundo"[26] y "centro de las transacciones comerciales, marítimas y financieras"[27]. Más importante, la industrialización se expandió a otras naciones por imitación, importación tecnológica y contratación de especialistas cualificados. Así, comenzó en Bélgica a principios del siglo XIX, más tarde en Alemania y antes pero lentamente en Francia[28]. En una línea similar, aunque desde otro prisma ideológico, a partir de 1920 se desarrolló alrededor de la URSS el "estalinismo fósil", definido como "la maximización del poder de la burocracia mediante combustibles fósiles"[29]. Igualmente, China cayó en la misma dependencia energética tras la llegada al poder de Mao Zedong en 1949.

Además, la expansión del Imperio Británico (banquero y gerente mundial) se realizó a través de medios coactivos. Por ejemplo, la conquista de Rodesia, financiada por la banca Rothschild, se amparó en razones comerciales y en la existencia de depósitos de diamantes. La expansión colonial en África siguió una dinámica violenta guiada por la búsqueda de beneficios[30]. Así, la acción de los promotores de la economía fósil posibilitó su expansión, pues los territorios bajo influencia británica adoptaron y participaron en el sistema que condujo a la economía fósil.

---

25 HOBSBAWM, E., *Industry and Empire. From 1750 to the present day*, edición de Chris Wrigley, The New Press, Nueva York, 1998 (1968), xi. Traducción nuestra.

26 DEANE, p. , "The british industrial revolution', en *The industrial revolution in national context. Europe and USA,* Cambridge University Press, Cambridge, 1996, 18.

27 HOBSBAWN, E., *op. cit.,* xii

28 PIERENKEMPER, T., *Umstrittene Revolutionen. Die Industrialisierung im 19. Jahrhundert.* Fischer Taschenbuch Verlag GmbH, Frankfurt del Main, 1996.

29 MALM, A., "Who lit this fire: Approaching the History of the Fossil Economy", *Critical Historical Studies,* 3 (2), 2016, 240. La traducción es nuestra.

30 FERGUSON, N., *op. cit.,* 267-282

En la década de 1810 un particular abrió la mina Raniganj en Bengala, hoy el yacimiento de carbón en funcionamiento más antiguo de la India. Tras la ocupación de Assam en 1825, el Imperio Británico "decidió llenar los ríos de la India de barcos a vapor"[31] por razones políticas, comerciales y militares. En dos décadas, la producción en Raniganj se cuadruplicó. Poco después, se expandieron los ferrocarriles de vapor: entre 1860 y 1866 su consumo de carbón se quintuplicó, sustituyendo al barco de vapor como principal fuente de demanda. Hacia 1850, el Imperio Británico convirtió el carbón en el motor y medida de todas las naciones comerciales[32]. Así comenzó a nivel mundial la economía fósil, definida como un "crecimiento autosostenido basado en el creciente consumo de combustibles fósiles y, por lo tanto, generando un crecimiento sostenido de las emisiones de CO2"[33]. La combinación de ética capitalista, acción colonial e industrialización configuró las futuras trayectorias económicas y energéticas (es decir, los cambios en el sistema económico fueron desalentados dadas sus desventajas competitivas) no solo para el Imperio Británico sino para otras naciones del mundo.

Aunque Estados Unidos jugó un papel posterior, su influencia también marcó una diferencia cualitativa en el desarrollo de la economía fósil que podría ser relevante para atribuir responsabilidades de liderazgo climático. Su conversión en una potencia internacional caracterizada por el empleo intensivo de carbón y en especial de gasolina (desde 1859), debido a su mayor eficiencia energética que el carbón[34]. Durante el siglo XX, el petróleo se convirtió en clave para la riqueza y la fuerza estadounidenses. Y la disponibilidad de combustibles fósiles devino vital para su economía, su maquinaria de defensa y su estructura social. Como ejemplo, a principios del siglo, la marina cambió su fuente de energía

---

31 MALM, A., *op.cit.*, 224. La traducción es nuestra.

32 *Ídem*, 226-233.

33 *Ídem*, 222. La traducción es nuestra.

34 SHULMAN, p. A, *Coal and empire: The birth of energy security in industrial America.* Johns Hopkins University Press, 2015.

a gasolina y obligó a la diplomacia a asegurar el suministro. La dependencia de la gasolina se reforzó durante ambas guerras mundiales. Desde entonces, la política buscó "proveer el crecimiento extraordinario del consumo de energía tanto para fines militares como económicos"[35].

Estados Unidos también tendría un papel importante en el liderazgo internacional en la economía fósil. Una fecha clave de esta influencia sería 1938, cuando geólogos de la Standard Oil Company de California y la Texas Company descubrieron reservas de petróleo sin precedentes en Arabia Saudi. En 1944 nació la Arabian American Oil Company (ARAMCO), una alianza estratégica entre los Estados Unidos y Arabia Saudi que originó la "geopolítica de la energía": vínculo entre la extracción y uso de combustibles fósiles, intereses nacionales y seguridad global[36]. El nuevo orden mundial tras la Segunda Guerra Mundial consagró la hegemonía de Estados Unidos en la economía fósil. Durante la Guerra Fría, las dinámicas geopolíticas y económicas obligaron a las naciones a la búsqueda de fuentes de energía y las hicieron dependientes del liderazgo de EE.UU., ejercido a veces mediante la fuerza, como en los golpes de Estado en Irán (1953) y Chile (1973). De este modo, la explotación y uso intensivos del petróleo convirtieron a Estados Unidos en clave para el desarrollo de una economía fósil mundial y sus mecanismos asociados de bloqueo.

6. CONCLUSIÓN

En las actuales circunstancias no ideales, el liderazgo climático es necesario para la transición a sociedades bajas en emisiones. En este trabajo, hemos desarrollado un argumento con enfoque histórico que explica la importancia normativa de las contribuciones estructurales al cambio climático para atribuir deberes de

---

35 SHULMAN, *op. cit.*, 5. La traducción es nuestra.

36 *Ídem*, 2.

liderazgo climático. En pocas palabras, hemos argumentado que los primeros contribuyentes a la economía fósil deberían asumir dicho liderazgo climático como una cuestión de justicia correctiva. Liderazgo que debe consistir en convertirse en pioneros en el desarrollo de tecnologías, leyes y transformaciones sociales que les permitan independizarse de los combustibles fósiles tan pronto como sea posible, con el objetivo adicional de sentar las bases para que otros se unan a la transición hacia sociedades bajas en el uso del carbono. Argumentamos que estas acciones son necesarias para corregir su responsabilidad en el establecimiento de estructuras dañinas causantes del cambio climático, al menos si la responsabilidad histórica tiene importancia normativa en la distribución de la carga de enfrentar el cambio climático. Este requisito normativo se basa en el deber correctivo de deshacer, o revertir, su papel de empujar a otros a unirse a la economía basada en el carbono. Por último, hemos proporcionado algunas ideas históricas para ayudar a identificar el tipo de contribuciones que fueron relevantes para establecer una economía fósil global, así como sus dependencias futuras y mundiales y sus mecanismos de bloqueo.

El populismo verde: más allá del nativismo ambiental y el populismo negacionista

BELÉN FERNÁNDEZ-GARCÍA
JAKOB SCHWÖRER

1. INTRODUCCIÓN

La literatura sobre populismo y política verde tiende a centrarse en las posiciones climáticas y ambientales del populismo de derecha[1], lo que ha facilitado cierta vinculación del populismo con las tesis negacionistas sobre el origen antropogénico de la degradación del planeta y la hostilidad hacia los movimientos ecologistas. El auge electoral de actores negacionistas o contrarios a adoptar medidas para combatir el cambio climático, como la derecha radical populista en Europa, o líderes populistas en América como Donald Trump y Jair Bolsonaro, han reforzado recientemente esta aparente relación antagonista entre populismo y ecologismo.

No obstante, desde determinados sectores ecologistas y del populismo de izquierda se argumenta que el populismo puede servir como mecanismo de interpretación y articulación de la política climática y ambiental contemporánea a través de la construcción democrática del pueblo frente a unas élites que amenazan la vida

---

1 BUZOGÁNY A. y MOHAMAD-KLOTZBACH, C., "Populism and nature – the nature of populism: New perspectives on the relationship between populism, climate change, and nature protection", *Zeitschrift für Vergleichende Politikwissenschaft*, 15, 2021, 155-164.

misma[2]. Inspirado por determinados movimientos sociales ecologistas que desafían el elitismo de los ambientalismos dominantes (ej. el Movimiento por la Justicia Ambiental, el Movimiento de los Pueblos por el Clima, etc.), la articulación populista del ecologismo se presenta como un proyecto que busca unir y empoderar a la gente corriente en el propósito común de cuidarse los unos a otros, a la tierra y a las generaciones futuras, apelando a un concepto de justicia climática y ambiental que excede cualquier aproximación despolitizada y exclusivamente tecnocrática[3]. En la actualidad, esta forma de entender la política climática y ambiental se encontrarían en movimientos transnacionales que defienden un Nuevo Pacto Verde[4] y se prescribe como estrategia a seguir por el populismo de izquierda[5].

Este trabajo busca profundizar en las relaciones entre populismo y política verde. En el primer epígrafe se analizarán las conexiones y tensiones que se producen entre el populismo y el ecologismo como ideologías políticas. En el segundo, se ilustrará la propuesta de articulación populista de la política climática y ambiental por determinados actores que parten de una concepción positiva del populismo de izquierda, dando lugar a lo que aquí denominamos "populismo verde". En el último epígrafe se explicarán las posiciones negacionistas o antiecologistas a las que puede conducir el populismo y el nativismo de la derecha radical, así como la posible articulación ambientalista del nativismo.

---

2 DAVIES, W., "Green Populism? Action and mortality in the Anthropocene", *Environmental Values*, 29, 6, 2020, 647-668; MOUFFE, C., *Towards A Green Democratic Revolution: Left Populism and the Power of Affects*. Verso Books, London, New York, 2022.

3 BOSWORTH, K., "The people's climate march: Environmental populism as political genre", *Political Geography*, 83, 2020, 102281.

4 STONE JR., J. R., *Populism, eco-populism, and the future of environmentalism*, Routledge, Abingdon, 2022.

5 MOUFFE, C. Obra citada.

2. ECOLOGISMO Y POPULISMO

En este epígrafe analizamos las conexiones y tensiones que se producen entre el populismo y el ecologismo en el ámbito de las ideas políticas, lo que implica considerar ambos fenómenos como ideologías políticas. Como se pondrá de manifiesto a lo largo del capítulo, el populismo no conduce necesariamente a posiciones favorables o contrarias al ecologismo, sino que estas dependen de las "ideologías anfitrionas" a las que se adhiere el populismo. Esta capacidad de adaptación a posiciones tan diversas se explica por la naturaleza "incompleta" del populismo que, a diferencia de las "macro ideologías" (ej. socialismo o liberalismo), presenta una morfología muy reducida de valores centrales (pueblo-centrismo, antielitismo y soberanía popular). Para ilustrar la relación entre ambas ideologías, analizaremos cómo los principios generales del ecologismo interactúan con los valores centrales del populismo.

En relación con el ecologismo, Humphrey lo define como "un conjunto identificable de ideas políticas y filosóficas que son relativamente estables"[6]. El ecologismo se presenta así como "una ideología por derecho propio, en parte porque ofrece una crítica coherente de la sociedad contemporánea y una receta para mejorar, y en parte porque esta crítica y esta receta difieren fundamentalmente de las que ofrecen otras ideologías políticas modernas"[7]. Se diferencia así del ambientalismo que, de acuerdo con Dobson[8], no alcanza la categoría de ideología y aboga por un enfoque gerencial de los problemas ambientales, creyendo que estos pueden resolverse sin realizar cambios fundamentales en los valores actuales o en los patrones de producción y consumo. El ecologismo sostiene, en cambio, "que una existencia sostenible y satisfactoria presupone cambios radicales en nuestra relación con

---

6 HUMPHREY, M., "Green Ideology", en *The Oxford Handbook of Political Ideologies*, University Press, Oxford, 2013, pp. 496-514, p. 513.

7 DOBSON, A., *Green political thought*, Psychology Press, New York, 2000, p. 200.

8 *Idem.*

el mundo natural no humano y en nuestro modo de vida social y política"[9]. Este conjunto de ideas parte de la premisa de que la Tierra es finita, lo que supone reconocer la imposibilidad de un crecimiento ilimitado de la población y de la economía. De este modo, podemos decir que ecologistas y ambientalistas concuerdan en que hay que actuar para evitar la degradación ambiental, pero difieren sustancialmente en las estrategias que habría que adoptar para ello. Así, por ejemplo, los ambientalistas no suscriben necesariamente la tesis de los límites del crecimiento, ni plantean el desmantelamiento del industrialismo o la sociedad de consumo actual, confiando en las soluciones tecnológicas, el control de la polución y el reciclaje como medidas para alcanzar una sociedad sostenible.

Desde el ecologismo se prescribe, en cambio, una "reconstrucción ecológica" que modifique la base sobre la cual se asienta la relación entre la humanidad y la naturaleza no humana. En concreto, se busca superar la visión atomista de la naturaleza y la separación metafísica que realiza la ciencia moderna entre el mundo humano y el mundo no humano. Inspirada por la ciencia ecológica, se defiende una visión holística de la naturaleza que nos sitúa como parte de un todo vivo, de unos ecosistemas interrelacionados e interdependientes[10]. Esto supone superar la consideración del ser humano como el único portador de valor intrínseco. En este sentido, el ecologismo se nutre de lo que se ha llamado "teoría verde del valor", que vincula el valor de las cosas a las propiedades naturales de los objetos mismos[11]. Es el "valor natural" de las cosas, el haber sido creados por procesos naturales, lo que los ecologistas buscan preservar y promocionar. Esta metafísica holística tiene implicaciones morales: todo aquello que tenga valor intrínseco merece una consideración moral, lo que implica evolucionar hacia una moral ecocéntrica que des-

---

9 *Idem*, p. 2.

10 HUMPRHEY, M. Obra citada.

11 DOBSON, A. Obra citada.

centra al ser humano y pone en el centro los intereses de los ecosistemas[12].

De este modo, el ecologismo se erige contra una creencia básica derivada de la Ilustración, el antropocentrismo o la visión de que la humanidad ocupa el centro del universo[13]. Para el ecologismo, la consideración exclusiva o arbitrariamente preferente de los intereses humanos frente a los intereses de otros seres es identificada como la causa básica de la degradación ambiental y del cambio climático. Dentro del ecologismo existen posiciones más o menos radicales en torno a esta idea, pero todas conducen a una crítica de la visión instrumental que mantiene la humanidad del mundo natural no humano. En este sentido, Dobson argumenta que el antropocentrismo, en su sentido "débil" (estar "centrado en el ser humano") es una característica inevitable para la condición humana: "cualquier empresa humana será (débilmente) antropocéntrica, incluido el propio movimiento verde", [14] en tanto que las acciones conscientes de los humanos son antropocéntricas por definición. Lo que se busca superar, en cambio, es el antropocentrismo en su sentido "fuerte", la idea de que la naturaleza no humana está al servicio de nuestros intereses y, por tanto, puede ser objeto de explotación sin límites.

Encontramos aquí una primera diferencia entre el ecologismo y el populismo como ideologías políticas. De acuerdo con el enfoque ideacional del populismo, estamos ante una ideología delgada "que considera que la sociedad está en última instancia separada en dos grupos homogéneos y antagónicos, 'el pueblo puro' versus 'la élite corrupta', y que sostiene que la política debe ser una expresión de la *volonté générale* (voluntad general) del pueblo"[15]. El primer elemento del populismo viene constituido de

---

12 *Idem.*

13 HUMPRHEY, M. Obra citada.

14 DOBSON, A. Obra citada, p. 51.

15 MUDDE, C., "The populist Zeitgeist", *Government and Opposition*, 39, 4, 2004, 541-563, p. 543.

este modo por la apelación al pueblo, una entidad pura, virtuosa, monolítica y unificada, cuya superioridad moral justifica la centralidad primordial que debe jugar en la vida política ("pueblocentrismo"). Podemos decir entonces que el populismo adopta, al menos implícitamente, una cosmovisión antropocéntrica por la cual los agravios e intereses del pueblo tienen una importancia primordial como consecuencia de su superioridad moral[16]. Esta visión confrontaría con la visión holística del ecologismo que, como señalamos previamente, implica una reorientación metafísica y moral que descentra al ser humano, otorga valor intrínseco al mundo natural no humano y critica la visión instrumental de la naturaleza del antropocentrismo. En este sentido, Zulianello y Ceccobelli[17] cuestionan que los discursos de líderes ecologistas como Greta Thunberg puedan considerarse como populistas porque carecen de la centralidad del pueblo que define al populismo, reflejando en cambio una cosmovisión ecocéntrica, en la que los intereses de los seres humanos no están necesariamente en el centro.

Estas diferencias entre la visión antropocentrista del populismo, centrada en los intereses del pueblo, y del ecologismo que descentra al ser humano, pueden dificultar la combinación de ambos conjuntos de ideas en al menos dos cuestiones. La principal tiene que ver con los costes que supondría para "el pueblo" el cambio radical que exige las tesis del ecologismo. Apostar por el decrecimiento de la economía y la población, superar la sociedad basada en la acumulación y el consumo, e incluso otras medidas menos radicales que plantean los gobiernos actuales, como la transición a energías limpias, gravando o limitando el uso de combustibles fósiles, son políticas impopulares que exigen renunciar a las comodidades y estilos de vida actuales. Se argumenta además que estos costes serían especialmente altos para los gru-

16 ZULIANELLO, M., y CECCOBELLI, D., "Don't call it climate populism: on Greta Thunberg's technocratic ecocentrism". *The political quarterly*, 91, 3, 2020, 623-631.

17 *Idem.*

pos sociales más vulnerables, agravando determinadas desigualdades socioeconómicas prexistentes. A este respecto, las fuertes protestas sociales que lideraron los "chalecos amarillos" en 2018 en Francia mostraron la resistencia popular a asumir los costes de la transición a una economía basada en energías limpias, poniendo de manifiesto la impopularidad de estas medidas y los problemas que plantean en términos de justicia social.

Desde el populismo, sin embargo, se puede superar esta tensión defendiendo la agenda ecologista con razones instrumentales, argumentando que las medidas ambientales y climáticas no solo son buenas en sí mismas, sino necesarias para asegurar unas condiciones de vida saludables y seguras para el pueblo. De hecho, el propio Dobson reconoce una brecha entre la filosofía ecologista y el ecologismo político en el sentido de que este último tiene que recurrir también a argumentos instrumentales de este tipo[18]. En cuanto a la tensión generada por los agravios socioeconómicos que las políticas ambientales y climáticas pueden producir, esta se puede sortear vinculándolas con la justicia social y económica. Así se presenta, por ejemplo, el *Green New Deal*, definido por una de sus máximas defensoras, la congresista estadounidense Alexandria Ocasio-Cortez, como "un plan centrado en la creación de empleos y la justicia social y ambiental"[19]. Además de defender las acciones contra la emergencia climática con razones instrumentales (se define como "una crisis devastadora para la economía y la salud"), esta se presenta como "una apuesta clave para la recuperación verde de nuestro país que pondría a trabajar a millones de estadounidenses en empleos bien pagados con beneficios de salud de calidad, le garantizaría a todos el acceso a agua potable y aire limpio e invertiría inmediatamente en las comunidades más afectadas por estas crisis"[20]. De este modo, se vincula la transición a una sociedad sostenible con la implementación de ambiciosas

---

18 DOBSON, A. Obra citada.

19 OCASIO CORTEZ, A.: "The Green New Deal" [en línea]. https://www.ocasiocortez.com/green-new-deal [Consulta: 30/04/2023].

20 *Idem.*

políticas de redistribución y de creación de empleos de forma que "la gran transformación verde" no implique en caso alguno injusticia social y económica. Se habla así en términos de "justicia climática" o "justicia ambiental", lo que implica tener en cuenta los intereses, no solo de los ecosistemas, sino también y principalmente de las comunidades de primera línea, trabajadores y sectores de la población con menos recursos.

La segunda fuente de tensión entre ambos conjuntos de ideas tiene que ver con la atribución de responsabilidad del deterioro ambiental y la inacción ante la emergencia ecológica y climática. El populismo mantiene una visión del pueblo como una entidad virtuosa, pura y moralmente superior. Bajo esta concepción, difícilmente se le podría atribuir la responsabilidad de la explotación de la naturaleza y del deterioro ambiental, ni siquiera por pura ignorancia o falta de conciencia. El ecologismo, en cambio, hace responsable a la humanidad y a cómo nos relacionamos con la naturaleza de la crisis ecológica en la que estamos insertos. Son nuestras formas de entender la naturaleza, nuestros patrones de consumo, nuestra necesidad de acumular y satisfacer todo tipo de "necesidades" lo que está poniendo a la naturaleza al borde del colapso. Esta tensión, sin embargo, puede resolverse trasladando la responsabilidad a quienes tienen capacidad de adoptar decisiones vinculantes y de influir en la opinión pública, articulando de este modo el discurso ecologista en el eje vertical del populismo que contrapone de forma antagonista y moralista los intereses de los "de arriba" contra los "de abajo". Conectamos así con el segundo elemento central del populismo ("anti-elitismo"): la denostación de las élites y la hostilidad hacia aquellos que ostentan el poder —no solo político, sino también económico, cultural, mediático, etc.—. Aplicado a la cuestión climática y ambiental, se puede argumentar que son las élites políticas quienes ignoran las advertencias de la comunidad científica y que, presionados por los intereses económicos de las grandes corporaciones económicas y energéticas, no están dispuestos a adoptar las medidas necesarias para transitar a una sociedad sostenible. Meyer ilustra, en este sentido, cómo el diagnóstico que realiza el populismo ambiental de los movimientos de base local difiere de otras corrientes ambientalistas consideradas elitistas (ej. el ambientalismo institucionalizado): la inacción ambiental y climática no se debe a la ignorancia del pueblo o al egoísmo de este, reflejado en la resistencia popular a renunciar a las comodidades o estilos de vida actuales, sino a la codicia e intereses de las élites y de las corporaciones económicas[21].

Así se expresa, por ejemplo, el movimiento *Extinction Rebellion* cuando señala que "a pesar de la clara evidencia de la crisis climática y ecológica, los gobiernos se están quedando cortos a la hora de abordarla. Sus mentiras a sí mismos y a nosotros sobre todo esto representan uno de los mayores obstáculos para salvar a personas como tú y como yo de una nueva realidad aterradora. Nuestros gobiernos continúan apoyando a las empresas que se aferran a una misión suicida destructiva de hacer negocios como siempre, de obtener ganancias a cualquier costo"[22]. Por tanto, sin negar el carácter antropogénico de la crisis climática y ambiental, desde el populismo se puede centrar la atribución de culpa en aquellos grupos de la sociedad que tienen poder de decisión e influencia, posicionando al pueblo como víctima de la irresponsabilidad de las élites corruptas y egoístas. En este sentido, el carácter anti-establishment del populismo es uno de los aspectos que mejor encaja con el ecologismo: esta se presenta como una ideología transformadora y radical, en tanto que aboga por un cambio de paradigma de las relaciones económicas, sociales y políticas para alcanzar una sociedad sostenible, lo que sin duda pone en cuestionamiento las relaciones de poder prexistentes.

Otra fuente de tensión entre el populismo y el ecologismo procede de la centralidad que ocupa el saber científico y experto en el segundo. En este sentido, la evidencia científica se configura como una fuente esencial de legitimación de las posiciones eco-

---

21 MEYER, J. M., "Populism, paternalism and the state of environmentalism in the U.S"., *Environmental Politics*, 17, 2, 2008, 219-36.

22 LOWE, A.: "Tell the truth" [en línea], (2020). https://rebellion.global/blog/2020/12/11/tell-the-truth/ [Consulta: 30/04/2023].

logistas: las demandas y propuestas de estos actores suelen venir encabezadas por una referencia al consenso científico sobre la emergencia climática y ambiental, apoyándose en cifras y datos empíricos aportados por la ciencia para revestirlas de legitimidad.

Esta exaltación de la ciencia propia del ecologismo se considera una fuente de conflicto con el populismo, puesto que afirma la superioridad de la *vox scientifica* frente a la *vox populi*: las soluciones y respuestas a la emergencia climática y ambiental tienen que buscarse en los expertos, no en el pueblo[23]. El populismo, en cambio, parte de una consideración del pueblo como una entidad virtuosa, considerada no solamente como moralmente superior —lo que implica la identificación de la voluntad popular como la principal fuente de legitimación política, el tercer valor central del populismo— sino también como fuente de conocimiento y sabiduría. A este respecto, se ha argumentado que los populistas ponen en valor el conocimiento de la "gente común", la "sabiduría popular" frente al conocimiento experto de las élites que se encuentran alejadas de la realidad, lo que se ha denominado como "populismo epistemológico"[24]. Así, por ejemplo, el partido populista de derecha radical, Vox, ensalza el sentido común y el conocimiento de "las gentes del campo" frente a los "gurúes del ecologismo que solo pisan cemento" y que "pretenden dictarle" cómo deben cuidar el medio ambiente[25].

El carácter supuestamente anti-intelectual del populismo es, en efecto, uno de los argumentos más frecuentes a la hora de ilustrar las posiciones negacionistas y antiecologistas de determinados actores populistas. No obstante, esta cuestión también produce tensiones dentro de sectores favorables a la preservación y promoción de la naturaleza, como ilustra el trabajo de Meyer al

---

23 ZULIANELLO, M., y CECCOBELLI, D. Obra citada.

24 FERNÁNDEZ-GARCÍA, B. y SALGADO, S., "Discourses about Fake News, Conspiracies and Counterknowledge in Spain", *Western Journal of Communication*, 86, 4, 2022, 561-580.

25 VOX_ES: https://twitter.com/vox_es/status/1487903807778529292 [Consulta: 30/04/2023].

analizar los discursos ambientalistas en los Estados Unidos[26]. El autor señala que estos discursos se encuentran divididos por el paternalismo liberal del ambientalismo "mainstream" y el populismo ambiental de los movimientos de base local. El primer tipo de discurso tiende a considerar a los ciudadanos de a pie como masas antiecológicas o, en el mejor caso, como ignorantes o sin conciencia ecológica. Frente a la supuesta ignorancia de las masas, el ambientalismo se dice racional e instruido, confiando la toma de decisiones ambientales y climáticas en el conocimiento experto. En contraste, el populismo ambiental confía en los movimientos de base local para superar la inacción ambiental, argumentando que el problema no reside tanto en la ignorancia o apatía del pueblo para corregir los problemas ambientales, como en la arrogancia y distanciamiento de las élites que toman las decisiones sin tener en cuenta el conocimiento local o la experiencia cotidiana. Meyer pone como ejemplo al movimiento por la justicia ambiental, el cual "enfatiza el conocimiento local arraigado en las particularidades del lugar y la comunidad"[27].

En una línea similar, Bosworth sostiene que el populismo no se opone necesariamente al conocimiento científico y experto, sino al distanciamiento y al carácter antidemocrático que puede adoptar el enfoque tecnocrático del ecologismo. Con su estudio, Bosworth ilustra cómo los movimientos populistas de base local pueden desafiar y cuestionar la evidencia científica y la opinión experta producida por las grandes empresas energéticas y las instituciones estatales desarrollando estrategias de "contrapericia", esto es, vías de acción basadas en la ciencia y la evidencia empírica producidas por y para el pueblo (ya sea contando con expertos y científicos que apoyan las posiciones de la comunidad local o formando en conocimientos técnicos a las comunidades locales)[28].

---

26 MEYER, J. M. Obra citada.

27 *Idem*, p. 225.

28 BOSWORTH, K., "The people know best: Situating the counterexpertise of populist pipeline opposition movements", *Annals of the American Association of Geographers*, 109, 2, 2019, 581-592.

Esta investigación, en línea con el estudio de Davies, sostiene que el populismo puede desafiar tanto el negacionismo climático como el liberalismo tecnocrático "resituando la producción científica con fines claramente políticos". [29] Davies argumenta que, aunque la politización de la ciencia por el populismo puede adoptar formas peligrosas (haciendo referencia al populismo negacionista), cierta politización no solo es inevitable, sino que puede ser deseable en la coyuntura histórica actual[30]. Según este autor, puesto que el Antropoceno implica dejar de pensar los mundos humano y no humano como ontológicamente diferentes, no tiene sentido que la ciencia permanezca ajena a las cuestiones éticas y políticas. En concreto, sugiere una reorientación de "la vocación científica" hacia el rescate y recuperación de la naturaleza, abandonando su pretensión de "ser políticamente autónoma". Conecta, de este modo, con las proclamas del Movimiento "Marcha por la Ciencia"[31] que sostienen que la ciencia no solo no opera en el vacío, sino que está inherentemente conectada con muchos problemas de la sociedad y que puede ser explotada para perpetuar determinados daños y fuentes de opresión. Defienden en este sentido una reorientación de la ciencia a favor de los derechos humanos, la justicia social y el cuidado de la naturaleza y el clima.

3. LA ARTICULACIÓN POPULISTA DEL ECOLOGISMO: EL POPULISMO VERDE

En este epígrafe abordamos la propuesta de articulación populista de la política verde que defienden determinados sectores del ecologismo y del populismo de izquierda. Estos sectores políticos y académicos parten de una concepción positiva del populismo progresista o de izquierda, concebida como una construcción per-

---

29 *Idem*, p. 582.

30 DAVIES, W. Obra citada.

31 MARCH OF SCIENCE: https://twitter.com/marchforscience [Consulta: 30/04/2023].

formativa y discursiva contrahegemónica del pueblo frente unas élites consideradas corruptas y antidemocráticas. Desde este enfoque, el populismo se concibe como un 'reformismo radical' que se esfuerza por recuperar y profundizar la democracia en contraposición con el enfoque liberal "dominante" que lo considera un fenómeno patológico de la democracia y que busca desacreditar cualquier movimiento que contradiga el "centrismo liberal"[32].

El populismo verde se presenta desde esta perspectiva como una alternativa, no solo al negacionismo o escepticismo climático de la derecha radical, sino al enfoque tecnocrático y postpolítico del ambientalismo mainstream e institucionalizado, que de acuerdo con Bosworth, prioriza las alianzas pragmáticas entre los poderes establecidos a fin de alcanzar un consenso sobre el desarrollo sostenible sin cuestionar el statu quo[33]. De acuerdo con estos autores, la tendencia a enfatizar los consensos sobre instrumentos y objetivos técnicos de desarrollo sostenible significa la negación de la política misma y, por tanto, de la posibilidad democrática[34]. El populismo verde se plantea, en cambio, como una forma de interpretar y articular la política climática y ambiental contemporánea a través de la construcción democrática del pueblo, esto es, como un proyecto de protección "para la mayoría" que empodera al pueblo frente a otros enfoques que buscan retraerlo en un nacionalismo defensivo o relegarlo a una aceptación pasiva de las soluciones tecnológicas[35/36].

El populismo verde se presenta también como una estrategia radical y transformadora y, por tanto, desafiante con el statu quo. En esta línea, el Movimiento Amanecer (*Sunrise Movement*) defiende sus principios básicos de la siguiente manera: "Nos en-

---

32 BOSWORTH, K., "The people know best: Situating the counterexpertise of populist pipeline opposition movements", cit.

33 *Idem.*

34 MOUFFE, C. Obra citada.

35 *Idem.*

36 STONE JR., J. R. Obra citada.

frentamos sin miedo a un statu quo que nos divide según el color de nuestra piel, el dinero en nuestros bolsillos, dónde vivimos, a quién amamos y quiénes somos"[37]. De acuerdo con Mouffe, se trata de una estrategia ofensiva contrahegemónica contra el neoliberalismo dominante que conecta la defensa del medio ambiente con las múltiples luchas democráticas contra las diferentes formas de desigualdad, no solo socioeconómicas, sino también feministas, antirracistas y LGBTIQ+[38]. Puesto que la emergencia climática y ambiental plantea una amenaza a la existencia misma de la vida, esta aparece como un principio de articulación en la que debe converger esta diversidad de intereses y demandas democráticas. El populismo verde se presenta, por tanto, como una lógica discursiva y performativa que aglutina una gran diversidad de colectivos e intereses (clases trabajadoras, minorías étnicas y raciales, "comunidades de primera línea", comunidad científica, etc.) en torno a la "Revolución Democrática Verde", una revolución que pondría fin a un sistema que amenaza la existencia misma de la sociedad y que consagra múltiples fuentes de desigualdad. El "pueblo" que construye el populismo verde es, asimismo, de carácter global ante unos problemas e injusticias que no entienden de fronteras, aunque en la práctica se deba reubicar la escala de la toma de decisiones apelando a distintas fuentes de legitimidad democrática (local, nacional, internacional, etc.)[39]. Esta forma de populismo se desmarca en todo caso de las concepciones etnonacionales del populismo excluyente.

Dentro de esta estrategia populista juega un papel fundamental la movilización de los afectos como forma de articular intereses tan diversos. Desde el populismo, esto se realiza trazando una frontera o división emocional entre un "nosotros" y un "ellos" (el

---

37 SUNRISE MOVEMENT: "Acerca de Sunrise" [en línea], https://www.sunrisemovement.org/es/principles/?ms=PrincipiosdeSunrise-MovimientoSunrise [Consulta: 30/04/2023].

38 MOUFFE, C. Obra citada.

39 BOSWORTH, K., "The people's climate march: Environmental populism as political genre", cit.

"pueblo" vs. "las élites"), una estrategia clave en la construcción de formas colectivas de identificación. Desde el populismo verde, esta forma de antagonismo permite movilizar discursivamente sentimientos de resentimiento hacia aquellos centros de poder que amenazan la vida misma[40]. Se dirige así contra las élites e intereses capitalistas que se oponen a adoptar medidas inmediatas y significativas en materia ambiental y climática y que se enriquecen con la explotación de la naturaleza (gobiernos, grandes corporaciones globales, lobbies industriales y energéticos, etc.). Estas élites son identificadas además como sustentadoras de las distintas fuentes de opresión social. No obstante, la movilización popular también debe construir resonancias afectivas de solidaridad y esperanza como formas de generar unidad en las diferencias. Desarrollar un sentimiento de pertenencia por la cual todas las preocupaciones se consideren conectadas por la ilusión de un mundo diferente donde se implementen los principios democráticos de igualdad y soberanía popular[41].

Asimismo, y aunque Mouffe defiende que este proyecto populista no está impulsado por el miedo, lo cierto es que el ecologismo tiende a compartir una visión catastrófica del futuro si no se adoptan medidas de forma inmediata[42]. Este tono apocalíptico busca movilizar y concienciar en base a la angustia que genera la presencia de un peligro inminente. En palabras de Greta Thunberg: "La gente está sufriendo. La gente se está muriendo. Los ecosistemas enteros se están derrumbando. Estamos en el comienzo de una extinción masiva"[43]. La sensación de urgencia que emana del discurso ecologista encaja perfectamente con un recurso discursivo y performativo típico del populismo por la cual se

---

40 DAVIES, W. Obra citada.

41 MOUFFE, C. Obra citada.

42 DOBSON, A. Obra citada.

43 THUNBERG, G. https://twitter.com/GretaThunberg/status/1176152717275947009 [Consulta: 30/04/2023].

interpreta y perpetúa activamente la sensación de crisis[44]. Este recurso discursivo permite simplificar los términos del debate político y defender una acción política rápida e inmediata para resolver o impedir un riesgo inminente. Se conecta así con la promesa populista de "actuar ya", dar al pueblo lo que necesita de forma inmediata frente a los discursos vacíos de las "élites liberales" y la política burocratizada.

Por último, aunque no se profundiza en las implicaciones prácticas que esta articulación populista tendría para la toma de decisiones y los sistemas de gobernanza, el populismo verde parece conectar con las formas participativas e igualitarias de democracia que defiende el populismo de izquierda. En este sentido, la movilización y protesta social se identifica como un elemento clave para influir y presionar en la política climática y ambiental. Reclaman también la democratización y apertura de las organizaciones internacionales para incluir las voces del Sur Global y de los movimientos sociales. No se oponen, por tanto, a la toma de decisiones en la esfera internacional, conscientes de que la política climática requiere compromisos a escala global. Pero piden democratizar estos procesos, y combinar estos con sistemas democráticos descentralizados que acerquen la toma de decisiones a las comunidades locales (ej. control público de infraestructuras y recursos claves a nivel local como el agua). Se presenta en cualquier caso como alternativa a posibles tendencias autoritarias, así como a las soluciones tecnocráticas alejadas del debate y escrutinio públicos. En este sentido, el populismo verde considera que la cuestión climática y ambiental no se puede reducir a una cuestión técnica —aunque no se prescinda de este componente—, sino que implica también cuestiones políticas de justicia económica, social y ambiental que se deben abordar. Como defiende Davies, el renacimiento popular del *Green New Deal* puede ser un ejemplo de cómo las visiones tecnocrática y democrática pueden fusionar-

---

44 MOFFIT, B., "How to perform crisis: A model for understanding the key role of crisis in contemporary populism", *Government and Opposition*, 50, 2, 2015, 189-217.

se, en torno a un sentido de urgencia y a la profunda insostenibilidad del statu quo[45].

A nivel de partidos políticos, podemos observar en el Gráfico 1 cómo los principales partidos populistas de izquierda de Europa Occidental se están haciendo eco de esta estrategia, dando visibilidad a la sostenibilidad medioambiental en sus agendas políticas. Destaca el caso de Más País, una escisión de Unidas Podemos cuyo programa electoral de 2019 viene encabezado de la siguiente manera: "El Acuerdo Verde será la columna vertebral de un nuevo modelo de país que aprovechará la transición ecológica como la gran oportunidad para que España dé un salto histórico en materia de justicia social, igualdad de género y equilibrio territorial"[46]. Cabe señalar, no obstante, que esta es una tendencia más consolidada en los países del sur de Europa, siendo menos frecuente en los partidos populistas de Alemania, Países Bajos e Irlanda, donde los partidos verdes cuentan con mayor fuerza política y electoral. Asimismo, hay que señalar que gran parte de los partidos verdes de Europa Occidental mantienen cierta orientación populista, sobre todo al defender que sea el pueblo y no las élites el que tome las principales decisiones políticas[47]. Así se manifiesta, por ejemplo, el eurodiputado del partido ecologista francés, Yannick Jadot cuando señala que "los ecologistas devolverán el poder al pueblo gracias a una Ley que separa a los lobbies del Estado"[48].

---

45 DAVIES, W. Obra citada.

46 MÁS PAÍS y EQUO: "PROGRAMA Elecciones generales 10N" [en línea], https://maspais.es/uploads/programa.pdf (p. 4) [Consulta: 30/04/2023].

47 En la variable "*people vs elite*" de la Encuesta de Expertos Chapel Hill de 2019 los partidos verdes se mueven entre el 5 y el 7,5, donde 10 significa a favor de que el pueblo adopte las principales decisiones políticas.

48 JADOT, Y.: https://twitter.com/yjadot/status/1508915041575309323?lang=es [Consulta: 30/04/2023].

Gráfico 1. Importancia de la sostenibilidad medioambiental en la agenda de los partidos populistas de izquierda de Europa Occidental
(0: nada importante -10: muy importante)

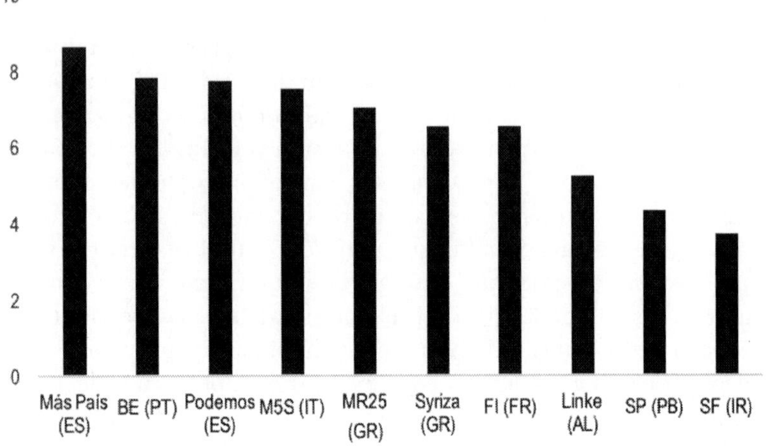

Fuente: CHES2019.

4. EL POPULISMO NEGACIONISTA Y EL NATIVISMO AMBIENTAL DE LA DERECHA RADICAL

En este último epígrafe analizamos las posiciones en materia ambiental y climática de la derecha radical populista, la familia ideológica de la ultraderecha más relevante en Europa. Estas posiciones derivan sobre todo de dos de sus elementos ideológicos principales, el populismo y el nativismo (Lockwood, 2018). Este último se configura como el núcleo ideológico de la derecha radical que "sostiene que los Estados deberían estar habitados exclusivamente por miembros del grupo nativo ("la nación") y que los elementos no nativos (personas e ideas) son fundamentalmente amenazantes para el Estado-nación homogéneo"[49]. Los "no nativos" suelen ser grupos sociales cultural o religiosamente diferentes (por ejemplo, los musulmanes), pero también ideas y actores ajenos al Estado-nación, como organizaciones supranacionales, que amenazan la soberanía nacional.

El nativismo es el elemento ideológico de la derecha radical que puede conducir a cierto compromiso con la protección medioambiental (nacional). Como argumentan diversos autores, muchos de estos partidos parecen simpatizar con cuestiones ambientales nacionales[50] [51] o con el "patriotismo verde"[52], derivada de la noción nativista de que proteger la patria culturalmente homogénea significa también proteger el medio ambiente y el territorio del grupo nativo, el cual necesita sobrevivir y prosperar[53]. A este respecto, en el pensamiento de la ultraderecha, los paisajes, bosques, lagos y montañas se consideran "originales", no están corrompidos por la modernidad y el liberalismo, y se convierten a menudo en símbolos míticos de pertenencia e identidad nacional[54]. Como argumentan Forchtner y Özvatan, "la raíz de las preocupaciones de la ultraderecha sobre el medio ambiente se suele ubicar en la respuesta romántica a la Ilustración y al rápido cambio social"[55]. La globalización y todas sus supuestas implicaciones

---

49 MUDDE, C., *Populist radical right parties in Europe*, Cambridge University Press, Cambridge, 2007, p. 19.

50 FORCHTNER, B., "Far-right articulations of the natural environment: An introduction", en *The far right and the environment: Politics, discourse and communication*, Routledge, New York, 2020, pp. 1-18.

51 FRANÇOIS, S. y NONJON, A., "'Identitarian ecology'. The far right's reinterpretation of environmental concerns. GW's Institute for European, Russian and Eurasian Studies (IERES)" [en línea], (2021), https://www.illiberalism.org/identitarian-ecology-rights-reinterpretation-environmental-concerns/ [Consulta: 28/12/2022].

52 BUZOGÁNY A. y MOHAMAD-KLOTZBACH, C. Obra citada.

53 FRANÇOIS, S. y NONJON, A. Obra citada.

54 FORCHTNER, B. Obra citada.

55 FORCHTNER, B. y ÖZVATAN, O., "Environmental communication by the far right in Germany", en *The far right and the environment: Politics,*

para la soberanía nacional y el Estado-nación culturalmente homogéneo pueden yuxtaponerse fácilmente con el idilio constante de la naturaleza del Estado-nación. La noción nativista de un pueblo culturalmente homogéneo se basa además en la lógica de la naturaleza, donde las especies viven en hábitats diferentes y las especies invasoras amenazan el medio ambiente nacional[56]. Se conecta así con el principio de etnopluralismo que sostiene que las diferentes razas o etnias deben mantenerse separadas en su hábitat natural para asegurar su supervivencia.

Asimismo, la protección del medio ambiente puede aparecer vinculado al discurso nativista contra grupos culturales y religiosos marginados. En el ámbito del bienestar animal, un patrón discursivo recurrente en la derecha radical populista es la descripción del islam como hostil a los animales debido a sus métodos de sacrificio halal que causan sufrimiento a los animales[57]. El nativismo también se vincula a las cuestiones medioambientales destacando las supuestas consecuencias negativas que tiene la inmigración para el medio ambiente (superpoblación, agotamiento de los recursos naturales, etc.)[58]. No obstante, como subraya Forchtner, la protección medioambiental no aparece solo como estrategia discursiva para excluir a los grupos externos, sino que se derivan también de las convicciones ideológicas nativistas mencionadas anteriormente[59].

Como sostienen diferentes autores, las posiciones proambientales de determinados partidos de derecha radical proceden de

---

discourse and communication, Routledge, New York, 2020, pp. 216-236, p. 217.

56 FORCHTNER, B. Obra citada.

57 SCHWÖRER, J. y FERNÁNDEZ-GARCÍA, B., "Understanding and explaining populist radical right parties' commitment to animal welfare in Western Europe", *Environmental Politics*, 33, 5, 2024, 820-842.

58 AUDIKANA, A. y KAUFMANN, V., "TOWARDS GREEN POPULISM? Right-wing Populism and Metropolization in Switzerland", *Int. J. Urban Reg. Res.*, 46, 2022, 136-156.

59 FORCHTNER, B. Obra citada.

los lazos históricos que mantienen con el fascismo y/o el nacionalsocialismo (ej. Partido de la Libertad de Austria; Agrupación Nacional en Francia, Hermanos de Italia)[60]. En este sentido, Voss identifica similitudes entre los discursos sobre la protección de los animales y la naturaleza del FPÖ y el Partido Nacionalsocialista Obrero Alemán[61]. De este modo, aunque la derecha radical populista ha superado por lo general el estigma de estar asociado con el nazismo, el fascismo o el extremismo a través de la moderación de sus discursos, el ambientalismo es una herencia menos cuestionada y puede haber "sobrevivido" a la transformación ideológica de estos partidos dando lugar a perfiles proambientales particulares.

Sin embargo, aunque algunos de estos actores apoyen la protección del medio ambiente, no debemos sobrestimar la importancia que esta cuestión tiene en sus agendas. El Gráfico 2 muestra la visibilidad que tiene la protección medioambiental en los programas electorales de los partidos de derecha radical y otros partidos en Europa Occidental, basándose en datos de MARPOR[62]. El gráfico muestra un compromiso restringido de estos actores con el medio ambiente en comparación con la atención que le dedica otras familias de partidos. Algunas especificidades nacionales (no se muestran en el gráfico) se dan en Austria, donde el FPÖ está fuertemente comprometido con el tema, y en Italia, donde la Lega y los Hermanos de Italia se refieren al tema con más frecuencia que los partidos de centro-derecha y centro-izquierda.

60 SCHWÖRER, J. y FERNÁNDEZ-GARCÍA, B. "Understanding and explaining populist radical right parties' commitment to animal welfare in Western Europe", cit.

61 VOSS, K., "The ecological component of the ideology and legislative activity of the Freedom Party of Austria", en *The far right and the environment: Politics, discourse and communication*, Routledge, New York, 2020, pp. 153-183.

62 MANIFESTO PROJECT: https://manifesto-project.wzb.eu/ [Consulta: 30/04/2023].

Por tanto, la derecha radical populista habla del medio ambiente nacional y a menudo lo considera digno de protección como fuente de identidad nacional y como patria del grupo nativo. Su compromiso con el medio ambiente está motivado, sin embargo, por el nativismo y no por una supuesta ideología ecologista. En este sentido, mantienen cierta visión romántica de los espacios naturales y a menudo defienden determinadas políticas conservacionistas, pero en ningún caso sostienen un cambio de paradigma de las relaciones económicas, sociales y políticas como realizan los ecologistas. En este capítulo defendemos la etiqueta de "nativismo ambiental" para denotar estas posiciones ambientalistas vinculadas a principios nativistas frente a otras etiquetas que la vinculan erróneamente con el populismo que profesan (Audikana y Kaufmann, por ejemplo, lo denominan "populismo verde"[63]). Asimismo, argumentamos que no hay que sobredimensionar la importancia que tienen estas posiciones proambientales para estos actores, siendo más importantes la defensa de la soberanía nacional, las políticas migratorias restrictivas, la oposición al multiculturalismo y la corrupción de las "élites liberales". Si estos actores tienen que decidir entre la protección del medio ambiente y posiciones originalmente nativistas o populistas, optarán por estas últimas. En este sentido, el nativismo proporciona un punto de anclaje para las demandas medioambientales de la derecha radical, pero un punto bastante débil. Esto se hace especialmente evidente cuando los principios ecologistas y nativistas entran en conflicto, como en el caso del cambio climático.

---

[63] AUDIKANA, A. y KAUFMANN, V. Obra citada.

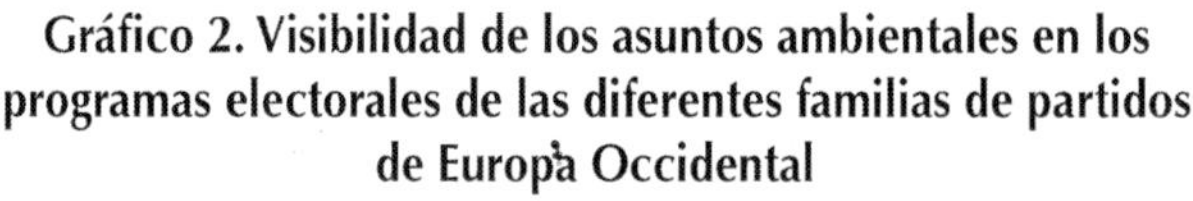

Gráfico 2. Visibilidad de los asuntos ambientales en los programas electorales de las diferentes familias de partidos de Europa Occidental

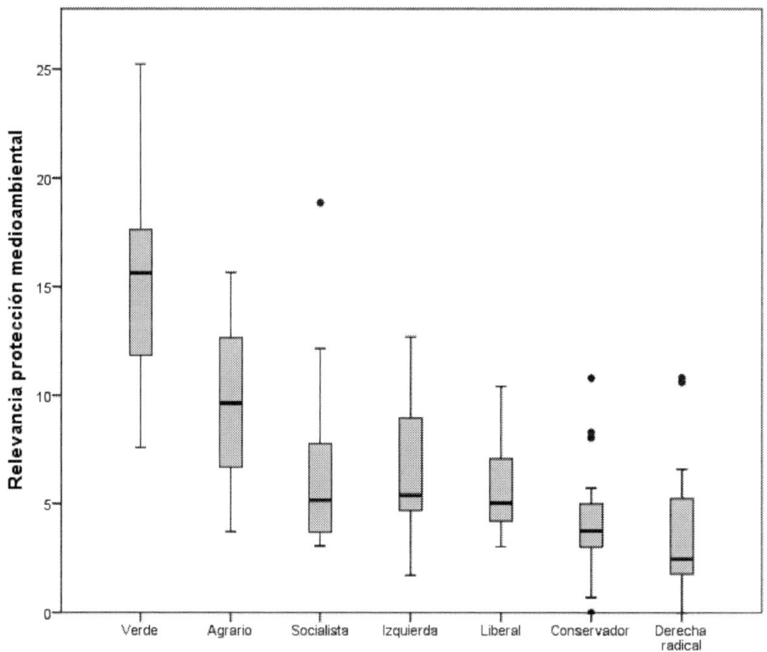

Fuente: elaborado a partir de datos de MARPOR.

En este sentido, aunque no podemos afirmar que el negacionismo climático sea una posición generalizada de la derecha radical[64], es desde luego la familia de partidos más hostil hacia las políticas climáticas[65]. En estas posiciones intervienen factores tanto nativistas como populistas y, en ocasiones, posiciones eco-

---

64 OSWALD, M. T., FROMM, M y BRODA, E., "Strategic clustering in right-wing-populism? 'Green policies' in Germany and France", *Zeitschrift für vergleichende Politikwissenschaft*, 15, 2021, 185-205.

65 SCHWÖRER, J. y FERNÁNDEZ-GARCÍA, B., "Climate sceptics or climate nationalists? Understanding and explaining populist radical right

nómicas hostiles al intervencionismo estatal. En primer lugar, la hostilidad a las políticas climáticas procede del carácter global de esta problemática, lo que requiere cooperación y acuerdos internacionales que desafían la soberanía nacional. Puesto que la protección de la soberanía nacional es un asunto sagrado para la derecha radical, cualquier política que amenace este principio va a encontrar una oposición frontal desde esta familia de partidos. En segundo lugar, debido a la complejidad y la naturaleza tecnocrática del tema, estos partidos pueden presentar fácilmente el calentamiento global como parte de la agenda de unas "élites liberales y globalistas", que influenciadas por científicos no electos y grupos ecologistas radicales, buscan socavar la voluntad popular.

Desde un punto de vista más estratégico, la derecha radical populista también se puede oponer a estas políticas para desvincularse de la "corrección política" liberal e izquierdista asociada al cambio climático y presentar así una oferta política diferenciada del *establishment* político. De este modo, populismo y nativismo convergen en un discurso hostil hacia las políticas climáticas, en lo que aquí denominamos "populismo negacionista", ya sea porque se niega el carácter antropogénico o la existencia misma del cambio climático, o porque se niega la necesidad de adoptar medidas al respecto. Por último, la oposición a las políticas climáticas puede proceder también de la hostilidad al intervencionismo estatal en la economía, argumentando que la reducción de la emisión de CO_2 o la transición a energías limpias supone un perjuicio para la competitividad económica del Estado-nación.

parties' positions towards climate change (1990-2022)", *Political Studies*, 2023. https://doi.org/10.1177/00323217231176475

Pensar el Antropoceno desde la teoría antiespecista

RAFAEL VÁZQUEZ GARCÍA

> Cuando pensamos en la posibilidad de un tiempo más allá de éste, estamos soñando con un mundo donde nosotros, humanos, tendremos que estar reconfigurados para poder circular. Vamos a tener que producir otros cuerpos, otros afectos, soñar otros sueños, ser acogidos por este mundo y poder habitarlo.
>
> AILTON KRENAK

1. INTRODUCCIÓN

La crisis medioambiental que enfrenta nuestro planeta es probablemente la mayor amenaza para la vida tal como la conocemos. Este fenómeno, caracterizado por el cambio climático acelerado, la pérdida de biodiversidad, y la degradación de los ecosistemas, ha dado lugar a un nuevo periodo geológico denominado Antropoceno. Este término, que destaca la influencia predominante de las actividades humanas sobre el sistema terrestre, subraya al mismo tiempo la urgente necesidad de repensar y transformar nuestra relación con el medioambiente. A medida que la evidencia científica se acumula, se hace ineludible reconocer que nuestro modo de vida y los modelos de desarrollo económico tradicionales están agotando los recursos naturales y provocando daños irreversibles. En este contexto, resulta imperativo adoptar cambios profundos y sostenibles que promuevan una convivencia armónica con la naturaleza, garantizando así un futuro viable para las generaciones presentes y venideras. Igualmente parece perentorio cuestionar los marcos epistémicos desde los que hemos ido gestionando nuestro entorno natural y nuestra actividad humana en los últimos siglos.

Es justamente este escenario de urgencia el que nos empuja a revaluar las teorías críticas de la modernidad, centrándonos en este trabajo en las propuestas clásicas de la teoría antiespecista y su relación con el Antropoceno. La racionalidad humana, predominantemente utilitarista y especista, debe ser cuestionada en favor de formas de vida más complejas y diversas, reconociendo la supremacía humana como una construcción ideológica que necesita ser deconstruida

Este capítulo se centra en primer lugar en algunos de los fundamentos de la crítica a la modernidad desde una perspectiva antiespecista, posicionándose dentro de los Critical Studies. Estos estudios presentan una visión escéptica y correctora de los supuestos de la modernidad, promoviendo un marco epistémico crítico que rechaza los axiomas liberales y aboga por una deconstrucción decolonial del constructo moderno. En segundo lugar, vamos a reseñar cómo la teoría antiespecista y las críticas al antropocentrismo son esenciales para entender las dinámicas de poder en la modernidad. Desde Aristóteles hasta Descartes, la subordinación de los animales ha sido justificada mediante argumentos especistas que ahora son cuestionados por teóricos contemporáneos como Richard Ryder, Peter Singer o Tom Regan. Veremos cómo estos autores, entre otros, abogan por una reconsideración de los derechos y el estatus moral de los animales, proponiendo un enfoque deontológico y una extensión de la comunidad moral más allá de los seres humanos.

Seguidamente, analizaremos cómo en el contexto del Antropoceno, autores como John Hartigan y Mark Bould critican el enfoque antropocéntrico de la crisis climática, abogando por una perspectiva multiespecie que incorpore las voces y experiencias de las comunidades más afectadas por el cambio climático. La última parte del texto ofrece algunas reflexiones en torno a la interseccionalidad, la interdependencia y la co-existencia como propuestas para abordar los desafíos del post-Antropoceno, reconociendo que la opresión y la explotación son fenómenos interrelacionados que requieren una respuesta crítica y transversal.

2. FUNDAMENTOS DE LA CRÍTICA. MARCO CRÍTICO SOBRE LA MODERNIDAD

Como recientemente ha señalado Mihnea Tanasescu, resulta evidente que nos encontramos inmersos ante lo que se presenta como una acción políticamente relevante y acuciante en la era del Ecoceno[1]. La perentoria necesidad de dar respuestas a la crisis (colapso) climática nos aventura en un diálogo ulterior con diferentes teorías críticas de la modernidad, entre las cuales sobresalen, a nuestro modo de ver en este capítulo, muchas de las propuestas clásicas de la teoría antiespecista. Más allá del logos humano, de la racionalidad sapiens, debemos entendernos en nuestras formas complejas y diversas de vida, en contraposición con la visión utilitarista y, cómo no, especista (supremacista) de la especie humana. Algo que los teóricos antiespecistas y las filosofías políticas no occidentales[2] llevan décadas informando pero que parece que la Teoría Política occidental ha "descubierto" sólo más recientemente[3].

En el ámbito de la teoría y el pensamiento políticos, comienza a cobrar fuerza desde finales de los noventa toda una sólida labor de procesos y lógicas de colonización y descolonización de los saberes y las prácticas occidentales, integrada por el rótulo general de los estudios críticos, y fragmentada en multitud de disciplinas, pero que ha venido en denominarse estudios anti/de-coloniales. Toda esta labor de deconstrucción abraza numerosos mecanismos de "descomposición" y desciframiento, que debieran ser objeto de análisis en esta línea de trabajo, y que pretende abrir un espacio de reflexión con pretensión de continuidad en torno a los diversos discursos contrahegemónicos al proyecto liberal occidental.

---

1 TĂNĂSESCU, M., *Ecocene Politics*, Open Book Publisher, Londres, 2022.

2 KRENAK, A., *La vida no es útil,* Eterna cadencia editor, Buenos Aires, 2023.

3 NUSSBAUM, M., *Justice for Animals: Our Collective Responsibility*, Simon & Schuster, New York, 2023; OSA, H., *¡Aceleremos la resonancia! Por una educación en la época del Antropoceno,* Ned ediciones, Madrid, 2023.

Desde posiciones decoloniales, la noción de "hemisferio occidental" frente a los *sures globales* ha desencadenado un cambio radical en el imaginario y las estructuras de poder del mundo moderno/colonial. Esta idea no sólo ha delineado divisiones geográficas, sino que también ha moldeado las relaciones de poder a escala global, perpetuando la dominación de ciertas clases sobre otras. Además, actúa como un dispositivo ideológico y "naturalizador" que legitima la hegemonía de las clases dominantes al crear una dicotomía entre los que poseen el conocimiento y el poder y los que están subordinados, como argumenta Foucault en su análisis sobre los mecanismos de poder y conocimiento.

La ideología liberal, lejos de ser un mero accidente histórico, se ha convertido en un instrumento concentrado en la creación y difusión de verdades que favorecen a las élites dominantes[4]. Este discurso narrativo no solo promueve la desigualdad social, sino que también actúa como un dispositivo que legitima la división entre los que "saben" y los que no, los que piensan y los que trabajan, como sostiene Bourdieu en su teoría de los campos sociales y la reproducción cultural[5]. La hegemonía dominante del proyecto moderno, según los términos de la "ideología total" de Karl Mannheim[6], busca desligar las motivaciones económicas y psicológicas del análisis de la realidad social, presentando una imagen aséptica y neutral de la misma. Sin embargo, como Gramsci señala, la construcción de cualquier aparato hegemónico implica una recreación consciente de los campos ideológicos y una reforma de la conciencia colectiva[7].

---

4 FOUCAULT, M. (del original de 1977), *El orden del discurso*, Tusquets, Barcelona, 1999.

5 BOURDIEU, p. , "The forms of capital", en Richardson, J. (ed), *Handbook of Theory and Research for the Sociology of Education*, Greenwood, New York, 1986.

6 MANNHEIM, K., *Ideología y Utopía. Introducción a la sociología del conocimiento*, Fondo de Cultura Económica, Ciudad de México, 1941.

7 GRAMSCI, A., (del original de 1929) *Selections from the Prison Notebooks*, International Publishers, New York, 1971.

El liberalismo no contiene como elementos accidentales el clasismo, el racismo, la supremacía cultural, la mercantilización de los cuerpos, el hábitat y de todas las esferas de la vivencia, sino que son ingredientes perentorios tanto de su concepción teórica como, y, sobre todo, de su práctica política. Podría decirse que existe liberalismo porque existe esta condición de dominación y exclusión, por lo que no cabría entender el pensamiento político moderno y contemporáneo occidental al margen de las relaciones de dominación, sometimiento, explotación y exclusión. Como ha señalado recientemente la profesora Isabel Wences podríamos hablar de un parasitismo liberal ejemplificado en "las tres d" —dominación, desigualdad y desprecio[8].

La modernidad ha sido caracterizada por una serie de paradigmas culturales y psicológicos que han moldeado la forma en que los individuos se relacionan consigo mismos y con el mundo que los rodea. Uno de estos aspectos esenciales es lo que podríamos llamar la "fantasía de invulnerabilidad", una ilusión narcisista que permite a los individuos refugiarse en la omnipotencia y negar su fragilidad intrínseca[9]. Esta fantasía, como mecanismo de defensa psicológica, ha dado lugar a seres en apariencia invulnerables, pero profundamente invertebrados, carentes de cualquier forma de eje moral. Esta dinámica psíquica ha permeado la estructura de la sociedad moderna y ha afectado la forma en que los individuos se perciben a sí mismos y a los demás. En el contexto de la modernidad, la fantasía de invulnerabilidad se ha exacerbado debido a la creencia en el progreso ilimitado y la dominación sobre la naturaleza y los demás seres sintientes[10]. La promesa de la ciencia y la tecnología para resolver todos los problemas humanos

---

8 WENCES, I., "El "parásito tres D" invade las democracias liberales: dominación, desigualdad y desprecio. Bosquejos para una reivindicación del republicanismo crítico y transmoderno", *Diritto Pubblico Comparato ed Europeo*, online 2020/3., 2020.

9 LÓPEZ MONDÉJAR, L., *Invulnerables e invertebrados*, Anagrama, Barcelona, 2022.

10 BECK, U., *Risk Society: Towards a New Modernity*, Sage, Londres, 1992.

ha alimentado esta ilusión de omnipotencia, llevando a una negación colectiva de la fragilidad y la finitud humanas. Los avances en la medicina, la ingeniería y la comunicación han creado la ilusión de que el ser humano puede controlar su entorno y garantizar su seguridad en todas las circunstancias.

Sin embargo, esta fantasía de invulnerabilidad no solo oculta la fragilidad humana, sino que también socava la capacidad de los individuos para desarrollar un sentido genuino de moralidad y empatía hacia los demás. La negación de la fragilidad conduce a una falta de introspección y autoconciencia, lo que a su vez impide la formación de un sentido de responsabilidad moral y ética[11]. Los individuos inmersos en esta fantasía narcisista pueden carecer de empatía hacia los demás, ya que su enfoque está exclusivamente en la preservación de su propia imagen de invulnerabilidad y poder.

En suma, la fantasía de invulnerabilidad en la modernidad es un fenómeno psicológico complejo que tiene profundas implicaciones para la forma en que los individuos se relacionan consigo mismos y con el mundo que los rodea. Al negar la fragilidad humana y refugiarse en la omnipotencia ilusoria, los individuos modernos corren el riesgo de convertirse en seres moralmente invertebrados, incapaces de conectarse genuinamente con los demás y de enfrentar las realidades más difíciles de la existencia humana. Es crucial que reconozcamos y desafiemos esta fantasía narcisista para cultivar una sociedad más compasiva, reflexiva y éticamente responsable y para poder encontrar soluciones viables y justas frente a la emergencia climática.

---

[11] BAUMAN, Z., *Liquid Modernity*, Polity, Cambridge, 2000.

3. CRÍTICA: REFLEXIONES SOBRE LA ERA POST-ANTROPOCÉNICA DESDE EL ANTIESPECISMO

En la última década, el término "Antropoceno" ha ganado preeminencia en el discurso científico y público como una forma de conceptualizar el impacto significativo de la actividad humana en el planeta Tierra. El Antropoceno, como concepto que sugiere la influencia dominante de la humanidad en el medio ambiente, ha sido objeto de crítica por su enfoque antropocéntrico y su intento de controlar el presente en su totalidad para modelar el futuro[12][13][14]. Este pensamiento ilustrado y prometeico ha llevado a una visión limitada de la relación entre la humanidad y la naturaleza, ignorando las complejidades e interconexiones inherentes a los sistemas ecológicos.

Según Elizabeth Kolbert[15], autora de *La Sexta Extinción*, el Antropoceno es intrínsecamente antropocéntrico, ya que destaca el papel dominante de los humanos en la alteración de los sistemas naturales y la precipitación de la sexta extinción masiva de especies. Para Kolbert el pensamiento economicista liberal en el que se ancla la propia idea de Antropoceno, difícilmente puede ser pensado desde fuera del capitalismo y su óptica maximizadora, con lo que se convierte en cortoplacista, basado en la inmediatez y en lo que resulta provechoso y productivo.

Sin embargo, para abordar adecuadamente los desafíos del Antropoceno, es crucial adoptar una perspectiva multiespecie que trascienda los límites del antropocentrismo y de la lógica eco-

---

12 FARIA, C. y PAEZ, E. "Anthropocentrism and Speciesism: Conceptual and Normative Issues", *Revista de bioética y derecho* (32): 82-90, 2014.

13 ARIAS, M., *Antropoceno: la política en la era humana*, Taurus, Madrid, 2018.

14 ELLIS, E., *El Antropoceno: Una breve introducción*, Alianza editorial, Madrid, 2022.

15 KOLBERT, E., *La sexta extinción. Una historia nada natural*, Crítica, Barcelona, 2015.

nomicista. Esta perspectiva, derivada de los estudios culturales y la etnografía, propone un enfoque que reconozca y explore las complejas interacciones entre humanos y otras especies en un mundo interconectado. Los estudios antiespecistas aparecen entonces como una oportunidad para cuestionar, con una amplia variedad de argumentos, algunos de los presupuestos básicos de la idea de Antropoceno. Así, los perfiles del comportamiento ético de los seres humanos hacia los animales no humanos han cobrado una progresiva relevancia pública durante las últimas décadas. Las cuestiones relacionadas con el maltrato animal, la explotación industrial de especies comestibles o los términos de la relación privada con animales domésticos parecen estar más que nunca en el centro del debate público.

La discriminación animal, el especismo, ha estado presente a lo largo de toda la historia. Aristóteles sostenía en *La Política* que "las plantas existen para los animales, y los demás animales, en beneficio del hombre; los domésticos para su utilización y su alimentación, y los salvajes —si no todos, al menos la mayor parte de ellos—, con vistas a la alimentación y a otras ayudas, para ofrecer tanto vestidos como otros utensilios"[16]. Las religiones, en especial las monoteístas, frecuentemente han minusvalorado la posición de los animales dentro de la esfera de la existencia, otorgándoles un puesto de simple servicio al hombre. En el siglo XVII, Descartes afirmaba que los animales no eran más que autómatas que no poseían alma ni conciencia, desprovistos de entendimiento, debido a lo cual no podrían sentir dolor, placer ni emociones. Para el liberalismo posterior del siglo XVIII y XIX, los animales quedaban igualmente excluidos de la comunidad moral. Si bien, tal y como expresaba Kant, no debiéramos causarles daño de forma gratuita, y puesto que no disponen de intereses moralmente significativos, los humanos no tenemos ningún tipo de obligación directa respecto a los no humanos.

---

16 ARISTÓTELES, *La Política*, Istmo, Madrid, 2005.

Si bien el uso del término especismo parece poder datarse en algunos de los trabajos de Richard Ryder a principios de los setenta[17], el concepto empezaría a difundirse ampliamente gracias a Peter Singer y su ya clásico *Animal Liberation*[18], entendiendo por el mismo una consideración o tratamiento injustificadamente desventajoso hacia aquellos animales que no pertenecen a la misma especie.

La Teoría Política antiespecista adquiere una importante relevancia académica a partir de la década de los ochenta del siglo pasado. Tom Regan plantea una teoría de corte deontológico partiendo de los conceptos de "valor inherente" y de ser "sujeto-de-una-vida" como criterios moralmente relevantes y suficientes a la hora de decidir qué seres son portadores de derechos y cuáles no. Ser sujeto-de-una-vida es ser un individuo cuya vida se caracteriza por poseer algunas capacidades específicas: tener creencias y deseos, tener percepciones, memoria y sentido del futuro (incluyendo su propio futuro), tener una vida emocional junto con la capacidad de sentir placer y/o dolor, tener intereses y preferencias relativas al bienestar individual, ser capaz de actuar con el objetivo de satisfacer deseos y metas, poseer una identidad psicofísica en el tiempo, etc[19]. En *Morals, Reason, and Animals*, Steve Sapontzis[20] argumenta por su parte que poseer capacidades cognitivas complejas es innecesario para ser agente moral, que hay animales que son agentes morales, y que existe una continuidad entre humanos y animales en lo relativo a la moral. En la misma línea David DeGrazia (*Taking Animals Seriously: Mental Life and Moral Status*), presenta varias razones sobre la consideración moral igualitaria y

---

17 RYDER, R., *Speciesism, Painism and Happiness: A Morality for the twenty-first Century*, Imprint Academic, Exeter, 2011.

18 SINGER, p. , *Animal Liberation: A New Ethics for Our Treatment of Animals*, Harper Collins, New York. 1975.

19 REGAN, T., *The Case for Animal Rights*, University of California Press, San Francisco, 1983.

20 SAPONTZIS, S., *Morals, Reason, and Animals*, Temple University Press, Philadelphia, 1997.

su reconocimiento a los animales no humanos, analizando la literatura más relevante al tiempo que evalúa evidencias y argumentos para considerar que varios animales no humanos poseen la capacidad de tener experiencias, y de poseer deseos, emociones, creencias y otros estados mentales[21].

Gary Francione es uno de los máximos exponentes del pensamiento antiespecista. Francione expone cómo sufrimos de una esquizofrenia moral hacia los animales pues consideramos inmoral hacerlos sufrir, pero adoptamos un estilo de vida incoherente con ello[22]. Nos preocupamos por algunos animales, pero usamos y matamos a otros. Su punto de partida rechaza que los animales sean propiedades[23]. Los animales no pueden en todo caso ser considerados como cosas —por ejemplo a título de robots, tal y como señala el propio Francione argumentando contra humanistas cartesianos al estilo de Peter Carruthes o R. G. Frey— y sólo resta incorporarlos con pleno derecho a la categoría de persona. Sólo de esta forma podemos enfrentarnos a los desafíos presentes y futuros que contempla la comprensión de la realidad contemporánea[24].

Más recientemente, la filósofa Martha Nussbaum se ha sumado al debate con *Justice for Animals: our collective responsability*. Con anterioridad, su enfoque de las capacidades se presentaba como un proyecto capaz de abordar tres motivos concretos de exclusión de la esfera de la justicia: la cuestión de la deficiencia y la discapacidad; la cuestión de la nacionalidad o lugar de nacimiento;

---

21 DEGRAZIA, D., *Taking Animals Seriously: Mental Life and Moral Status*, Cambridge University Press, Cambridge, 1996.

22 FRANCIONE, G. L., *Animals, Property and the Law*, Temple University Press, Philadelphia, 1995.

23 FRANCIONE, G. L., *Rain without Thunder: The Ideology of the Animal Rights Movement*, Temple University Press, Philadelphia, 1996.

24 FRANCIONE, G. y CHARLTON. A., *Animal Rights: The Abolitionist Approach*, Exempla Press, New York, 2015.

y la cuestión de la pertenencia de especie[25]. Estos tres ámbitos, a pesar de ser dispares entre sí, comparten, paradójicamente, el mismo rasgo que los mantiene excluidos de la sociedad: las características corporales de nacimiento que ningún individuo puede elegir ni cambiar. Uno no elige las condiciones naturales o características corporales que envuelven la propia vida. En este sentido, la afectación carencialmente desigual de los individuos en sus oportunidades vitales básicas supone una cuestión urgente de justicia que debemos atender. En esta última obra, *Justice for Animals*, Nussbaum subraya la importancia de reconocer el sufrimiento de los animales y la necesidad moral de abordarlo. Argumenta que la capacidad de sufrir de los animales les confiere derechos que deben ser respetados. Basándose en el enfoque de las capacidades ya señalado, propone que los animales tengan la oportunidad de desarrollar sus capacidades naturales. Esto incluye la libertad de moverse, la capacidad de interactuar socialmente, y vivir en un entorno adecuado para su especie. A partir de aquí aboga por cambios significativos en las leyes y políticas para proteger mejor a los animales. Propone igualmente reformas legales que reconozcan a los animales como seres con derechos, y no simplemente como propiedad y, enfatiza finalmente la conexión de la justicia para los animales con otros movimientos de justicia social, puesto que la opresión y la explotación están interrelacionadas[26].

Por su parte, Donna Haraway, una destacada teórica del poshumanismo filosófico, ha abogado por una comprensión más amplia de las relaciones entre especies, utilizando el concepto de "especies compañeras" para describir las asociaciones íntimas y simbióticas entre diferentes formas de vida. Desde esta perspectiva, la investigación etnográfica debería emplear un método específico de

---

25 NUSSBAUM, M., *Las fronteras de la justicia: consideraciones sobre la exclusión*, Paidós, Barcelona, 2007.

26 NUSSBAUM, M., *Justice for Animals: Our Collective Responsibility*, Simon & Schuster, New York, 2023.

"contabilidad etnográfica" para rastrear y analizar las relaciones localizadas y los encuentros entre especies en entornos diversos[27].

Al reconocer lo social en sus manifestaciones y operaciones no humanas, la teoría social puede desafiar la idea de que lo humano es el único agente significativo en la crisis global del Antropoceno. De hecho, al descentrar el papel exclusivo de los humanos, la sociabilidad se expande para incluir una red más amplia de interacciones y procesos que involucran a múltiples especies.

El texto "Anthropocene vs. Multispecies Anthropology of Race: Biology, Genes, and Culture" de John Hartigan aborda las complejas interrelaciones entre la era del Antropoceno y la antropología multiespecies, especialmente en el contexto de la raza, la biología, los genes y la cultura. Hartigan examina cómo el concepto de Antropoceno, que se refiere a la era geológica en la que la actividad humana se ha convertido en una fuerza geológica dominante que transforma el planeta, afecta nuestra comprensión de la raza y la relación entre humanos y no humanos. El autor argumenta que el enfoque tradicional en la antropología de la raza, que ha tendido a enfocarse en las diferencias biológicas y genéticas entre los seres humanos, ha sido limitado y estándar. En cambio, propone un enfoque más amplio y multidimensional que considere las interacciones entre humanos y otras especies en un mundo marcado por lo que él denomina como el (post) Antropoceno. Hartigan sostiene que esta perspectiva permite una comprensión más completa de la diversidad biológica, cultural y social, así como de las formas en que las prácticas humanas están entrelazadas con las de otras especies y con los procesos geológicos de la Tierra.

Además, el autor critica la idea de una división clara entre la naturaleza y la cultura, argumentando que esta dicotomía ha perpetuado la idea de que los seres humanos están separados de la naturaleza y pueden dominarla y controlarla. En cambio, aboga

27 HARAWAY, D., Seguir con el problema. Generar parentesco en el Chthuluceno. Consonni, Bilbao, 2020.

por una concepción más fluida y relacional de la relación entre humanos y no humanos, en la que se reconozca la interdependencia y la coevolución de todas las formas de vida en la Tierra. Hartigan finalmente explora cómo las nociones de raza y especie están interconectadas en el contexto del Antropoceno, y cómo los discursos sobre la raza a menudo se entrelazan con ideas sobre la naturaleza y la superioridad humana sobre otras especies. Defiende por ende que para comprender la raza en el contexto de la multiespecies antropología requiere un análisis más profundo de las relaciones de poder y dominación que subyacen a las jerarquías raciales y especistas[28].

En última instancia, adoptar una perspectiva multiespecies desde la etnografía no solo enriquece nuestra comprensión de la complejidad e interconexión del mundo natural, sino que también ofrece nuevas formas de abordar los desafíos urgentes del Antropoceno. Al descentrar el antropocentrismo y reconocer la agencia y la sociabilidad de todas las especies, podemos comenzar a imaginar y trabajar hacia un futuro más sostenible y equitativo para todos los seres vivos en la Tierra[29].

La vivencia del post-Antropoceno nos enfrenta a la gestión del colapso climático y medioambiental en una era marcada por la fragilidad y vulnerabilidad humanas, tras haber transitado la época prometeica de la Ilustración. La llegada del post-Antropoceno nos invita a pensar lo impensable y a considerar los efectos fuera de lugar que han surgido como resultado del paradigma prometeico. El colapso climático y medioambiental es una realidad que requiere una nueva forma de pensamiento, una que no se centre en el equilibrio o la mejora, sino en cómo vivir en un mundo depauperado, donde las posibilidades de rehacerse son limitadas. En este sentido, la gestión de la crisis medioambiental en la era

---

[28] HARTIGAN, J., *Anthropocene vs. Multispecies Anthropology of Race: Biology, Genes, and Culture*, The School for Advanced Research, Santa Fe, 2013.

[29] COLE, D. H., "Towards an Ecocene Era: the Politics of Human Engagement with other Species", *Environmental Politics*, 27(5): 835-853, 2018.

post-antropocénica requiere un enfoque holístico que tenga en cuenta la interdependencia de todos los seres vivos y los ecosistemas. Se necesitan soluciones que vayan más allá de la mera mitigación de los efectos del cambio climático, abordando también las causas subyacentes de la degradación ambiental y promoviendo un cambio de paradigma hacia la sostenibilidad y la resiliencia y es aquí donde concurre todo el argumentario antiespecista.

En la misma línea se concentran las consideraciones del profesor Mark Bould. Bould explora cómo la crisis climática está representada (o no) en la cultura popular contemporánea. Argumenta que, aunque muchas obras de ficción no abordan explícitamente el cambio climático, éste está presente de manera implícita en las narrativas y temas de la cultura actual. Introduce el concepto del "Antropoceno inconsciente" para describir cómo la crisis climática permea nuestras mentes y culturas de maneras sutiles y no siempre explícitas. Este inconsciente colectivo refleja una ansiedad creciente sobre el futuro y el estado del planeta. Describe cómo la ficción puede revelar verdades profundas sobre nuestra realidad contemporánea. Las narrativas de desastre, distopía y ciencia ficción a menudo reflejan nuestras preocupaciones ambientales y pueden ser interpretadas como una respuesta cultural a la crisis climática. Enfatiza el papel crucial de los medios y la literatura en moldear nuestra comprensión y respuesta al cambio climático. Al examinar obras culturales desde una perspectiva del Antropoceno, podemos desentrañar cómo estas narrativas influyen en nuestras percepciones y acciones respecto a la crisis ambiental. Al mismo tiempo, y como reacción a esta situación se hace necesaria la extensión del concepto de Antropoceno, acotada comúnmente al cambio climático y al desastre medioambiental, para incluir las opresiones vinculadas al capital, la clase, el imperialismo, la desigualdad, la alienación, la violencia, la mercantilización, el patriarcado y las formaciones raciales[30].

---

30 BOULD, M., *The Anthropocene Unconscious: Climate Catastrophe Culture*, Verso, Londres, 2021.

Bould cuestiona la idea del Antropoceno como una era geológica que afecta a toda la humanidad por igual. Sostiene que este concepto a menudo ignora las desigualdades profundas y las responsabilidades históricas diferenciadas entre diversas poblaciones y regiones del mundo. Enfatiza que no todas las personas o sociedades han contribuido de la misma manera a la crisis climática, por lo que las naciones industrializadas del norte global y las corporaciones transnacionales tienen una mayor responsabilidad por el cambio climático, en comparación con las comunidades indígenas y los países del sur global, que a menudo son los más afectados por sus consecuencias.

El autor argumenta, por último, que el Antropoceno está intrínsecamente ligado a la historia del colonialismo y el capitalismo, sistemas económicos y políticos que han explotado los recursos naturales y han generado una devastación ambiental que ha conducido a la actual crisis climática. Por todo ello, y frente a ello, Bould sugiere incorporar voces y perspectivas diversas, especialmente de aquellos más vulnerables y menos representados, en el debate sobre el Antropoceno. Aboga por tanto por un enfoque más inclusivo y equitativo para entender y abordar los desafíos ambientales, lo cual pasa obviamente por la inclusión de la Teoría Política antiespecista en el debate[31]

4. PROPUESTA: REFLEXIONES SOBRE LA INTERSECCIONALIDAD, LA INTERDEPENDENCIA Y LA CO-EXISTENCIA ASÍNCRONA EN PERSPECTIVA POST-ANTROPOCÉNTRICA

Desde el enfoque de la interseccionalidad, el especismo ha sido percibido como parte de un antropocentrismo o androcentrismo mucho más extenso, que no sólo resulta lesivo y mortal

[31] BOULD, M., *The Anthropocene Unconscious: Climate Catastrophe Culture*, Verso, Londres, 2021.

con los no humanos, sino que igualmente discrimina a mujeres, minorías étnico-raciales o clases sociales bajas. Es por ello, que el especismo haya recibido importantes críticas desde posiciones feministas[32], o desde posiciones fuertemente opuestas a los sistemas de dominación capitalistas[33]. También la lucha contra el racismo ha señalado que, al igual que los argumentos pro-racistas aceptan la existencia de un orden natural con razas superiores, el especismo plantea de forma paralela la existencia de una especie superior a la cual las demás quedan supeditadas[34]. Las posturas especistas poco difieren, pues, de aquellas que justifican el racismo, el sexismo, la homofobia, el clasismo o el cognitivismo en el seno de la especie humana[35].

El discurso contra-hegemónico emerge como una respuesta a las narrativas antropocéntricas dominantes, promoviendo nuevas ideas de relación con los no humanos y rechazando cualquier forma de discriminación, ya sea basada en el sexo, la clase, la raza, la religión, las capacidades o la edad[36].

El enfoque interseccional de los estudios críticos con animales no sólo resulta históricamente significativo en este campo de estudios, sino que es parte integral del movimiento general de justicia social como han señalado numerosas aportaciones[37]. Es

---

32 ADAMS, C., *Sexual Politics of Meat A Feminist-Vegetarian Critical Theory*, Bloomsbury, Londres, 1991.

33 YOUNG, I. M., *Justice and the Politics of Difference*, Princeton University Press, Princeton, 1990.

34 DORLIN, E., *La matriz de la raza. Genealogía sexual y colonial*, Txalaparta, Pamplona, 2020.

35 SPIEGEL, M., *The Dreaded Comparison: Human and Animal Slavery*, Mirror Books, New York, 1996.

36 VÁZQUEZ, R. y SÁNCHEZ, M., "Antropo (andro) centrismo y especie. Ideología y naturalización del especismo en tiempos liberales". *Eunomía. Revista en Cultura de la Legalidad*, 12: 26-38, 2017.

37 NOCELLA, A., "Unmasking the Animal Liberation Front using critical pedagogy: Seeing the ALF for who they really are", en NOCELLA, A., DREW, C., GEORGE, A., KETENCI, S., LUPINACCI, J., PURDY, I. y

aquí donde se incorporan voces emergentes como los estudios veganos para la liberación total junto con otros movimientos radicales de mayor recorrido histórico como el anarquismo verde, la liberación negra, la abolición de las prisiones, el feminismo, la liberación queer, los derechos de las personas con discapacidad o la descolonización. En este sentido, la lucha por la emancipación social y la transformación de las estructuras de poder requiere un cuestionamiento activo de las narrativas dominantes y la promoción de una conciencia crítica y transversal[38].

En segundo lugar, y como ya se ha subrayado en la crítica, aparece como perentorio establecer un diálogo continuo con el resto de las especies, desde una aceptación de interdependencia, reciprocidad y reconocimiento[39]. La noción del post-Antropoceno nos insta a trascender el presentismo y a adoptar una conciencia más amplia que incluya no solo a nuestra propia especie, sino a todas las formas de vida que cohabitan en nuestro planeta. Se trata de cómo podemos pensar desde fuera del presente y establecer un diálogo continuo con el resto de las especies, reconociendo la interdependencia y la reciprocidad como principios fundamentales. Es esta la línea que propone la filósofa Rosi Braidotti entre otros. Para Braidotti, el poshumanismo y el antiespecismo convergen en la necesidad de desarrollar un nuevo paradigma ético y filosófico que supere las divisiones tradicionales y fomente un enfoque más inclusivo y respetuoso hacia todas las formas de vida. Su enfoque poshumanista integra conocimientos de diversas disciplinas, incluyendo la biología, la tecnología y la filosofía, para entender mejor cómo las tecnologías emergentes y las nuevas ciencias están transformando la vida humana y no humana, al tiempo que aboga por reconocer la agencia de los animales y sus

---

SCHATZ, J. (eds.), *Education for total liberation: Critical animal pedagogy and teaching against speciesism*, Lang Publishers, New York, 2019.

38 FREIRE. P., *Pedagogía del Oprimido*, Tierra Nueva, Montevideo, 1970.

39 HARAWAY, D., *Seguir con el problema. Generar parentesco en el Chthuluceno.* Consonni, Bilbao, 2020.

capacidades de sentir y experimentar el mundo[40]. Se propone, en suma, una ética de solidaridad y respeto hacia todas las formas de vida como el Proyecto Gran Simio que defiende cambios legales y normativos para proteger los derechos de los animales no humanos.

En tercer lugar, la noción de justicia intergeneracional se ha convertido en un tema crucial en el discurso ético contemporáneo, especialmente en el contexto del cambio climático y la crisis ecológica. Resulta una obligación moral y una necesidad acuciante pensar en las generaciones futuras desde nuestra precaria existencia presente, aceptando deudas de provisión a priori y considerando tanto obligaciones morales como jurídicas. Más allá del aquí y del ahora, surge la pregunta sobre las razones detrás de nuestra preocupación por las generaciones futuras. ¿Son obligaciones morales o jurídicas las que nos impulsan a actuar en beneficio de aquellos que aún no existen? Las razones pueden variar, desde un sentido de identidad de especie hasta preocupaciones propias de las generaciones presentes y perspectivas conservacionistas sobre la preservación del medio ambiente y de los animales no humanos. La interconexión entre humanos, animales y el medio ambiente es el nexo de unión entre el requerimiento de la justicia intergeneracional de que consideremos cómo nuestras acciones actuales afectan a las generaciones futuras y a la integridad ecológica, y el énfasis en la interdependencia entre especies y cómo la explotación de una especie puede tener efectos negativos en el ecosistema en general, presente y futuro, que enfatiza el antiespecismo [41].

Igualmente, entre las propuestas se incluyen muchas otras posibilidades como los cambios en el consumo y la alimentación como mecanismo crucial en la transición hacia una sociedad post-

---

[40] BRAIDOTTI, R., *Por una política afirmativa. Itinerarios éticos*, Gedisa, Madrid, 2018.

[41] GRUEN, L., *Ethics and Animals: An Introduction*, Cambridge, Cambridge University Press, 2011.

antropocénica. Así, el veganismo y el vegetarianismo, más allá de opciones nutricionales, se convierte en prácticas políticas que buscan reducir el sufrimiento animal y mitigar el impacto ambiental de la industria alimentaria. En la misma línea, el activismo animalista, representado por grupos, asociaciones y partidos políticos, promueve la defensa de los derechos de los animales y aboga por una coexistencia pacífica y equitativa entre todas las especies. La idea de zoopolis, en suma, propuesta por Sue Donaldson y Will Kymlicka, plantea la posibilidad de una nueva vida democrática no especista, donde los intereses de los animales no humanos sean tenidos en cuenta en la formulación de políticas y decisiones públicas. Esta visión representa un cambio radical en nuestra forma de concebir la sociedad y nos desafía a redefinir el concepto de comunidad para incluir a todas las especies[42].

5. CONCLUSIONES

Hemos visto cómo el análisis crítico de la modernidad desde diversas perspectivas, incluyendo la antiespecista, decolonial y post-antropocénica, revela profundas implicaciones para nuestras concepciones de justicia, poder y relaciones inter-especies. Este enfoque multidisciplinar y crítico pensamos que permite desentrañar las estructuras hegemónicas que han perpetuado la explotación y dominación tanto de los seres humanos como de los no humanos.

La modernidad, fundamentada en el antropocentrismo y el racionalismo instrumental, ha consolidado una visión del mundo que legitima la explotación de los recursos naturales y la dominación de otras especies. Este paradigma no solo ha sustentado prácticas especistas, sino que también ha exacerbado la crisis climática actual, conocida como la era del Antropoceno. La crítica antiespecista, como parte integral de los Critical Studies, desafía estos

---

42 DONALDSON, S. y KYMLICKA, W., *Zoopolis. A Political Theory of Animal Rights*, Oxford University Press, Oxford, 2011.

supuestos y propone una reevaluación de nuestras relaciones con el entorno y las demás formas de vida.

El análisis decolonial revela cómo la modernidad y el colonialismo han estado intrínsecamente ligados, perpetuando estructuras de poder y desigualdad globales. La ideología liberal, en su forma moderna, ha actuado como un dispositivo que legitima estas jerarquías, reforzando divisiones entre el Norte y el Sur Global, y entre clases dominantes y subordinadas. Este marco ideológico ha naturalizado la supremacía de ciertos grupos, justificando la explotación de los demás, incluyendo a los animales no humanos.

La crítica antiespecista, hemos reseñado, encuentra resonancias en otras luchas contra la opresión, como el feminismo, el antirracismo y los movimientos por los derechos de las personas con discapacidad. Estas luchas, a través de una lente interseccional, destacan cómo las formas de dominación y explotación están interconectadas. El especismo, similar al racismo y al sexismo, se basa en la creencia en una jerarquía natural que justifica la subordinación de ciertos grupos en favor de otros.

Adoptar una perspectiva multiespecie que trascienda el antropocentrismo es crucial para enfrentar los desafíos del Antropoceno. Este enfoque reconoce la interdependencia de todas las formas de vida y promueve un modelo de coexistencia y co-evolución. Al descentralizar la primacía humana, se aboga por una justicia inclusiva que incorpore los derechos de los animales no humanos y la sostenibilidad ecológica.

La des-extinción de especies: ¿un remedio contra la pérdida de biodiversidad?

ANTONIO DIÉGUEZ LUCENA

> [Nuestra especie] puede haber sido al menos en parte responsable de la extinción de los neandertales, la especie de homínidos genéticamente más cercana a la nuestra, así como de la desaparición del mamut lanudo. Si esto es cierto, surge la pregunta de si tenemos la obligación de traer estas criaturas de regreso, no como atracciones de circo, sino como parte de un intento científicamente enfocado de aumentar la diversidad genética mediante la reintroducción de sus extintos genomas en el acervo genético mundial. El mamut casi clama por la resurrección.
>
> G. CHURCH y E. REGIS, *Regenesis*, Basic Books, New York, 2012, pp. 129-130.

1. INTRODUCCIÓN

Entre los efectos más negativos que sobre la naturaleza ha tenido el Antropoceno sin duda está la enorme pérdida de biodiversidad. Algunos consideran que es este el problema más grave al que habrá de enfrentarse en el futuro la humanidad, superior incluso al que representa el cambio climático, puesto que desaparecerán innumerables especies que han tardado millones o centenares de miles de años en surgir y desarrollarse, y cuya presencia es fundamental para la buena salud de los ecosistemas. Dejaremos aquí de lado, porque ello nos desviaría de la cuestión central, las dificultades que plantea la medición rigurosa de esa biodiversidad. Como paliativo a este a este grave daño, ha experimentado una creciente popularidad en la discusión la propuesta del *rewilding*[1], es decir, el propósito de re-asilvestrar la naturaleza, dejando que los ecosistemas se vuelvan a regular a sí mismos sin intervención humana. Esta propuesta ha generado un intenso debate entre sus defensores y sus críticos[2].

El *rewilding* implica reintroducir especies existentes en ecosistemas en los que ya no están a causa de la presión humana (como reintroducir lobos en ciertas zonas montañosas). Se trata principalmente de restaurar ecosistemas dañados mediante la acción de especies que puedan recuperar los procesos que se daban naturalmente antes de que el ser humano los deteriorara. Pero en algunas de sus versiones también incluye, como medida mucho más radical, la utilización de la biotecnología con el objetivo de resucitar especies extintas que puedan servir a este mismo objetivo de la recuperación de estos ecosistemas. La des-extinción se ha convertido, de hecho, en un aspecto muy relevante del *rewilding*, e incluso hay quien la considera el único remedio posible a la acelerada pérdida de biodiversidad. En su forma más extrema, el llamado "*rewilding* pleistocénico", se basa en la posibilidad de des-extinguir con ayuda de la ingeniería genética la megafauna que existió en nuestro planeta hace más de diez mil años. Obviamente, también esta propuesta ha generado una intensa discusión, no solo acerca de su factibilidad tecnológica, sino también sobre las consecuencias ecológicas, éticas y sociales que tendría su realización[3]. En este trabajo expondremos y analizaremos los

---

1 SOULÉ, M. y R. NOSS, "Rewilding and biodiversity: complementary goals for continental conservation", *Wild Earth*, 8, 1998, pp. 19-28.

2 *Cfr.* MOYANO, C., *Ética del rewilding*, Plaza y Valdés, Madrid, 2022, TAFALLA, M., *Filosofía ante la crisis ecológica. Una propuesta de convivencia con las demás especies: decrecimiento, veganismo y rewilding*, Madrid: Plaza y Valdés, 2022, DE CÓZAR-ESCALANTE, J.M., "Rewilding. A Pragmatist Vindication", *Ethics, Policy and Environment*, 22(3), 2019, pp. 303-318. y NOGUÉS-BRAVO, D. *et al.*, "Rewilding is the new Pandora's box in conservation", *Current Biology*, 26, 2016, pp. R87-91.

3 *Cfr.* CAMPBELL, D.I. y P.M. WHITTLE, *Resurrecting Extinct Species. Ethics and Authenticity*, Palgrave Macmillan, Cham, 2017, WRAY, B., *Rise of the*

principales argumentos a favor y en contra de la des-extinción, y trataremos de alcanzar alguna conclusión acerca de su viabilidad y su aceptabilidad.

Aunque el ejemplo más famoso que suele usarse para hablar de la des-extinción es el proyecto de George Chruch, catedrático de genética de la Universidad de Harvard, de resucitar al mamut, en realidad hasta ahora el único caso real que se ha llevado a efecto fue el del bucardo (*Capra pyrenaica pyrenaica*), una especie de cabra pirenaica cuyo último ejemplar murió en el Parque Nacional de Ordesa en el año 2000. Un equipo de científicos españoles y franceses, liderados por José Folch, consiguió en 2003 que naciera, mediante la técnica de clonación interespecífica que a continuación describiremos, un nuevo ejemplar, pero no puede decirse que fuera un éxito, puesto que el cabritillo solo sobrevivió unos pocos minutos[4]. No obstante, como señalan Church y Regis, fue "un punto de inflexión en la historia de la biología. Porque a partir de esa fecha, de pronto, la extinción ya no era algo para siempre"[5].

Esa brevísima des-extinción debería ser, según algunos, solo el primer paso en un camino que llevará finalmente a repoblar el planeta con las especies que el ser humano desee y tenga posibilidad técnica de "resucitar". Existe ya una empresa, Colossal Biosciences, dedicada a la investigación en des-extinción que trata de llevar a la práctica las ideas de George Church. Su proyecto más avanzado es traer de nuevo a la existencia al tilacino o tigre

---

Necrofauna. The Science, Ethics, and Risk of De-extinction, Greystone Books, Vancouver, 2017, PILCHER, H., *Que vuelva el rey. La nueva ciencia de resucitar las especies*, Biblioteca Nueva, Madrid, 2017, PRESTON, C.J., *La era sintética. Esculpir la evolución, resucitar las especies y rediseñar nuestro mundo*, Biblioteca Buridán, Barcelona, 2018.

4 FOLCH, J. *et al.*, "First birth of an animal from an extinct subspecies (*Capra pyrenaica pyrenaica*) by cloning", *Theriogenology*, 71, 2009, pp. 1026-1034.

5 CHURCH, G. y E. REGIS, *Regenesis*, Basic Books, Philadelphia, 2012, p. 129.

(o lobo) de Tasmania, un carnívoro marsupial que se extinguió en 1936 debido a la caza masiva[6].

2. LA BIOTECNOLOGÍA TRAS LA DES-EXTINCIÓN DE ESPECIES

Para conseguir resucitar a una especie hay fundamentalmente tres métodos posibles por el momento, con diferentes estrategias y diferentes implicaciones[7].

El primer método sería el *cruzamiento retro-selectivo* (*back breeding*). Cuando las variaciones genéticas de la especie extinta han sobrevivido en especies descendientes y se tiene el genoma de la especie extinta (en el caso ideal) o se conocen bien sus rasgos fenotípicos, puede guiarse la edición genética de individuos de estas especies mediante cruces selectivos encaminados a recuperar ese genoma o ese fenotipo. Sería una crianza selectiva de individuos portadores de genes de la especie extinta dirigida fundamentalmente a la restauración de rasgos ancestrales. Por ejemplo, el Programa TaurOs trata de generar toros y vacas cada vez más parecidos al uro europeo primigenio (*Bos primigenius primigenius*), cuyo último ejemplar fue datado en Polonia en 1627. En Sudáfrica, el Proyecto Quagga intenta hacer lo mismo con cebras que conservan genes de la subespecie cuaga (*Equus quagga*), que se extinguió en a finales del XIX[8]. El último ejemplar en estado salvaje fue

---

6 REGALADO, A., "¿Cuánto pagarías por ver un mamut lanudo resucitado?", *MIT Technology Review*, 2022. <https://www.technologyreview.es/s/14871/cuanto-pagarias-por-ver-un-mamut-lanudo-resucitado>

7 SHERKOW, J.S. y H.T. GREELY, "What if Extinction is not Forever?". *Science*, 340, 2023, pp. 32-33; para otros métodos véase CAMPBELL y WHITE, *Op. cit.*, pp. 14-16).

8 SAPLAKOGLU, Y., "Why 'De-Extinction' Is Impossible (But Could Work Anyway)", *Quanta Magazine*, 9 de mayo de 2022. <https://www.quantamagazine.org/why-de-extinction-is-impossible-but-could-work-anyway-20220509/>

visto en 1878 y el último en cautividad murió en 1883. También se ha intentado recobrar mediante este procedimiento al tarpán, el caballo salvaje europeo (*Equus ferus ferus*), y los ejemplares así conseguidos, de gran parecido fenotípico con el original, pueden verse ya en algunos zoológicos. Este método aprovecha técnicas tradicionales y evita los riesgos que conllevan para el organismo los otros dos métodos. No obstante, debe tenerse en cuenta que el mero parecido fenotípico no es garantía de similitud genética con la especie extinta.

El segundo método sería la *clonación interespecífica por transferencia de núcleos de células somáticas* (*interspecies somatic cell nuclear transfer* (iSCNT)). Es la técnica que se empleó con el bucardo, y básicamente la misma técnica empleada en la clonación de la oveja Dolly en 1996 (en este caso era una transferencia dentro de la misma especie). Consiste en insertar ADN nuclear completo de la especie extinta, obtenido de una célula de su cuerpo, en un ovocito o un óvulo enucleado y convenientemente modificado de una especie muy similar para conseguir un embrión lo más cercano posible a los de la especie extinta. Dicho embrión es subsecuentemente reactivado e implantado en el útero de una hembra de esa especie similar o de otra que resulte más conveniente. El genoma nuclear del embrión sería el mismo que el de la especie extinta, pero no su ADN mitocondrial, que pertenecería a la especie de la cual se hubiera tomado el óvulo. La clonación interespecífica por transferencia nuclear se está ensayado, no sin problemas, como método futuro de apoyo en especies en peligro de extinción y en especies domésticas. Se han conseguido éxitos muy puntuales en especies que hibridan entre sí de forma natural o que son muy cercanas, pero en otros casos tiene importantes limitaciones, como, por ejemplo, incompatibilidades entre el núcleo insertado y las proteínas del óvulo, o entre el ADN nuclear y el mitocondrial, que perturban el desarrollo correcto de los embriones[9].

9 *Cfr.* BEYHAN, Z., A.E. IAGER y J.B. CIBELLI, "Interspecies Nuclear Transfer: Implications for Embryonic Stem Cell Biology", *Cell Stem Cell*, 1(5), 2007, pp. 502-512, LAGUTINA, I. *et al.*, "Interspecies Somatic Cell

Además, en la actualidad no es una técnica factible en ovíparos. Por otra parte, si se aplicara a la des-extinción de especies, el ADN de la especie extinta debería estar muy bien conservado, por lo que parece solo especies de reciente extinción serían candidatos apropiados. Debe tenerse en cuenta que a temperatura normal y en condiciones naturales el ADN tiene una vida media de 521 años aproximadamente, es decir, a partir de ese lapso de tiempo se han roto la mitad de los enlaces entre nucleótidos, quedando solo fragmentos muy cortos, aunque en estado de congelación puede durar mucho más (entre 1 y 2 millones de años)[10].

Finalmente, el tercer método sería la aplicación de la *ingeniería genética*. Se trata de conseguir la reconstrucción del genoma de la especie extinta mediante técnicas de ingeniería genética (Lin *et al.* 2022). Se obtiene en primer lugar una lectura lo más completa posible del genoma de la especie extinta uniendo información obtenida de diferentes muestras de tejidos preservados en un estado suficientemente bueno. A continuación, células madre de una especie actual filogenéticamente relacionada son editadas genéticamente mediante CRISPR-Cas 9 para dotarlas de genes propios de la especie extinta. Finalmente, el núcleo de estas células genéticamente editadas es introducido en óvulos enucleados de otras especies para obtener embriones. Es lo que George Church pretende hacer con el mamut. El alcance temporal hacia el pasado es mayor que con la técnica anterior, pero también es limitado. La dificultad principal está en la baja eficiencia (un porcentaje bajo de las inserciones genéticas son exitosas) y las mutaciones no deseadas o los efectos *off target* son comunes. No obstante, Church considera que para conseguir un sustituto funcional del mamut

---

Nuclear Transfer: Advancements and Problems", *Cell Reprogram*, Oct; 15(5), 2013, pp. 374-84. CORDOVA, A., W.A. KING y G.F. MASTROMONACO, "Choosing a Culture Medium for SCNT and iSCNT Reconstructed Embryos: From Domestic to Wildlife Species", *J Anim Sci Technol.*, 59, 2017, 24.

10 KAPLAN, M., "DNA has a 521-years Half-life", *Nature*, 2012. <https://doi.org/10.1038/nature.2012.11555>.

bastaría con "unas pocas docenas de cambios en el genoma del moderno elefante" asiático, lo que disminuiría notablemente esas dificultades[11].

Ni el *back breeding* ni la ingeniería genética producirían organismos con exactamente el mismo *background* genético que la especie extinta, aunque el fenotipo pueda ser muy similar. En el caso de la clonación, podría tener el mismo ADN nuclear, pero, como hemos dicho, no el mismo ADN mitocondrial, que interactúa con el ADN nuclear y es importante en el metabolismo celular. Tampoco tendría el mismo epigenoma, ni el mismo microbioma (que podrían ser fundamentales para la supervivencia de la especie). En el caso de la ingeniería genética, a todo esto habría que añadir que las diferencias en el ADN nuclear podrían ser también significativas. Lo que se crean, por tanto, son *proxies*, formas análogas o versiones nuevas de la especie extinta, al menos con las tecnologías señaladas.

Beth Shapiro sostiene que serían sustitutos funcionales que podrían desempeñar, por sus similitudes fenotípicas, un papel ecológico similar al de la especie extinta: "Si bien es probable que alguna vez sea factible resucitar fenotipos extintos —escribe—, puede que nunca sea posible crear una copia viva idéntica de una especie extinta. Estas tecnologías, por lo tanto, deben considerarse como un medio para crear sustitutos (*proxies*) de especies que ya no están vivas, lo que puede beneficiar a los ecosistemas, al restaurar, por ejemplo, interacciones críticas entre especies"[12].

En el mismo sentido se expresa la International Union for the Conservation of Nature (IUCN) en un documento elaborado en 2016 sobre este asunto:

---

11 CHURCH, G., "Please Reanimate", *Scientific American*, 309(3), 2013, p. 12.

12 SHAPIRO, B., "Pathways to De-extinction: How Close can we get to Resurrection of an Extinct Species?", *Functional Ecology*, 31, 2017, pp. 996-1002, p. 997.

"El término 'des-extinción' es engañoso en su implicación de que las especies extinguidas, especies para las que no quedan miembros viables, pueden resucitar en su integridad genética, conductual y fisiológica. [...] [N]inguna de las vías actuales resultará en una réplica fiel de una especie extinta, debido a diferencias genéticas, epigenéticas, de comportamiento, fisiológicas y de otro tipo. [...] [E]l objetivo legítimo de la creación de un *proxy* de una especie extinta es la producción de un equivalente funcional capaz de restaurar funciones o procesos ecológicos que podrían haberse perdido como resultado de la extinción de la especie original. 'Proxy' se usa aquí para referirse a un sustituto que representaría en algún sentido (por ejemplo, fenotípicamente, conductualmente, ecológicamente) otra entidad: la forma extinta"[13].

Ciertamente no todos ven aquí un problema. Por un lado, están los que piensan que podría haber en el futuro tecnologías que permitieran recrear un organismo que fuera exactamente igual a un miembro de una especie extinguida. Por otro lado, no todos los que han analizado el asunto creen que sea necesario una similitud del 100% para afirmar que la especie des-extinguida es la misma que la que se extinguió. Campbell y Whittle, por ejemplo, desarrollan como propuesta un criterio de autenticidad de la especie des-extinta en comparación con la especie original que toma en consideración tanto las similitudes en el genotipo y en el fenotipo como las diferencias y que tiene como consecuencia principal que la consideración de autenticidad de una especie des-extinta tiene grados. Sería absurdo, según ellos, desde una perspectiva biológica, y dada la práctica actual en ciertos casos de edición genética en diversas especies que se siguen considerando las mismas, exigir una igualdad total de fenotipo y genotipo para aceptar que la especie ha sido realmente resucitada. Beth Shapiro también sostiene que la cuestión de la identidad no es tan decisiva como algunos sostienen. No hay por qué pretender tener réplicas perfectas.

---

13 IUCN SSC, "IUCN SSC Guiding principles on Creating Proxies of Extinct Species for Conservation Benefit. Version 1.0", Gland, Switzerland, 2016: IUCN Species Survival Commission. <https://portals.iucn.org/library/node/46248>.

3. ¿QUÉ ESPECIES DES-EXTINGUIR?

Una primera cuestión que se presenta es la de determinar las especies a las que debemos dedicar prioritariamente nuestros esfuerzos tecnológicos. Si pudiéramos des-extinguir especies, ¿cuáles deberíamos seleccionar? Obviamente, las dos respuestas más radicales serían: "no hay que intentarlo con ninguna" y "hay que intentarlo con todas las que podamos o estimemos conveniente". La primera la daría el que considere que estas tecnologías, por las razones que fuera, deberían prohibirse. No parece, sin embargo, que haya motivos justificables de peso para tal prohibición, con lo cual esta posibilidad es poco realista. La segunda la daría el partidario acérrimo, que no ve aquí más que beneficios para la naturaleza y para el propio ser humano. Sin embargo, tampoco parece una respuesta muy realista, no solo por las limitaciones económicas, tecnológicas y ecológicas (¿tiene sentido des-extinguir especies que competirían por el mismo nicho ecológico?), sino porque se calcula que el 99,9% de las especies que han existido están extintas. Sería absurdo y contraproducente pretender resucitarlas todas las que se puedan sin más criterio sobre su compatibilidad o sobre sus efectos sobre el medio.

Respuestas más adecuadas serían: (i) resucitar solo las especies que el ser humano ha extinguido, es decir, las que constituyan una restitución de una naturaleza no dañada por este, (ii) resucitar solo las de reciente extinción (haya sido causada o no por el ser humano) y cuyos ecosistemas sigan existiendo, (iii) resucitar prioritariamente vertebrados con mayor capacidad para restaurar los ecosistemas y devolverles el equilibrio perdido, (iv) resucitar prioritariamente aquellas especies que sean más factibles o tengan mejores perspectivas de supervivencia y evolucionabilidad futura, por ejemplo, aquellas de las que se conserve una mayor diversidad genética, (v) resucitar especies que puedan tener utilidad para el ser humano.

Pero incluso estas respuestas más prudentes (que no pretenden ser exhaustivas) presentan también problemas. Por ejemplo, si se acepta (i), no siempre está claro cuándo una especie se ha extinguido por causa de los humanos o por otras razones, como en el caso del mamut[14]. Si se acepta (ii), es discutible que encuentre mucho apoyo público la recuperación de especies que pueden resultar dañinas para el ser humano. Si se acepta (iii), no es nada fácil determinar si en realidad esos vertebrados cumplen esa función restaurativa que se le atribuyen. Hay ejemplos, como el de la reintroducción del lobo en Yellowstone a mediados de los 90 y sus supuestos beneficios en cadena para el medio ambiente, que han sido cuestionados por algunos especialistas[15]. Por otro lado, ¿qué época del ecosistema es deseable restaurar? ¿Por qué privilegiar la época más reciente en lugar del pleistoceno, como pretenden los defensores del rewilding pleistocénico? Dificultades similares habría para determinar las especies que encajarían en (iv), mientras que (v) resultaría probablemente bastante controvertida desde una perspectiva ética o conservacionista.

4. VENTAJAS Y PELIGROS DE LA DES-EXTINCIÓN

Cuando se discute sobre los beneficios de la des-extinción se suele dar por supuesto que el punto central de esta valoración es el propio ser humano, es decir, que lo que pueda haber de positivo en la des-extinción de especies es que, de forma directa o indirecta, el ser humano ve con ello mejorada su existencia o protegida al menos frente a las consecuencias muy negativas que para la supervivencia de nuestra especie tendría la pérdida de la biodiversidad. No obstante, cabe verlo de otro modo. Los menos antropocentristas considerarían que la des-extinción tiene un va-

---

14 FORDHAM, D.A. *et al.*, "Climate Change, Humans, and the Extinction of the Woolly Mammoth", *Ecology Letters*, 25, 2022, pp. 125-137.

15 MECH, L.D., "Is science in danger of sanctifying the wolf?", *Biological Conservation*, 150(1), 2012, pp. 143-149, ALLEN, B.L. *et al.*, "Can we save large carnivores without losing large carnivore science?", *Food Webs*, 12, 2017, pp. 64-75.

lor intrínseco puesto que somos una especie más entre otras y tenemos la obligación moral de restituir el daño que hemos causado a muchas de esas otras. Según esto, no solo tenemos la obligación moral de conservar las especies existentes, sino también, en cuanto la tecnología lo permita, de resucitar las que hemos extinguido (quizás más), con independencia del valor instrumental que esto pueda tener para los humanos[16]. Aquí nos limitaremos a exponer los principales argumentos a favor de la des-extinción que se han efectuado desde el primer punto de vista, sin que eso excluya que pueda hablarse también de valores intrínsecos o no instrumentales[17]. Estos argumentos serían los siguientes:

1. Llevar a cabo la des-extinción de una especie permitiría obtener un valioso conocimiento científico que resultaría en un avance tecnológico muy útil, puesto que esos nuevos conocimientos podrían ser usados para evitar la extinción de especies en peligro, entre otras aplicaciones.
2. Las especies des-extinguidas, si, como se espera, mantienen su similitud funcional con las originales, podrían tener beneficios para la conservación del medio ambiente. No solo constituirían una cierta restitución de la biodiversidad, sino que permitirían el restablecimiento de las funciones y de la estabilidad ecológica de los ecosistemas. Esto ayudaría al mantenimiento de otras especies y al reforzamiento de los ecosistemas existentes.
3. Las especies des-extinguidas podrían ser mejoradas genéticamente, eliminando del acervo genético genes deletéreos o perjudiciales. Esto les proporcionaría una mejor existencia que la que tuvieron con anterioridad y podrían cumplir

---

16 JEBARI, K., "Should Extinction Be Forever?", *Philosophy and Technology*, 29(3), 2016, pp. 211-222.

17 *Cfr.* SHERKOW, J.S. y H.T. GREELY, *Op. cit.*, CAMPBELL y WHITE, *Op. cit.*, LEAN, C.H., "Why Wake the Dead? Identity and De-extinction", *Journal of Agricultural and Environmental Ethics*, 33, 2020, pp. 571-589.

mejor su función biológica en la restauración del ecosistema.

4. Las especies des-extinguidas podrían ser objeto de aprovechamiento comercial (directo, por los productos obtenidos a partir de ellas, o mediante su exhibición en parques naturales).
5. Las especies des-extinguidas podrían permitir la recuperación o preservación de tradiciones culturales ligadas a ellas.
6. Es una cuestión de justicia. Es un deber moral que tenemos, especialmente con las especies que el ser humano ha llevado a la extinción.
7. Algunos defensores han hablado del sentimiento de "wonder", de asombro, que esto despertaría entre muchas personas, el cual, a través del arte, de las exhibiciones en parques naturales o de la divulgación científica, contribuiría a despertar el interés público por la conservación de la naturaleza y la preservación de la biodiversidad.

Como era de esperar, se han formulado también diversos argumentos en contra de la des-extinción por parte de sus críticos. He aquí los más importantes:

A) La des-extinción de especies llevaría a una pérdida de la autonomía de la naturaleza y del valor intrínseco (incluyendo el estético) de lo natural, puesto que quedaría aún más reducido el espacio de la naturaleza intocada. Significaría una mayor tecnificación y control de la naturaleza, una antropomorfización o humanización de esta. Al igual que una copia exacta de una obra de arte no tiene el mismo valor que el original, un ecosistema restaurado por el ser humano después de haber sido destruido, tampoco tendría el mismo valor que el original. Para los más radicales, se trataría de una naturaleza *fake*[18]. Si se diera el paso además de intentar

[18] ELLIOT, R., "Faking Nature", *Inquiry*, 25(1), 1982, pp. 81-93.

"mejorar" y rediseñar a los animales a nuestra conveniencia, se correría el riesgo de desvalorizar a los auténticos animales salvajes, dado que se verían como incontrolables por los humanos e incluso más hostiles y peligrosos[19]. Como el material genético de una especie resucitada sería una combinación lograda mediante biotecnología, técnicamente serían Organismos Vivos Modificados (LMOs). Es decir, en última instancia serían artefactos semi-sintéticos, en parte naturales y en parte artificiales. En este caso, el origen importa. No tendrían el valor de lo puramente natural[20] y, por tanto, no tendrían el valor de las especies extintas originales (pero entonces ¿cuál sería su valor?). Aunque a esto los defensores de la des-extinción pueden responder que si comprendemos finalmente que vivimos en el Antropoceno hemos de asumir que no hay ya una naturaleza ajena al ser humano, a su influencia, su gestión y su conveniencia. La naturaleza prístina hace tiempo que desapareció.

B) Como hemos señalado antes, estas especies no serán exactamente iguales a las especies extintas. En sentido estricto, al menos para algunos críticos, serían especies nuevas, aunque parecidas a las anteriores. Ello obligaría a estudiar su posible impacto en el ecosistema como tal especie nueva. Según los defensores de la noción filogenética de especie, ni siquiera podrían tener el mismo nombre científico, puesto que se habría interrumpido la relación filogenética que determina habitualmente en la práctica taxonómica la pertenencia a una misma especie.

C) La des-extinción de especies implicará por lo general introducir una especie en un ecosistema que ya no es el mismo

---

19 AATOLA, E. "Bioengineered Domestication: 'Wild Pets' as Species Conservation?". En M. Oksanen y H. Siipi (eds.). *The Ethics of Animal Re-creation and Modification. Reviving, Rewilding, Restoring.* Palgrave Macmillan, London, 2014, pp. 97-116.

20 MASON, C., "The Unnaturalness Objection to De-Extinction: A Critical Evaluation", *Animal Studies Journal,* 6(1), 2017, pp. 40-60.

en el que estaba originalmente. Esto puede ser perjudicial para la especie misma, puesto que el cambio en el entorno suele llevar a maladaptaciones, pero también, y sobre todo, para el ecosistema, en la medida en que esa especie podría comportarse ahora como invasora. Cabe incluso la posibilidad de que disminuya la biodiversidad del ecosistema como consecuencia de las nuevas interacciones que se establezcan entre los organismos. Las especies resucitadas pueden dañar los ecosistemas actuales, por ejemplo, introduciendo nuevos patógenos y parásitos, compitiendo con especies que ya habían ocupado su nicho ecológico o hibridando con especies previamente existentes. No es propiamente una restauración, porque no se vuelve a la situación original. Los ecosistemas están en constante cambio. No es posible hacer una foto fija y dejarlo todo así para siempre. Esto exigiría una consideración muy cuidadosa de los efectos de la reintroducción y tener motivos muy serios para hacerla[21]. De hecho, incluso la introducción de especies todavía existentes en ecosistemas en los que nunca han estado o la reintroducción de especies existentes en ecosistemas de los que desaparecieron y que han cambiado mucho con respecto a la situación en la que estaban durante la presencia originaria de esa especie, tiene consecuencias impredecibles, entre ellas, la muerte de los individuos introducidos debido a enfermedades para las que no tienen defensas[22]. Eso explica que un alto porcentaje de reintroducciones de especies existentes terminen en fracaso.

D) La des-extinción es un proceso costoso. A los costes de la propia tecnología necesaria para la resurrección de individuos de la especie extinta hay que añadir los costes de la

21 MYHR, AI. y BK. MYSKJA, "From Protection to Restoration: A Matter of Responsible Precaution", en M. Oksanen y H. Siipi (eds.), *The Ethics of Animal Re-creation and Modification. Reviving, Rewilding, Restoring*. Palgrave Macmillan, London, 2014, pp. 117-133, p. 131.

22 NOGUÉS-BRAVO *et al.*, *Op. Cit.*

reintroducción en un ecosistema y los costes del mantenimiento y manejo de la especie dentro del mismo[23]. Estos ecosistemas, pese a lo que a veces se cree, no pueden ser abandonados a su suerte con la excusa de que se terminarán autorregulando. Exigirán, al menos durante bastante tiempo, una estricta monitorización. Hay formas más eficaces de conservar y proteger la naturaleza, como impedir la sobrecaza, o los programas bien diseñados de erradicación de especies invasoras que dañan el ecosistema (por ejemplo, la erradicación de cabras en las islas Galápagos)[24]. Mejor sería, por tanto, dedicar los esfuerzos económicos, siempre limitados, a prevenir más extinciones. La financiación de la resurrección de especies puede incluso llegar a disminuir la biodiversidad neta, al ser mucho menos eficiente en rendimiento que la inversión en la conservación de especies existentes[25].

E) Suele haber en todo lo concerniente a la des-extinción una preocupante desconsideración del bienestar animal. Debe tenerse en cuenta que podría haber sufrimiento animal no solo si el resultado no es satisfactorio y la especie no es capaz de adaptarse bien al ecosistema actual, sino en el mismo proceso de generación de los individuos de la nueva especie (en el embarazo de la hembra de la especie subrogada, por ejemplo, el parto por cesárea, las posibles malformaciones del animal nacido), en el proceso de crianza en cautividad y en la reintroducción de la especie a la naturaleza[26]. Los pro-

---

23 IACONA, G. *et al.*, "Prioritizing Revived Species: What are the Conservation Management Implications of De-extinction?", *Functional Ecology*, 31, 2017, 1041-1048.

24 NOGUÉS-BRAVO *et al.*, *Op. cit.*

25 BENNET, J. *et al.*, "Spending Limited Resources on De-extinction Could Lead to Net Biodiversity Loss", *Nature Ecology and Evolution*, 1(4), 2017, 0053.

26 *Cfr.* KASPERBAUER, T. J., "Should We Bring Back the Passenger Pigeon? The Ethics of De-Extinction", *Ethics, Policy & Environment*, 20(1),

cesos biotecnológicos implicados no garantizan por ahora el bienestar del animal engendrado. Además, para algunos críticos, la des-extinción instrumentalizaría en exceso a los animales implicados y atentaría contra su dignidad[27].

F) Existe igualmente el peligro de que la des-extinción induzca a una despreocupación generalizada por la preservación de las especies actualmente existentes. Podría desincentivarse la conservación de especies en peligro por crearse la impresión (falsa) de que podemos restaurar la naturaleza y traer de vuelta a la vida las especies extintas cuando queramos, la impresión de que cualquier extinción es reversible[28]. Esto podría llevar a sobreexplotar a ciertas especies hasta ponerlas en peligro, pensando en que más adelante sería factible su reposición.

G) Existiría una gran dificultad para mantener la existencia de la especie a medio y largo plazo. Por un lado, la des-extinción podría ser inútil si no se modifican las causas que llevaron a la extinción de la especie original. Por otro lado, habría inevitablemente una diversidad genética inicial muy pequeña (cuello de botella genético) que podría afectar a la aptitud (*fitness*) de la población inicial. Serían necesarios centenares de genomas distintos para obtener los primeros organismos si queremos evitar este problema, aunque también es cierto que en la naturaleza han prosperado especies o poblaciones que han pasado por cuellos de botella muy

---

2017, pp. 1-14, BROWNING, H., "Won't Somebody Please Think of the Mammoths? De-extinction and Animal Welfare", *Journal of Agricultural and Environmental Ethics*, 31, 2018, pp. 785-803.

27 HUMPHREYS, R., "Dignity and Its Violation Examined within the Context of Animal Ethics". *Ethics and the Environment*, 21, 2016, pp. 143-162.

28 CAMPAGNA, C., D. GUEVARA y B. LE BOEUF, "De-scenting Extinction: The Promise of De-extinction May Hasten Continuing Extinctions", *Recreating the Wild: De-extinction, Technology, and the Ethics of Conservation*, special report, *Hastings Center Report*, 47(4), 2017, pp. S48-S53.

estrechos[29]. Esto es frecuente en las especies invasoras. Debido a la escasa diversidad genética, la capacidad para evolucionar (evolucionabilidad) ante los cambios medioambientales de la especie resucitada estaría en cuestión. Se estima que para mantener esa capacidad el número total de individuos genéticamente diversos de una población no debe ser menor de 5000[30], lo que sería muy difícil de conseguir con la tecnología actual.

H) No hay muchas garantías de que la des-extinción pueda ser realizada con éxito. Recientemente, fue llevado a cabo un estudio de las posibilidades de la técnica de des-extinción ya mencionada iSCNT con el genoma re-secuenciado parcialmente de la rata de la Isla de Navidad (*Rattus macleari*), que se extinguió en 1903. Su genoma fue comparado con genomas de otras especies de ratas, como la rata noruega (*Rattus norvegicus*). El estudio indicó que habría grandes dificultades para conseguir la des-extinción, puesto que casi el 5% del genoma fue irrecuperable, afectando a genes importantes para el sistema inmunitario y el sentido del olfato. Como señalan los autores, los "resultados demuestran claramente que, si la edición del genoma (ignorando las limitaciones técnicas actuales) se aplicará a la rata noruega marrón con el fin de recrear la rata de la Isla de Navidad, editando cada diferencia identificable, un número notable de los genes se parecerían solo parcialmente a la forma extinta, o, peor aún, permanecerían iguales al 100% a los de la rata noruega"[31].

---

[29] ROBERT, A. *et al.*, "De-extinction and Evolution", *Functional Ecology*, 31, 2017, pp. 1021-1031.

[30] STEEVES, T.E., J.A. JOHNSON y M.L. HALE, "Maximising Evolutionary Potential in Functional Proxies for Extinct Species: A Conservation Genetic Perspective on De-extinction", *Functional Ecology*, 31, 2017. pp. 1032-1040.

[31] LIN, J. *et al.*, "Probing the Genomic Limits of De-extinction in the Christmas Island Rat". *Current Biology*, 32(7), 2022, pp. 1650-1656.

5. DISCUSIÓN Y CONCLUSIONES

La resurrección del bucardo, aunque fuera solo durante unos minutos, muestra que podría ser factible recuperar algunos ejemplares similares a los de especies extintas por medio de la tecnología, aunque no serían copias exactas de los miembros genuinos de esa especie. Esta posibilidad queda, sin embargo, muy lejos aún de ser un medio para la des-extinción perdurable de la especie. Sería necesario un número bastante elevado de individuos con genomas dispares para poder mantener una diversidad genética mínima que pudiera asegurar la evolucionabilidad de la especie. Tal dificultad, unida a los otros problemas señalados por los críticos que hemos enumerado más arriba, hacen que se vean muy mermadas las esperanzas de que la des-extinción de especies pueda convertirse en los próximos años en un medio efectivo para detener o paliar la pérdida de biodiversidad.

En el hipotético caso de que pudieran resolverse en el futuro las principales dificultades técnicas en el proceso de des-extinción, quedarían por resolver las cuestiones éticas, que seguirían planteándose incluso aunque la mejora de la tecnología evitara algunos aspectos del sufrimiento animal que hoy no podríamos evitar. En concreto, no parece que sea fácil de prevenir el sufrimiento animal que se daría si la adaptación de la especie resucitada al nuevo medio en el que se la inserta es un fracaso. Aunque no conviene olvidar que otras formas tradicionales de conservar la biodiversidad también implican sufrimiento animal.

Por otro lado, la pretensión de que la des-extinción de especies pueda ser el camino para volver a tener una naturaleza autorregulada, ajena al control humano o libre de constantes intervenciones reparadoras, se muestra como ilusoria. La des-extinción en el fondo es una forma de bio-geo-ingeniería, y eso implica que no solo es el ser humano el que estaría dándole forma a la naturaleza, como ha venido haciendo, por otra parte, a lo largo de toda su historia, sino que esa naturaleza re-creada debería estar previsiblemente bajo su permanente supervisión. Sencillamente, no podemos dejar de lado la tecnología, ni siquiera para conservar la naturaleza. Conservar no es siempre retirarse, es sobre todo intervenir.

La complejidad y carestía de un posible proceso de des-extinción motiva que algunos autores, como por ejemplo Campbell y Whittle[32] consideren que la objeción a la que hemos aludido con la letra (D) sea la más potente. Es complicado, sin embargo, hacer una estimación así de forma muy tajante, puesto que este asunto ha sido aún poco debatido. Es muy posible que para un público lego la cuestión económica sea crucial, sobre todo si hay alternativas más baratas y prometedoras, pero, en mi opinión, las cuestiones éticas pueden llegar a tener un peso aún mayor en el debate público. No lo sabremos hasta que el debate surja.

Como decíamos antes, se ha discutido si tenemos o no la obligación moral de des-extinguir a las especies cuya extinción hemos causado, e incluso de otras especies que puedan restaurar la biodiversidad y el equilibrio perdido en muchos ecosistemas. Sin embargo, la existencia de tal obligación moral es problemática. Surgen preguntas que no tienen respuestas fáciles. ¿Quién tiene en concreto la obligación moral y por qué? ¿Se hereda esta obligación de las generaciones que causaron la extinción a todas las siguientes generaciones? ¿Con quién se tiene esa obligación? ¿Con la especie extinta, que ya no existe? ¿Con la naturaleza o el ecosistema en el que vivía esa especie y que quizás ya no exista tampoco? ¿Con los grupos humanos dañados por la extinción? No parece que se hayan dado respuestas suficientemente convincentes a estas preguntas como para conducir a la aceptación amplia de algún tipo de obligación moral (Lean 2020). En cambio, en lo que posiblemente haya un acuerdo bastante generalizado, aunque quizá por razones diversas, es en que tenemos la obligación moral de conservar bien las especies con las que todavía contamos y protegerlas de la amenaza de extinción cuando este sea el caso.

Hay, en todo caso, cuestiones éticas y normativas que deben ser discutidas con más detalle para clarificar los aspectos que pu-

---

32 CAMPBELL Y WHITTLE, *Op. cit.*

dieran generar conflictos en el futuro. ¿Deberíamos, por ejemplo, mejorar a especies que fueron perfectamente "normales" durante su existencia previa, si con ello pudiéramos aumentar el bienestar de sus miembros o servir mejor a los intereses humanos sin perjudicar a dichos miembros? ¿Deberíamos corregir las "deficiencias" que pudieron llevar a algunas especies a callejones sin salida evolutivos que propiciaron su extinción y enmendarle así la plana a la naturaleza? ¿Deberían estar las especies re-creadas artificialmente protegidas por leyes en defensa de la biodiversidad, de modo que una vez des-extinguidas tuvieran tanto derecho a no ser aniquiladas como cualquier otra especie ya existente? ¿A quién atribuir responsabilidad si causan algún daño a las personas o a otras especies? ¿Podrían pertenecer a alguien?

Dicho todo esto, si se consiguieran superar las grandes dificultades técnicas que mencionan los críticos y se eliminara en lo sustancial el posible sufrimiento animal, no habría, según creo, ninguna objeción grave para que la des-extinción de especies se convirtiera en una herramienta útil para ayudar a restaurar la biodiversidad perdida en ciertos casos favorables para la aplicación de estas técnicas. Cualquier ayuda en este asunto debe ser bienvenida. Por ello, es conveniente que esta tecnología y otras asociadas, como las de recuperación y preservación del ADN, se desarrollen y muestren su potencial, por mucho que sus aplicaciones actuales nos puedan parecer improcedentes o inquietantes. En el futuro pueden tener un uso no solo aceptable, sino muy positivo para evitar la extinción de especies necesarias para el mantenimiento de los ecosistemas, así como para recuperar algunas de las ya extintas que tuvieron también ese papel y podrían volver a tenerlo.

En conclusión, la pérdida de la biodiversidad (pese a los problemas que plantea su medición) es posiblemente el problema mayor al que se enfrenta el ser humano. Si el problema se agrava, la resurrección de especies extintas podría ser un paliativo a largo plazo. En una situación extrema, podría ser la única forma de volver a contar con especies que nos son necesarias o que lo son también para el equilibrio de los ecosistemas. Sin embargo, las dificultades técnicas y las incertidumbres son grandes y posiblemente durante las próximas décadas será difícil que pueda ser considerada como una forma realista de enfrentar el problema. No debería, pues, confiarse en ella sin más como un remedio decisivo, aunque no es descartable que en el futuro puedan ser perfeccionadas y sirvan para paliar, junto con otras tecnologías, como la adaptación facilitada, la recuperación de alelos casi perdidos en una especie o la introducción de nuevos alelos, la acelerada extinción de especies que padecemos y vamos a seguir padeciendo.

¿Puede la Pachamama *contratar a un abogado? Derechos de la naturaleza y personificación de ecosistemas*

JUAN MANUEL AYLLÓN DÍAZ-GONZÁLEZ

1. INTRODUCCIÓN

En los últimos años, venimos asistiendo en la esfera internacional a un proceso que está removiendo los cimientos sobre los que históricamente se ha asentado el Derecho. Una serie de Estados han tomado la decisión de conducir la institución jurídica de la personificación más allá de sus fronteras tradicionales y extenderla a los elementos que componen el medio ambiente. Así, progresivamente, determinados países han reconocido derechos subjetivos a la naturaleza en su conjunto o a ecosistemas concretos y específicos, como ríos, bosques o mares. El último episodio de este fenómeno se ha dado en España, siendo el primero de esta naturaleza en el contexto europeo: el 3 de octubre de 2022 se publicaba en el Boletín Oficial del Estado la Ley 19/2022, de 30 de septiembre, para el reconocimiento de personalidad jurídica a la laguna del Mar Menor y su cuenca.

El fenómeno es, sin duda, del máximo interés por varios motivos. En primer lugar, porque, como cabe imaginar cuando se fuerzan las categorías jurídicas, no ha estado exento de controversia. Pero, además, porque suscita un gran número de interrogantes sobre cuestiones como los procedimientos de personificación empleados, los derechos que se otorgan a estas entidades naturales, la manera de ejercitarlos, las consecuencias que todo ello tiene y, por encima de todo, su utilizad y efectividad práctica.

Es el propósito de este artículo exponer cómo se han ido desarrollando estos procesos de personificación[1] y formular algunas reflexiones sobre los mismos desde el plano de lo jurídico.

2. EXPERIENCIAS DE RECONOCIMIENTO DE DERECHOS A LA NATURALEZA EN SU CONJUNTO

Dentro de las experiencias existentes en el panorama internacional en los que se han otorgado derechos al medio natural como consecuencia de una declaración expresa de personificación, hemos de diferenciar dos grupos: por un lado, aquellos Estados que han personificado a toda la naturaleza en su conjunto; por otro lado, la de los Estados que han decidido personificar a un ecosistema concreto y específico[2]. Analizamos, a continuación, la primera de las categorías.

Hasta la fecha, existen cuatro Estados que han procedido a otorgar derechos subjetivos a la naturaleza en su conjunto. Se trata, por orden cronológico, de Ecuador, Bolivia, Uganda y Panamá[3].

---

1 El programa de la ONU "Armonía con la naturaleza" monitoriza y documenta todos los procesos mundiales de otorgamiento de derechos a la naturaleza y los ofrece en el siguiente enlace: http://www.harmonywithnatureun.org/rightsOfNature/

2 *Vid*, sobre el tema, CASAZOLA CCAMA, J., "El desarrollo de los derechos de la naturaleza en el derecho ambiental", *Revista de Derecho de la Universidad Nacional del Altiplano de Puno*, vol. 6, núm. 2, 2021, 154-183. Igualmente, MARTÍNEZ, A. N. y PORCELLI, M., "Una nueva visión del mundo: la ecología profunda y su incipiente recepción en el derecho nacional e internacional (tercera parte). Corpus Iuris Nacional", *Revista Lex de la Facultad de Derecho y Ciencias Políticas de la Universidad Alas Peruanas*, Nº 24-AÑO XVII-2019-II.

3 Existen, también, otras declaraciones de otorgamiento de derechos a la naturaleza en su conjunto que no proceden de Estados sino de entidades territoriales inferiores. La primera que se tiene documenta-

Ecuador tiene el innegable mérito de haber sido el primer país en positivizar la personificación del medio natural. Lo hizo en 2008, utilizando, para ello, además, su norma de mayor rango, la Constitución aprobada en dicho año. Su art. 71, párrafo primero, dice así:

> "La naturaleza o Pacha Mama, donde se reproduce y realiza la vida, tiene derecho a que se respete integralmente su existencia y el mantenimiento y regeneración de sus ciclos vitales, estructura, funciones y procesos evolutivos".

Como puede observarse, el artículo considera como sujeto de derecho a toda la naturaleza, en su conjunto, y no a un particular ecosistema. El artículo se inserta en el capítulo séptimo de la Carta Magna, que lleva por título "Derechos de la Naturaleza" y

---

da ocurrió en 2006 cuando el borough de Tamaqua, en el Estado de Pensilvania, EE. UU., emanó una ordenanza considerando a las comunidades naturales y ecosistemas como "personas". En 2008, la ciudad de Halifax, en Virginia (EE.UU.), adoptó una resolución reconociendo el derecho de las comunidades naturales y de los ecosistemas a existir como base para oponerse a actividades mineras nocivas en su territorio. En los años sucesivos, idénticas resoluciones han sido aprobadas en otras ciudades y municipalidades estadounidenses (v. gr., Mahanoy, Nottingham, Newfield, Licking, Packer, Pittsburg, Wales, Baldwin, Mountain Lake Park, State College, West Homestead, Broadview Heights, Yellow Springs, Santa Mónica, Mora County, Lafayette o Crestone, por citar solo algunas de ellas). En México, la Constitución del Estado de Guerrero menciona los derechos de la naturaleza tras la modificación en 2014 de su art. 2. Igualmente, tanto la Constitución Política de la Ciudad de México de 2017 (art. 13.3) como la del Estado de Colima (art. 2, tras la modificación de 2019) consideran a la naturaleza como un "ente colectivo sujeto de derechos". En Brasil, el municipio de Bonito introdujo en 2017 una modificación en su Ley Orgánica Municipal reconociendo derechos a la naturaleza. Así lo han hecho, también, otros municipios: Paudalho (2018), Florianopolis (2019) o Serro (2022). Igualmente, en Colombia, el departamento de Nariño, en 2019 (Decreto 348), o en Gran Bretaña, el Consejo del Distrito de Derry City y Strabane, en 2021. En Perú, en 2019, la Municipalidad de Orurillo aprobó la Ordenanza Municipal N°. 006-2019-MDO/A reconociendo a la Madre Agua como sujeto de derechos.

va acompañado de los arts. 72 a 74, que concretan cuáles son estos derechos y las garantías para su preservación. Paralelamente, diversos artículos a lo largo del texto constitucional se refieren a estos derechos, como el art. 83.6, el 277.1 o el 403.

Bolivia va a proceder a la personificación de todo su medio natural en 2010, mediante la aprobación de la Ley núm. 71, de 21 de diciembre de 2010, de derechos de la Madre Tierra. La Ley considera a la Madre Tierra como "sujeto colectivo de interés público" (art. 5) y le otorga la titularidad de toda una serie de derechos subjetivos.

El 24 de febrero de 2019, el parlamento ugandés aprobó una nueva ley nacional del medio ambiente (*The National Environment Act —Act 5 of 2019—*) cuyo artículo 4.1 dice así: *"Nature has the right to exist, persist, maintain and regenerate its vital cycles, structure, functions and its processes in evolution"*. Se trata del primer país del continente africano que ha hecho algo así y el único hasta el momento.

En febrero de 2022, la Asamblea Nacional de Panamá aprueba la "Ley Nº 287 que reconoce los derechos de la naturaleza y las obligaciones del Estado relacionadas con estos derechos". Su art. 3 concibe la naturaleza como un "ente colectivo, indivisible y autorregulado". Su art. 10 le atribuye, en consecuencia, todo un catálogo de derechos.

3. EXPERIENCIAS DE PERSONIFICACIÓN DE ECOSISTEMAS CONCRETOS

A excepción de los casos anteriores, las restantes experiencias existentes de personificación han consistido en reconocer derechos subjetivos a un ecosistema concreto y específico. Las principales de entre estas experiencias se exponen a continuación.

3.1. Nueva Zelanda: Te Urewera (2014) y río Whanganui o "Te Awa Tupua" (2017)

El primer país en otorgar derechos subjetivos a un ecosistema concreto y específico fue Nueva Zelanda. Lo hizo en julio de 2014, fecha de aprobación de la *Te Urewera Act* (14/51) por parte del Parlamento neozelandés[4]. Te Urewera es una extensa área de unos 2127 km^2 ubicada en la isla norte de Nueva Zelanda compuesta de bosques tropicales, zonas montañosas, lagos y valles. La Ley considera a Te Urewera como una persona jurídica. Concretamente, la sección 11 de la Ley establece Te Urewera *"as a legal entity, with all the rights, powers, duties, and liabilities of a legal person"*. La declaración permite la preservación de una zona de un altísimo valor ambiental, configurada como un auténtico repositorio de biodiversidad derivado de su ubicación aislada y de su difícil acceso. Ello la ha mantenido muy poco *antropizada* con el paso del tiempo. Pero, al mismo tiempo, la personificación tiene, también, un fuerte componente de justicia social, ya que Te Urewera es el hogar del pueblo maorí Tūhoe, con lo que se trata, al mismo tiempo, de preservar un lugar sagrado para este pueblo que alberga su identidad y su patrimonio histórico y cultural. La declaración viene a reemplazar al parque nacional homónimo creado en 1954.

Tres años después de la personificación de Te Urewera, en marzo de 2017, Nueva Zelanda repitió la experiencia, esta vez otorgando personalidad jurídica al río Whanganui junto con sus ecosistemas, ubicado en la isla norte, convirtiéndolo, así, en el sujeto de derecho "Te Awa Tupua". La declaración se hizo como la anterior, por vía legislativa, con la aprobación por parte del parlamento neozelandés de la *Te* Awa Tupua *Whanganui River Claims Settlement Act 2017/7.* Al igual que en el caso anterior, junto a los incuestionables valores ambientales del río y sus ecosistemas asociados —navegable y, con una longitud de 290 km, el tercero del

---

[4] Sobre esta ley, *vid.* RURU, J., "Tūhoe-Crown settlement -Te Urewera Act 2014", *Māori Law Review,* October, 2014. En lengua maorí, Te Urewera significa "pene quemado".

país—, la constitución del mismo como "*a legal person*" (sección 14 de la ley) va vinculada al hecho de que el espacio constituye un elemento fundamental del pueblo aborigen maorí Whanganui Iwi, que le otorga un carácter sagrado. La personificación responde, así, a una reivindicación histórica de este colectivo, como revela la propia denominación de la ley[5].

3.2. *Colombia: el río Atrato (2016), la selva amazónica (2018) y otros ecosistemas*

Colombia es el país donde más asentada está, hasta la fecha, la personificación de ecosistemas concretos, y lo ha hecho por vía jurisprudencial, con la idea de articular mecanismos reactivos a través de los cuáles los jueces vienen obligando a las Administraciones Públicas del país a proteger de manera efectiva y real áreas muy amenazadas y donde se viene detectando una situación de absentismo, representando todo un ejemplo de lo que ha venido a denominarse la *Earth jurisprudence.*

La primera resolución en este sentido, y la que marcó la tendencia posterior, se va a producir en 2016. La Sentencia T-622/16, de 10 de noviembre de 2016, de la Corte Constitucional de Colombia, declara la cuenca del río Atrato y sus afluentes —el más caudaloso del país y uno de los de mayor caudal del mundo, de unos 40.000 km^2 y 750 km de longitud, y de una enorme biodiversidad—, en el departamento del Chocó, como "*una entidad sujeto de derechos*". La sentencia resuelve, así, la Acción de Tutela interpuesta por el Centro de Estudios para Justicia Social "Tierra Digna", en representación de varias comunidades étnicas. Con la personificación, la sentencia reconoce a estas comunidades el "*amparo de sus derechos fundamentales a la vida, a la salud, al agua, a la seguridad alimentaria, al medio ambiente sano, a la cultura y al te-*

---

5 Sobre este tema, *vid.* TE AHO, L., "Ruruku Whakatupua Te Mana o te Awa Tupua -Upholding the Mana of the Whanganui River", *Māori Law Review*, May, 2014.

rritorio". Dichos derechos bioculturales se consideran vulnerados por el Estado colombiano debido a su conducta omisiva al no proporcionar una respuesta institucional adecuada al gran deterioro ambiental y de toda índole que venía experimentando la región, una de las más pobres del país, agravado en los últimos tiempos por la minería ilegal, principalmente de oro y platino. Lo interesante a destacar de esta resolución judicial es que la personificación del río Atrato no constaba en la demanda interpuesta y fue una solución arbitrada *motu proprio* por la Corte Constitucional como solución imaginativa para hacer efectivo el amparo de los derechos fundamentales bioculturales que se reclamaban, ante el fracaso de otras iniciativas anteriores.

Siguiendo la estela de esta Sentencia de la Corte Constitucional, en 2018, la Sala de Casación Civil de la Corte Suprema de Justicia, en Sentencia de 5 de abril de 2018 (STC4360-2018), declara la selva de la Amazonía colombiana como "entidad sujeto de derechos". La sentencia resuelve un recurso de apelación contra una sentencia de un tribunal inferior dictada como consecuencia de la Acción de Tutela de derechos fundamentales interpuesta por un grupo de 25 niños y jóvenes de entre 7 y 25 años de edad contra el Presidente de la República y otras instituciones estatales por el incremento de la desforestación en la Amazonía colombiana y su contribución al cambio climático. La demanda reclamaba, entre otras pretensiones, la aprobación de un plan de acción para paralizar el proceso de desforestación. La sentencia revoca la sentencia de primera instancia y otorga el amparo solicitado por los demandantes, por vulneración de sus derechos fundamentales a la vida y a la salud, vinculados al deterioro ambiental de la Amazonía colombiana y a su conexión con la emergencia climática. Sustanciándose en el ecocentrismo y en los derechos de las generaciones futuras, la sentencia personifica la selva amazónica colombiana, destacando la importancia de este ecosistema, calificado como el "pulmón del mundo", y ordena una serie de medidas para poner freno a su deforestación. A destacar que tampoco en este caso, como ya ocurrió en 2016 con la sentencia de la Corte Constitucional referente al río Atrato, la personificación había sido solicitada explícitamente por los demandantes[6]. Si bien, en esta ocasión, la consideración del ecosistema como sujeto de derechos se contiene solo en los fundamentos jurídicos de la sentencia (el 14º) y no en el fallo de la misma. Esta sentencia ha dado paso a otras posteriores del mismo o tribunales inferiores de corte similar declarando sujeto de derechos a ecosistemas amenazados, en una tendencia que empieza a estar muy asentada en la jurisprudencia colombiana[7].

3.3. *Bangladés: todos sus ríos (2019)*

En Sentencia de 3 de febrero de 2019, el Tribunal Supremo de Bangladés otorgó personalidad jurídica a todos los ríos del país. La sentencia respondió a una demanda de interés público presentada por la ONG *Human Rights and Peace for Bangladesh*, reclamando la protección del río Turag, uno de los más importantes de Bangladés, frente a su deterioro causado por las construcciones ilegales en sus orillas. La resolución judicial no solo otorga el estatus de persona jurídica al río Turag sino que la extiende a los restantes ríos del país. Se basa, para ello, en que el derecho a la vida, reconocido como derecho fundamental de los individuos en la Constitución de Bangladés de 1972, está conectado con la necesidad de proteger y preservar a los ríos, pues este derecho fundamental solo se garantiza cuando se vive en un medio ambiente adecuado. El fallo, recurrido en apelación por uno de los

---

6 Sobre el tema, *vid. VARGAS-CHAVES, I.; LUNA-GALVÁN, M.* y *TORRES-PÉREZ, K,* "La Amazonía colombiana como sujeto de derechos: caracterización del conflicto ambiental que llevó a su reconocimiento", *Inciso,* Vol. 21 (2), 2019, 146-160.

7 Véanse, a título de ejemplo, la Sentencia del Tribunal Administrativo de Boyacá, de 9 de agosto de 2018, declarando el páramo de Pisba como sujeto de derechos, la Sentencia del Tribunal Superior de Medellín, de 17 de junio de 2019, declarando el río Cauca como sujeto de derechos o la Sentencia de la Corte Suprema de Colombia de 18 de junio de 2020 (STC3872-2020) declarando como sujeto de derechos al área natural Vía Parque Isla de Salamanca, entre otras.

demandados, fue mantenido por la sala de apelaciones del Tribunal Supremo en Sentencia de 17 de febrero de 2020[8].

3.4. India: el lago Sukha (2019)

El Tribunal Superior de los Estados de Punjab y Haryana, en la India, emanó una sentencia el 2 de marzo de 2020, declarando el lago Sukhna como una persona jurídica ("l*egal entity/legal person/juristic person/ juridicial person/moral person/artificial person... having distinct persona with corresponding rights, duties and liabilities of a living person*"), al objeto de ordenar la demolición de las construcciones ilegales que venían afectándolo, paralizar cualquier actuación de deterioro del mismo y obligar a las autoridades a considerarlo como un humedal de especial protección. Téngase presente, no obstante, que ya en 2017, un tribunal superior de uno de los Estados de la India otorgó un estatus similar al río Ganges, si bien los efectos de la sentencia fueron paralizados por el Tribunal Supremo[9].

---

8 Sobre el tema, *vid.* SOHIDUL ISLAM, M. y O´DONNELL, E., "Legal rights for the Turag: rivers as living entities in Bangladesh", *Asia Pacific Journal of Environmental Law,* Vol. 23 No. 2, 2020, 160-177.

9 El Tribunal Superior del Estado de Uttarakhanda, en Sentencia de 20 de marzo de 2017, consideró al río Ganges y todos sus afluentes, en especial el principal de ellos, el río Yamuna, como un ente con personalidad dotado de derechos. La resolución judicial fue recurrida en apelación por el gobierno del Estado de Uttarakhanda, ante el Tribunal Supremo de la India que, en Sentencia de 7 julio de 2017, dejó sin efecto provisionalmente la sentencia anterior, a la espera de una resolución definitiva que aún no se ha emanado. *Vid,* sobre el tema, O´DONNELL, E., "At the intersection of the sacred and the legal: rights for nature in Uttarakhand, India", *Journal of Environmental Law,* vol. 30, Issue 1, March, 2018, 135-144.

3.5. *España: el Mar Menor (2022)*

Cuando estas líneas escribo, España representa el último país en haber personificado un ecosistema —la laguna del Mar Menor y su cuenca—, y, lo que es más importante, el primero en el continente europeo, rompiendo, así una barrera que previsiblemente será seguida por otros Estados europeos. Este hito histórico se ha logrado siguiendo el modelo neozelandés, esto es, mediante una ley estatal aprobada por su poder legislativo, si bien, con una singularidad digna de mención: la ley tuvo su origen en una Iniciativa Legislativa Popular. En efecto, tras décadas de deterioro, viendo que las diversas actuaciones formalmente adoptadas para su teórica preservación ambiental no habían frenado su degradación, y ante el riesgo más que evidente de completa destrucción de este ecosistema —una de las mayores lagunas mediterráneas costeras salinas de Europa—, como consecuencia, principalmente, de su eutrofización[10], el 3 de diciembre de 2021 se presentaba ante las Cortes Generales una ILP promovida por Dª María Teresa Vicente Giménez, profesora de Filosofía del Derecho en la Universidad de Murcia, y apoyada por más de 600.000 firmas de electores conseguidas en plena pandemia de COVID-19. Menos de un año después, veía la luz la Ley 19/2022, de 30 de septiembre, para el reconocimiento de personalidad jurídica a la laguna del Mar Menor y su cuenca[11]. Nacía, así, al Derecho español, en Murcia, una nueva *personica*.

La personificación de la laguna del Mar Menor y su cuenca representa todo un ejemplo de manifestación de voluntad popular, tanto por el origen de la iniciativa como por haber sino apoyada

---

[10] *Vid* sobre el tema GIMÉNEZ CASALDUERO, M., "El Mar Menor y la contaminación por nitratos: nuevos instrumentos jurídicos, misma incertidumbre", *Actualidad Jurídica Ambiental*, núm. 128, 2 de noviembre de 2022.

[11] Sobre el tema, *vid.* VICENTE GIMÉNEZ, T. y SALAZAR ORTUÑO, E., "La iniciativa legislativa popular para el reconocimiento de personalidad jurídica y derechos propios al Mar Menor y su cuenca", *Revista Catalana de Dret Ambiental*, vol. 13, núm. 1, 2022.

en las Cámaras parlamentarias por la gran mayoría de los grupos políticos. El único grupo político que en todo momento mostró abiertamente su discordancia con la declaración fue VOX, que terminó presentando un Recurso de Inconstitucionalidad contra la Ley ante el Tribunal Constitucional, como había advertido durante la tramitación legislativa[12]. A pesar de este masivo apoyo popular, la ley no ha sido bien recibida por la doctrina especializada en Derecho Ambiental español, habiendo suscitado la publicación de varios artículos en un tono marcadamente crítico[13].

3.6. *Otras personificaciones de ecosistemas llevadas a cabo por entes territoriales no estatales*

Junto a las anteriores muestras de personificación de ecosistemas efectuadas por los Estados o sus órganos jurisdiccionales, deben mencionarse, también, otras iniciativas similares llevadas a cabo por entes territoriales de menor alcance. Las principales de las mismas son las siguientes:

- El 9 de mayo de 2019, el Consejo de la tribu nativo-americana Yurok (EE.UU.) emanó una resolución reconociendo los derechos del río Klamath.

---

12 Recurso de Inconstitucionalidad núm. 8583-2022, promovido por más de cincuenta diputados del Grupo Parlamentario VOX (BOE núm. 40, de 16 de febrero de 2023).

13 Véanse, en este sentido, los siguientes artículos: GARCÍA FIGUEROA, A., “Algunos reparos a la doctrina del Mar Menor”, *Almacén de Derecho*, 27 de septiembre de 2022. LOZANO CUTANDA, B. y GARCÍA DE ENTERRÍA, A., “La declaración del Mar Menor y su cuenca como persona jurídica: un “embrollo jurídico”, *Diario La Ley*, núm. 10163, 4 de noviembre de 2022. SORO MATEO, B. y ÁLVAREZ CARREÑO, S., “El reconocimiento de personalidad jurídica y derechos propios al Mar Menor y su cuenca como respuesta a la crisis del derecho ambiental”, en ÁLVAREZ CARREÑO, S., SORO MATEO, B. (dirs.) y SERRA-PALAO, p. (coord..), *Estudios sobre la efectividad del derecho de la biodiversidad y del cambio climático*, Tirant Lo Blanch, Valencia, 2022, 151-187.

- El 23 de septiembre de 2019, la Municipalidad provincial de Melgar (Perú) emanó una resolución reconociendo los derechos del río Llallimayo (Ordenanza Municipal N° 018-2019-CM-MPM/A).
- El 16 de enero de 2020, el Consejo de la tribu nativo-americana Menominee (EE.UU.) emanó una resolución reconociendo los derechos del río Menominee.
- En junio de 2020, el Consejo de la tribu nativo-americana Nez Perce (EE.UU.) emanó una resolución reconociendo los derechos del río Snake.
- El 16 de febrero de 2021, el Consejo de la Municipalidad Regional del Condado de Minganie (Canadá) emanó una resolución reconociendo los derechos del río Magpie-Mutehekau Shipu[14].
- El 6 de julio de 2021, la ciudad de Nederland (EE.UU.) emanó una resolución reconociendo los derechos del arroyo Boulder Creek.

Algunas de estas declaraciones presentan el problema del alcance de las competencias de estos entes y del hecho de que con frecuencia el espacio que personifican se extiende por un territorio superior al ámbito territorial que el ente ocupa[15].

---

14 Sobre el tema, puede verse VEGA CÁRDENAS, Y. V. y MESTOKOSHO, U., "El reconocimiento de los derechos de la Naturaleza en Canadá: el caso del río Magpie/Mutehekau Shipu", *Revista Catalana de Dret Ambiental*, vol. 13, núm. 1, 2022.

15 Así, por ejemplo, en 2019, la ciudad de Toledo, en Ohio, aprobó la Carta de Derechos del Lago Erie, para ver el acuerdo invalidado por los tribunales en 2020 por falta de competencia.

4. REFLEXIONES SOBRE LA PERSONIFICACIÓN DE LOS ECOSISTEMAS

En 1972, el juez y profesor de Derecho Christopher Stone publicó su famoso artículo "*Should Trees Have Standing?*"[16], abogando por el otorgamiento de derechos para la naturaleza, concretamente, para los bosques y el consiguiente reconocimiento de legitimación para actuar en juicios. Esta publicación fue pionera y la más influyente en el panorama internacional. Serias dudas existían en ese momento, en los albores del Derecho Ambiental, de que su propuesta pudiera tener una materialización práctica, pero lo cierto es que 36 años después, en 2008, Ecuador abrió la veda de las personificaciones y estas han continuado hasta nuestros días. Estos movimientos responden a los retos que el Antropoceno, como nuevo período geológico y como marco epistemológico, nos plantea[17], y están profundamente arraigados en una concepción ecocéntrica de las relaciones entre los seres humanos y la naturaleza. El ecocentrismo, como visión superadora de las concepciones antropocéntricas imperantes, representa la necesidad de no considerar la naturaleza y sus recursos como meros instrumentos al servicio del ser humano, sino como fines en sí mismos, conservándolos por sus valores inherentes y reclamando, por ello, una "justicia ecológica" que amplíe el concepto de justi-

---

16 STONE, C., "Should Trees Have Standing? Towards Legal Rights for Natural Objects", *Southern California Law Review*, n. 45, 1972, 450-501.

17 Se entiende por Antropoceno la profunda disrupción de los ecosistemas a escala planetaria causada por el ser humano. Sobre el Antropoceno y sus implicaciones, puede verse ARIAS MALDONADO, M., *Antropoceno. La política en la era humana*, Taurus, Madrid, 2018, 254 pp. Esta conexión entre Antropoceno y reconocimiento de derechos a la naturaleza puede verse en MORATO LEITE, J. R., El Estado de Derecho para la naturaleza en la era del Antropoceno, *Revista Aranzadi de Derecho Ambiental*, núm. 38, 2017, 131-154. Igualmente, en BRAVO VELÁZQUEZ, E., *Del Big Bang al Antropoceno: el andar de una naturaleza con derechos*, Ediciones Abya-Yala, Quito, 2013, pp. 9 y siguientes.

cia tradicionalmente dirigida únicamente hacia el *homo sapiens*[18]. Forma parte de lo que se conoce como "ecología profunda" y a sus acciones para darle cobertura legal, como *Earth jurisprudence*. Además, pertenecen a las mismas iniciativas que se oponen al especismo y que reclaman derechos para las generaciones futuras.

A pesar de los varios ejemplos de personificaciones ya existentes, siguen siendo numerosos los detractores de estas iniciativas. Con frecuencia, se argumenta que otorgar derechos a los elementos naturales va contra natura. Hay quien, en un afán de descalificación, ha elevado el tono, comparando este reconocimiento de derechos con el emperador Calígula y su intento de nombrar cónsul de Roma a su caballo Incitato[19]. También se ha esgrimido, desde un punto de vista pragmático, que la personificación no aporta un plus de protección respecto a los instrumentos clásicos del Derecho Ambiental —o que puede ser, incluso, contraproducente— y que, por ende, es innecesario forzar las categorías jurídicas ya establecidas. Por último, no faltan los que rechazan el ecocentrismo calificándolo de "eco-teologismo" y, por ello, impropio de Estados no-confesionales[20].

---

18 Uno de los pensadores más influyentes en esta concepción fue, sin, duda, el ambientalista americano de la primera mitad del s. XX Aldo Leopold, con sus escritos abogando por una ética de la tierra. *Vid.* su obra póstuma LEOPOLD, A., *A Sand County Almanac: And Sketches Here and There,* Oxford University Press, New York, 1949, 240 pp. Sobre justicia ecológica, puede verse VICENTE GIMÉNEZ, T., El nuevo paradigma de la justicia ecológica y su desarrollo ético-jurídico, en VICENTE GIMÉNEZ, T. (editora), *Justicia ecológica en la era del Antropoceno,* Trotta, Madrid, 2016, p. 11. *Vid.* sobre el tema, igualmente, VICENTE GIMÉNEZ, T., Hacia un modelo de justicia ecológica, en VICENTE GIMÉNEZ, T. (coordinadora), *Justicia ecológica y protección del medio ambiente,* Trotta, Madrid, 2002, 13-67.

19 *Vid.*, en este sentido, la intervención del diputado Luis Gestoso de Miguel, del Grupo Parlamentario Vox, durante la tramitación de la proposición de ley para el reconocimiento de personalidad jurídica a la laguna del Mar Menor y su cuenca (Diario de Sesiones del Congreso de los Diputados núm. 175, de 5 de abril de 2022, p. 7).

20 GARCÍA FIGUEROA, A., *op. cit.*

Considero que no hay nada en el Derecho que realmente impida personificar los ecosistemas o reconocer derechos a la naturaleza. Sabido es que el concepto jurídico de persona, como ente dotado de capacidad jurídica y titular de derechos subjetivos, es una construcción cultural histórica que está disociada del concepto de individuo o ser humano. El estatus de persona y el reconocimiento de derechos subjetivos son procesos que han ido evolucionando a lo largo del tiempo, ampliando sus fronteras fruto de consideraciones morales, de la extensión de la esfera de libertad de los individuos o del mero interés. Pero, más allá de ello, debe recordarse, también, el reconocimiento de personalidad jurídica a las organizaciones, asociaciones, corporaciones o empresas[21]. Si esto último se admite sin discusión, ¿por qué no a un río, un bosque o una laguna que, al menos, son elementos más tangibles?

Frente al argumento de que el Derecho Ambiental ya cuenta con instrumentos suficientes para preservar ecosistemas sin necesidad de recurrir a la personificación, es bien cierto que estas técnicas existen, pero, también, que tienen sus carencias y que, en muchos casos, no están resultando eficaces. Así, si pensamos en el que quizás es el principal de estos instrumentos, la estrategia de creación de redes de Espacios Naturales Protegidos por parte de los Estados, vigente desde finales del s. XIX, es innegable que gracias a la misma se han conservado muchos hábitats que, de otra manera, habrían desaparecido[22]. Pero, también resulta manifiesto que ha mostrado sus déficits. Concretamente, porque, por un lado, no alcanzan a proteger toda la naturaleza en su conjunto sino solo determinados espacios en porcentajes más o menos amplios dependiendo de la voluntad política del gobernante. Mas, por otro, porque "declarar" no significa necesariamente "proteger". No es infrecuente encontrar ejemplos de áreas constituidas

---

21 STONE, C., *op. cit.*, p. 451 y ss.

22 Sobre el conceto de Espacio Natural Protegido y lo que el mismo implica, *vid.* AYLLÓN DÍAZ-GONZÁLEZ, J. M., *Lecciones sobre legislación ambiental de Andalucía*, publicación independiente, Málaga, 3ª edición, 2023, pp. 55 y ss.

como Espacios Naturales Protegidos que no se están preservando de una manera efectiva. De hecho, es bastante común que los ecosistemas que se han personificado hayan sido declarados con anterioridad como Espacios Naturales Protegidos y, sin embargo, dicha declaración no haya impedido su deterioro.

Finalmente, están los que esgrimen que la personificación es un mero "brindis al sol" carente de eficacia práctica. Creo que existen suficientes argumentos como para rebatir esta crítica. Téngase presente que con la atribución de derechos, la naturaleza y sus ecosistemas pasan de ser objeto de protección a sujetos titulares de derechos y esto representa un auténtico cambio de paradigma con numerosas implicaciones.

A la hora de exponer los parabienes de la personificación, debemos distinguir entre el otorgamiento de derechos a la naturaleza en su conjunto y la personificación de un ecosistema en particular. En el primer caso —los ejemplos ya comentados de Ecuador, Bolivia, Uganda y Panamá— la trascendencia de sus movimientos ofrece poca duda. Por un lado, por su valor simbólico, en la medida en que implica posicionarse claramente en favor de una concepción ecocéntrica que, además, sirve de inspiración para sustentar la sociedad en torno a la idea transformadora del "buen vivir". En el caso de Ecuador, el hecho de que estos derechos se hayan constitucionalizado ha dado lugar a que se hable de su Constitución de 2008 como una "Constitución ambiental", inspiradora de una nueva tendencia en el constitucionalismo para el s. XXI[23]. Por otro lado, porque en dos de estos países, el reconocimiento de derechos a la naturaleza ha impulsado la aprobación de normativas de protección del medio ambiente con un carácter integral y holístico de las que estaban carentes. A saber, en Ecuador, el Código Orgánico del Ambiente, de 2016[24], y en Bolivia,

---

23 *Vid.* sobre el tema, MILA MALDONADO, F. L. y YÁYEZ YÁNEZ, K. A., El constitucionalismo ambiental en Ecuador, *Actualidad Jurídica Ambiental*, núm. 97, 7 de enero de 2020.

24 A su vez, el Código Orgánico del Ambiente se encuentra desarrollado por un Reglamento aprobado en virtud del Decreto ejecutivo 752, pu-

la Ley Marco de la Madre Tierra, de 2012. Por último, pero no menos importante, porque la *subjetivización* ha ido acompañada de mecanismos concretos y específicos para la tutela de esos derechos. Así, el reconocimiento de la acción popular para que cualquier persona pueda reclamar ante los jueces el respeto de los derechos de la naturaleza[25]. En Ecuador, el ejercicio de la acción popular ha propiciado un número sustancial de resoluciones judiciales aplicando los derechos de la naturaleza para la protección de bienes ambientales que se encontraban amenazados[26]. En Bolivia, además, ha dado lugar a la creación de una Defensoría de la Madre Tierra para velar por sus intereses[27].

Considero que las consecuencias prácticas positivas de la personificación de un ecosistema concreto y específico pueden ser incluso mayores. La más evidente es que ello implica singularizar dicho ecosistema desde el punto de vista jurídico y que sea objeto de una atención preferente. Piénsese, además, que las personificaciones efectuadas hasta el momento han tenido siempre un componente reactivo, como medida para hacer frente a prolongadas agresiones a estos ecosistemas que amenazaban con su destrucción. Y que, paralelamente, en varios de los casos han tenido un fuerte elemento de justicia social, pues se han realizado, también, para dar satisfacción a las reivindicaciones históricas de pueblos indígenas que han habitado esos lugares desde tiempos inmemoriales y para los que los mismos tenían un gran valor simbólico dentro de sus cosmovisiones. Hemos visto en el epígrafe

---

blicado en el Registro Oficial de Ecuador, suplemento núm. 507, de 12 de junio de 2019.

25 Dice, en este sentido, el art. 71 de la Constitución de Ecuador de 2008, en su segundo párrafo: "*Toda persona, comunidad, pueblo o nacionalidad podrá exigir a la autoridad pública el cumplimiento de los derechos de la naturaleza*". En similares términos, el art. 4.2 de la *National Environment Act* ugandesa de 2019, el art. 34 de la Constitución de Bolivia de 2009 y el art. 5 de la Ley Nº 287 de Panamá.

26 V. gr., la Sentencia de la Corte Constitucional de Ecuador de 28 de marzo de 2018 (Nº 012-18) referente al río Vilcabamba.

27 Art. 10 de la Ley núm. 71, de 21 de diciembre de 2010.

tercero que para efectuar las declaraciones se ha hecho uso de diferentes instrumentos jurídicos: la aprobación mediante ley, el reconocimiento por sentencia judicial o incluso resoluciones procedentes de entes territoriales menores. Entiendo que, en principio, el método que resulta más eficaz y que ofrece más garantías es que la personificación se contemple en una ley, y ello, por varios motivos.

En primer lugar, porque, de esa manera, la decisión es tomada por los integrantes del poder legislativo como representantes de la voluntad popular de todo un Estado y ello siempre otorga un plus de legitimidad. En segundo lugar, la ley aporta una mayor seguridad jurídica frente a las declaraciones efectuadas mediante sentencia judicial, que corren el riesgo de ser revocadas o paralizadas por sentencias posteriores, como ocurrió en el caso de la personificación del río Ganges, en la India, en 2017. Y en tercer lugar, la ley permite dotar al ecosistema que se personifica de un marco de protección mucho más completo y efectivo: una concreción de cuáles son los derechos subjetivos que se le reconocen al ecosistema, una configuración de quiénes actuarán como guardianes o defensores de esa persona jurídica y un reconocimiento explícito de la acción popular para capacitar a cualquier persona a presentar demandas judiciales en defensa del ecosistema, entre otras medidas. En este sentido, podemos tomar como modelo la Ley 19/2022. Su art. 2 recoge la carta de derechos que se le otorgan a la laguna del Mar Menor y su cuenca: el derecho a existir y evolucionar naturalmente, el derecho a la protección, a la conservación y a la restauración. Su art. 3 se ocupa de las figuras que formarán la Tutoría del Mar Menor, encargada de su protección y gobernanza[28]. Y, finalmente, el art. 6 reconoce el derecho de cualquier persona a interponer acciones judiciales en nombre del Mar Menor.

---

28 En desarrollo del art. 3, se está tramitando un proyecto de real decreto que puede consultarse aquí: https://www.miteco.gob.es/es/ministerio/servicios/participacion-publica/rd_desarrollo_parcial_ley_19_2022.aspx

Ahora bien, en sistemas políticos donde el poder legislativo no ha adoptado este tipo de decisiones y el poder ejecutivo ha hecho gala de una gran dejación a la hora de proteger un determinado ecosistema, considero que la intervención de los tribunales para efectuar las declaraciones y forzar a la Administración a adoptar una actitud proactiva hacia la preservación efectiva de estos espacios, como viene aconteciendo en Colombia, es una opción sumamente válida y necesaria.

5. CONCLUSIONES

Pues sí, parece que la Pacha Mama finalmente podrá contratar a su abogado. Ante el escepticismo de unos y la ilusión de otros, progresivamente, el reconocimiento de derechos a la naturaleza y la personificación de ecosistemas es un fenómeno que se ha ido consolidando en todo el mundo. Como se ha expuesto en este trabajo, los ejemplos son ya suficientes como para poder hablar de algo que no tiene marcha atrás. Muy al contrario, todo hace presagiar que las personificaciones continuarán, como da muestra el hecho de que existan, en la actualidad, numerosas propuestas: el río St. Lawrence, en Canadá; el monte Taranaki, en Nueva Zelanda; el Loira y el Ródano, en Francia; el mar del Norte, en Países Bajos o los cenotes mexicanos, por citar tan solo algunas de las muchas existentes.

Considero que esta atribución de derechos no solo es justa, desde una perspectiva ecocéntrica —que en mi opinión es la que debe ir imponiéndose—, sino, además, necesaria, dada la tremenda disrupción de los ecosistemas que el Antropoceno está causando.

Ahora bien, que nadie piense que es la panacea porque una declaración formal, por sí misma, poco cambia. Por todo ello, ante la evidencia del fenómeno y su expansión, creo que lo positivo es, ahora, asentar esta nueva institución jurídica y dotarla de un marco normativo regulatorio que ofrezca garantías a la vez que eficacia. Es este el reto que se nos plantea para llevar a una nueva dimensión los parámetros de protección ambiental. Para ello, las instituciones jurídicas clásicas, sustentadas en el antropocentrismo y en una concepción de la ética restringida únicamente hacia el ser humano, habrán de experimentar ajustes al objeto de amoldarse a esta nueva visión de las relaciones entre nuestra especie y el medio natural.

Meditación y atención plena: ¿el despertar de la conciencia ecológica?

SEBASTIÁN ESCÁMEZ NAVAS

1. INTRODUCCIÓN

El propósito de este trabajo es indagar en las prácticas de meditación y atención plena como facilitadoras de la transición a modos de producción y estilos de vida más sostenibles e incluso promotoras de una *ciudadanía ecológica*[1]. Comenzaremos aclarando qué entendemos por meditación y atención plena y valorando el impacto social de estas prácticas. Seguidamente, en el segundo epígrafe, examinaremos la investigación desarrollada sobre la atención plena como variable y como práctica promotora de actitudes y comportamientos ecológicos. Las limitaciones que advertiremos en ese cuerpo de investigación nos conducirán, ya en el tercer epígrafe, a indagar en la fenomenología y los discursos de la meditación como elementos decisivos de que se generen cambios en las actitudes y comportamientos. Concluiremos que solo cabe esperar que fomente la conciencia ecológica una meditación que nos haga experimentar la interdependencia y la compasión con el resto de seres vivos y los sistemas terrestres. Finalmente, reflexionaremos sobre el potencial de la meditación para mejorar tanto

---

1 DOBSON, A, *Citizenship and the Environment*, Oxford University Press, Oxford, 2004.

la conversación democrática sobre el buen Antropoceno como los procesos de decisión institucional al respecto[2].

2. ¿DE QUÉ HABLAMOS CUANDO HABLAMOS DE *ATENCIÓN PLENA* Y DE MEDITACIÓN?

Si se puede emplear hacer referencia a la *atención plena* en un libro académico con la confianza de que el lector sabrá a qué nos estamos refiriendo es debido a la popularidad del *mindfulness*. Esencialmente, el *mindfulness* consiste en la práctica "de prestar una atención deliberada y sin juicio al momento presente"[3]. Se trata de contemplar las sensaciones corporales (al respirar, comer o caminar), las emociones y pensamientos y la propia actividad de la observación. La contención del juicio posibilita que la atención no se dirija a una cadena de pensamientos que pueda retrotraernos al pasado o proyectarnos al futuro. Se entiende que esto nos beneficia en cuanto permite eludir visiones distorsionadas de la realidad dadas por sistemas de creencias inadecuados por extemporáneos o incluso traumáticos.

El *mindfulness* está basado en técnicas meditativas de la tradición budista. Incorpora la actitud de extender la meditación a la vida cotidiana del zen, pero principalmente se basa en la escuela Vipassana. En concreto, en la corriente reformista de esa escuela que apostó por restar importancia a la doctrina, para considerar como esencia del budismo la meditación entendida como "ciencia mental" de valor universal. De la mano de maestros como S. N. Goenka, la meditación *vipassana* se legitimó por sus cualidades terapéuticas y Jon Kabat-Zinn profundizó en este planteamiento

---

2 Agradezco al Centro de Estudos Sociais de la Universidade de Coimbra (CES) su hospitalidad para permitirme elaborar este trabajo, en la primavera de 2023. Muy en particular, los consejos del profesor António Carvalho y la asistencia documental de Inês Lima.

3 KABAT-ZINN, J., *Mindfulness para principiantes*, Kairós, Barcelona, 2013, p. 17.

para desarrollar protocolos de meditación aplicables en un contexto clínico: primero, para tratar el dolor crónico y, posteriormente, todas las patologías derivadas del estrés[4]. Esos protocolos dieron lugar al programa MBSR (*Mindfulness-Based Stress Reduction*) desarrollado en el Centro Médico de la Universidad de Massachusetts dirigido por Kabat-Zinn. El MBSR y programas similares son empleados en hospitales de todo el mundo e incluso reconocidos como tratamientos por sistemas públicos de salud. Más allá de esto, el *mindfulness* ha impulsado toda una industria de libros de autoayuda, cursos e intervenciones para combatir el estrés y mejorar el bienestar y la productividad de ejecutivos, empleados, escolares y soldados; pero también como actividad recreativa saludable. Más de 35 millones de adultos (14,2%; 16.3% de las mujeres y 11,8%de los hombres) practicaban algún tipo de meditación en los Estados Unidos en 2017, una subida de 10 puntos y casi 13 millones de personas respecto a 2012[5]. Los porcentajes son ligeramente superiores para Alemania en 2018 y Gran Bretaña en 2020, y se dispararon en Canadá (26%) durante la pandemia. Para el resto de los países, solo contamos con estimaciones basadas en el interés mostrado por la meditación en búsquedas en Google, las cuales arrojan un ranking encabezado por Australia, Irlanda y Nepal[6]

Hablar de atención plena es hablar también de yoga, sobre todo de la *meditación en la acción* del yoga postural sistematizado en la segunda mitad del siglo XX en diálogo con la cultura mo-

---

4 PURSER, R., *McMindfulness. Cómo el mindfulness se convirtió en la nueva espiritualidad capitalista*, Alianza, Madrid, 2021, pp. 73ss.

5 VARIOS, "Use of Yoga, Meditation, and Chiropractors Among U.S. Adults Aged 18 and Over", *NCHS Data Brief*, 325, 2018.

6 KANE, R. "How many people meditate in the world", *Mindfulness box* [en línea] (2018), <https://mindfulnessbox.com/how-many-people-meditate-in-the-world/#:~:text=How%20many%20people%20in%20Japan,-determined%20the%20percentage%20of%20meditators>, [Consulta 26/04/2023.]

derna del cuidado físico[7]. Se calcula en 500 millones el número de practicantes en el mundo, entre ellos, un 14.3 % de los adultos estadounidenses en 2017 (19,8 de las mujeres y 8,6% de los hombres) y un 12% de la población española en 2018[8]. El número de practicantes es posiblemente mayor, considerando los 161 millones de practicantes en la India que reveló un estudio de 2020, lo cual equivale a un 11.8% de su población (mayormente urbana y de clase media-alta, pero equilibrada en cuanto a género)[9].

Junto al *mindfulness* y el yoga, en el contexto europeo, norteamericano y australiano se practican otras disciplinas de meditación. Un estudio reciente ha identificado más de 300, las cuales difieren en su implicación corporal, de movimiento físico, afectos y relaciones[10]. Entre las más conocidas están el taichí, el chi-kung, el tantra y las meditaciones *vipassana*, *mahamudra* y *advaita*, de las cuales hallamos, como en el yoga, variedades vinculadas a distintas escuelas y linajes. También minoritario, el budismo zen ejerce, sin embargo, hegemonía en la literatura sobre la atención plena como palanca de cambio social. El planteamiento zen de llevar la atención plena a lo cotidiano seguramente explica su cultivo entre los teóricos normativos y la propensión de los maestros zen a intervenir en la academia.

---

7 SINGLENTON, M., *Yoga Body: The Origins of Modern Posture Practice*, Oxford University Press, Oxford, 2010, pp. 176-177.

8 VARIOS, *ob. cit.*; ROMERO, C., "Locos por el yoga: las cifras de un fenómeno", *Forbes*, [en línea] (2021), <https://forbes.es/lifestyle/87161/locos-por-el-yoga-las-cifras-de-un-fenomeno/>, [Consulta 25/04/2023.]

9 VARIOS, "Knowledge, Attitude, and Practice of Yoga in Rural and Urban India, KAPY 2017: A Nationwide Cluster Sample Survey", *Medicines (Basel)*, Feb 7(2).

10 MATKO, K. y SEDLMEIER, p. , "What is meditation? Proposing an empirically derived classification system", *Frontiers in Psycholy*, 10, 2019; THIERMANN U. B., SHEATE, W. R. y VERCAMMEN, A. "Practice Matters: Pro-environmental Motivations and Diet-Related Impact Vary with Meditation Experience", *Frontiers in Psychology*,11, 2020, p. 3.

En este capítulo nos interesamos por la meditación por lo que pueda aportar a mitigar y adaptarnos a lo que los ecólogos denominan "cambio global" (alteración del clima, reducción de la biodiversidad, acidificación oceánica...). La escala global resulta, pues, relevante; pero a esa escala nos topamos con una diversidad inabarcable, máxime si incluimos dentro de la noción de meditación la búsqueda extática de la trascendencia a través de cantos y movimientos, algo que suelen asociarse a las culturas africanas, nativas americanas y el misticismo islámico, pero que asimismo forma parte de la tradición del yoga y del budismo. Ocurre, sin embargo, que la recepción de las prácticas orientales de meditación en Norteamérica, Europa y Oceanía está influyendo en la significación cultural de esas y otras formas de meditación en el resto del mundo, incluyendo sus países de origen. La hegemonía cultural de Occidente opera en este ámbito. Así, una parte del budismo zen japonés está apostando por conectar con el discurso de la salud y el bienestar del *mindfulness* para rebasar su rol de religión funeraria[11]. La popularidad del *mindfulness* y de las aplicaciones digitales basadas en él parece haber renovado el interés en Corea por las formas autóctonas de meditación[12].El gobierno chino venía promoviendo el taichí como proveedor de soberanía sanitaria desde los años 50, pero en el último decenio ha fortalecido su apuesta vinculándola al valor de sus beneficios contra el estrés, al tiempo que impulsaba el turismo ligado a la disciplina[13]. Esto mismo ha hecho el gobierno indio con relación al yoga, en el contexto de una campaña nacionalista de su fomento basada en la

---

11 JENSEN, K., "Can Mindfulness Save Buddhism in Japan?", *Tricicle*, [en línea] (2019), <https://tricycle.org/magazine/mindfulness-in-japan/>, [Consulta 24/04/2023.]

12 VARIOS, "Mindfulness in South Korea: Acceptance, Relationship with Traditional Meditation, and Implications for Mental Health", *Mindfulness*, 9(1),2018, pp. 99-110.

13 READ, B., "Tai Chi and Nationalism in China", *The Journal of Contemporary China*, 25 (98), 2016, 75-89.

salud, el bienestar y la identificación de lo hindú con indio[14]. Por todo lo dicho, a la reflexión que hagamos acerca del potencial del *mindfulness*, el yoga y la meditación para favorecer el compromiso con actitudes y comportamientos ecológicos puede atribuirse un alcance mayor al del contexto político y cultural occidental de referencia.

En el mismo sentido, debe considerarse que, por lo que sabemos, son los jóvenes con mayores ingresos y más involucrados en la alta cultura quienes practican más yoga y meditación[15]. Y también que ambas disciplinas, al igual que el *mindfulness*, aportan capital cultural y "espiritual" a sus practicantes y las instituciones que las incorporan, incluso al capitalismo en su conjunto, según plantean críticamente Žižek y otros: configurado como "capitalismo emocional", su futuro dependería de las tecnologías que prometen sustituir el estrés por el bienestar y la felicidad[16]. Todo esto dota a las relaciones entre las actitudes y comportamientos proambientales, por una parte, y las prácticas meditativas, por otra, de un valor cultural que excede a las personas involucradas directamente en las prácticas referidas.

3. *MINDFULNESS Y* SOSTENIBILIDAD: EVIDENCIAS Y ESPERANZAS

La atención plena ha sido estudiada como un conjunto de experiencias, hábitos y habilidades de las personas durante la práctica de la meditación o, más frecuentemente, en su vida cotidiana.

---

14 GOBIERNO DE LA INDIA, International Day of Yoga, [en línea] (2022), <https://yoga.ayush.gov.in/>, [Consulta 19/04/2023.]

15 GEMAR, A., "Cultural capital and emerging culture: the case of meditation, yoga, and vegetarianism in the UK", *Leisure/Loisir*, 44, 2020, pp. 1-26.

16 V. por todos CARVALHO, A. y GRÁCIO, R., "The Dark side of Mindfulness: Workplace Socialization, Neoliberalism and the Self", *Communication and Language at Work*, Vol. 8(2), 2022, pp. 63-77, 65-66.

Para su investigación, las herramientas más usadas son cuestionarios en los que se invita a la población encuestada a valorar rasgos o estados psicológicos con arreglo a una escala, como la Likert. Se manejan unos doce cuestionarios, los cuales coinciden en monitorizar la conciencia de las sensaciones del cuerpo al moverse (que la escala FFMQ define como "observar") y la aceptación de los sentimientos y emociones percibidos (lo que la misma escala define como "no-reactividad")[17]. La investigación sobre atención plena y sostenibilidad se ha orientado mayormente a medir la correlación entre niveles de atención plena y actitudes o comportamientos proambientales, igualmente valorados por los encuestados conforme a escalas psicométricas[18].

Una correlación muy estudiada es la de los niveles de atención plena y conexión con la naturaleza, la cual también es medida a través de cuestionarios como el *Connectedness to Nature Scale* (CNS) que valoran sentimientos como el de formar "parte de la trama de la vida" o pensamientos como el de pertenecer al mundo natural como comunidad de referencia. La conexión con la naturaleza se ha revelado un predictor robusto de comportamientos proambientales ($r = 0.62$) y conciencia del cambio climático ($r = 0.54$)[19]. Al tiempo, un *nivel* más alto de atención plena se corresponde con un *nivel* mayor de conexión con la naturaleza —de $r = 0.25$—, y viceversa[20]. En consonancia, el *ejercicio* de la atención plena incre-

---

17 QUINTANA, B., *Evaluación del Mindfulness: aplicación del cuestionario Mindfulness de cinco facetas (FFMQ) en población española*, Universidad Complutense de Madrid, [tesis doctoral en línea] (2022), <https://docta.ucm.es/entities/publication/79fe6443-1032-42cf-bc38-0baf2e1622a0/>, [Consulta 01/09//2023.], cap. 2.

18 THIERMANN, U. B. y SHEATE, W. R., "The way forward in mindfulness and sustainability: a critical review and research agenda", *Journal of Cognitive Enhancement*, 5, pp. 118-139, 2020, p. 131.

19 VARIOS, The mediating influence of cognitive reappraisal and climate change awareness", *Journal of Cleaner Production*, 357, 2022, p. 131914.

20 SCHUTTE, N. S., y MALOUFF, J. M., "Mindfulness and connectedness to nature: A meta-analytic investigation", *Personality and Individual Differences*, 127, 2018, pp. 10-14.

menta la conexión con la naturaleza, sobre todo cuando se realiza en espacios naturales y, parece que incluso más si son silvestres; aunque la investigación al respecto abarca un universo limitado de los sistemas de meditación y sus practicantes [21].

Además, mayores niveles de atención plena están asociados con el incremento del bienestar subjetivo, el cual va de la mano de estilos de vida más sostenibles[22]. Las correlaciones establecidas entre dimensiones específicas de la atención plena y comportamientos proambientales ofrecen indicios de las posibles relaciones causales. Así, Richter y Hunecke identificaron la dimensión de *observar* como el predictor más fuerte del consumo de alimentos sostenibles[23]. Tal dimensión sería la única asociada significativamente con la conexión con la naturaleza y también con comportamientos proambientales del tipo reciclar, compartir coche o comprar productos locales, según Barbaro y Picket[24]. Prestar atención detenida al entorno propiciaría emociones favorables a la conexión con la naturaleza, como el asombro[25]. Sentimientos profundos que nos conmuevan de este tipo —como son también los de afinidad, interdependencia, gratitud o compasión— pueden ser cruciales para modificar la relación con los sistemas te-

---

21 VARIOS, "A Systematic Review and Meta-Analysis of Nature-Based Mindfulness: Effects of Moving Mindfulness Training into an Outdoor Natural Setting", *International Journal of Environmental Research and Public Health*, 16(17), 2019,3202; ASPY, D. J. y PROEVE, M., *Psychological Reports*, 120(1), 2017, pp. 102-117.

22 THIERMANN y SHEATE, *ob. cit.*, p. 124.

23 RICHTER, N. y HUNECKE, M., "Facets of Mindfulness in Stages of Behavior Change Toward Organic Food Consumption", Mindfulness, 11, 2020, pp. 1354-1369.

24 BARBARO, N. y PICKETT, S.,"Mindfully green: Examining the effect of connectedness to nature on the relationship between mindfulness and engagement in pro-environmental behaviour", *Personality and Individual Differences*, 93, 2016, pp. 137-142.

25 THIERMANN y SHEATE, ob. cit., p. 125.

rrestres hasta el punto de que lograr su bien condicione nuestra manera de vivir[26].

Barbaro y Picket apreciaron igualmente que las conductas proambientales se veían favorecidas por la dimensión de *no reactividad* automática ante situaciones difíciles, lo cual cuadra con la correlación establecida por Apazoala y otros entre la reevaluación cognitiva de la información y la conciencia del cambio climático[27]. De hecho, para las personas con altos índices de conexión con la naturaleza, la práctica de la meditación solo hacía más previsible que se mostrasen concernidas por el cambio climático si concurrían valores altos de reevaluación cognitiva. Asimismo, la reevaluación cognitiva de la información está involucrada en que el entrenamiento de la atención plena propicie el cambio a hábitos de consumo menos compulsivos y más sostenibles, según dos de los pocos estudios cualitativos sobre el tema[28].

La falta de estudios cualitativos y referidos a intervenciones para fomentar conductas más sostenibles a través de la meditación son algunos de los defectos que se achacan a los veinte años de investigación sobre sostenibilidad y atención plena. Otras críticas se dirigen a lo reducido de las muestras, a que no se indague en el efecto a medio y largo plazo de la meditación, no se tenga en cuenta la experiencia y frecuencia con que medita la población encuestada ni se consideren los distintos tipos de meditación que se ejercita[29]. Teniendo en cuenta todo esto, Riordan y otros

---

26 AMSTRONG, K. *Naturaleza sagrada. Cómo podemos recuperar nuestro vínculo con el mundo natural*, Planeta de libros, Madrid, 2022.

27 BARBARO, N. y PICKETT, S., *ob. cit.*; VARIOS, "How does mindfulness relate to proenvironmental behavior?...".

28 ARMSTRONG, A., "Mindfulness and consumerism: a social psychological investigation", *ProQuest*, 2012, 27557477; FRANK, p. , SUNDERMANN, A. y FISCHER, D., "How mindfulness training cultivates introspection and competence development forsustainable consumption", *International Journal of Sustainability in Higher Education*, 20(6), 2019, pp. 1002-1021.

29 THIERMANN y SHEATE, *ob. cit.*, pp. 129-131.

compararon las actitudes y comportamientos proambientales de un grupo de personas tras realizar el programa clásico de 8 semanas de *mindfulness* (MBSR), respecto a las de practicantes de más de tres años de meditación diaria y grupos de control activos y pasivos. El resultado fue, por una parte, que tanto quienes practicaron el MBSR como el grupo de control activo (el cual siguió un programa de mejora del bienestar psicológico excluyendo *mindfulness*) disminuyeron su huella ecológica (d= –0.40), al tiempo que aumentaban su índice de bienestar sostenible (d= 42)[30]. Eso cuadra con el trabajo teórico y empírico referente a la meditación como fuente de bienestar hedónico y eudamónico que propicia hábitos ecológicos. Por ejemplo, el consumo innecesario que se evita cuando, gracias a la meditación, se experimentan más intensamente las actividades cotidianas y se generan hacia ellas emociones profundas de sentido y propósito[31].

En cuanto a las meditadoras y meditadores veteranos, la investigación de Riordan y otros citada arrojó que sí manifestaban con más frecuencia (d= 0.63) actitudes consistentes con el Nuevo Paradigma Ecológico, como la preocupación por el daño medioambiental o preservar los equilibrios naturales[32]. Sin embargo, tales actitudes no se traducían en comportamientos proambientales ni en asociar su bienestar a hábitos y consumos más sostenibles; lo cual difiere de la mayor disposición a cambiar de dieta por consideraciones ambientales que Thierman, Sheate y Vercammen

---

30 VARIOS, "Does meditation training promote pro-environmental behavior? A cross-sectional comparison and a randomized controlled trial", *Journal of Environmental Psychology*, 84, 2022, 101900.

31 VARIOS, "Mindfulness-based interventions for psychiatric disorders: A systematic review and meta-analysis", *Clinical Psychology Review*, 59, 2018, 52-60; VERHOEMEN, L. A., BOLDERDIJK, J. W. y STEG, L., "Explaining the paradox: How pro- environmental behaviour can both thwart and foster well-being", *Sustainability*, 5(4), 2013, pp. 1372-1386.

32 VARIOS, "Does meditation training promote pro-environmental behavior?...", pp. 7-8; VARIOS, "New Trends in Measuring Environmental Attitudes: Measuring Endorsement of the New Ecological Paradigm: A Revised NEP Scale. *Journal of Social Issues*, 56, 2000, pp. 425-442.

advirtieron entre quienes meditaban entre tres y cuatro veces a la semana desde hacía más de un año, en Gran Bretaña[33]. Igualmente, que Riordan y otros no apreciaran mejoras en el índice de bienestar sostenible de los meditadores frecuentes no cuadra con el bienestar subjetivo ($\beta = 0.313$) que ese tipo de meditadores obtenía de las prácticas formales de meditación, según el estudio previo de Jacob, Jovic y Brinkerhoff[34]. Tales diferencias es plausible atribuirlas a que las muestras estudiadas por los equipos de Thierman y Jacob cultivaban mayormente meditaciones basadas en la compasión, lo cual no consta para la muestra del de Riordan y otros[35]. Estos últimos admiten, de hecho, que la meditación fundada en la compasión podría favorecer la conciencia de interconexión e interdependencia con seres no humanos y el medio, sobre la base de la literatura producida desde 2020. Igualmente, Riordan y otros contemplan factores explicativos de que las actitudes más ecológicas de los meditadores experimentados no se correspondan con diferencias reseñables en el comportamiento, como las dificultades para acceder a medios de transporte públicos, a suministros de energía renovable o a alimentos a granel y de proximidad. En otras palabras, los discursos ontológicos y normativos, por una parte, y el nivel de implantación social y político de la sostenibilidad, por otra, resultarían decisivos de que la meditación patrocine efectivamente hábitos sostenibles.

---

33 THIERMANN UB, SHEATE, WR y VERCAMMEN, A, *ob. cit.*

34 JACOB, J., JOVIC, E. y BRINKERHOFF, M. B., "Personal and planetary well-being: mindfulness meditation, pro-environmental behavior and personal quality of Life in a survey from the social justice and ecological sustainability movement", *Soc. Indic. Res*, 93, 2009, pp. 275-294.

35 VARIOS, "Does meditation training promote pro-environmental behavior?...", p. 4.

4. MEDITACIÓN, COMPASIÓN Y EL BUEN ANTROPOCENO

Según lo expuesto, contamos con evidencia de que el desarrollo de la capacidad de observar el mundo incrementa el sentimiento de conexión con la naturaleza y que tal sentimiento favorece las actitudes y comportamientos proambientales. Asimismo, disponemos de estudios empíricos que asocian la capacidad de no reaccionar y reevaluar la información con hábitos de consumo menos compulsivos y más sostenibles. Todo ello resulta bastante lógico, como lo es que las capacidades, actitudes y hábitos mencionados progresen con la práctica de la meditación. Sin embargo, la incidencia de la práctica se ha investigado poco e ignorando variables como la frecuencia y el tipo de meditación. Con todo, sabemos que el bienestar que se logra con la meditación favorece las actitudes y actuaciones proambientales. Igualmente, parece que esas disposiciones y conductas ecológicas las promueven más las meditaciones basadas en la compasión, lo cual pone de manifiesto el sinsentido de haber investigado masivamente la atención plena y la meditación desconsiderando el marco discursivo y su apropiación por los practicantes.

El auge del *mindfulness* ha ido acompañado de una voluminosa literatura crítica de la normatividad asociada al MBSR, que autores destacados como Honneth o Žižek extienden al resto de prácticas meditativas[36]. Entre otros argumentos, estos críticos señalan el carácter frustrante e ideológico de la meditación, por enmarcar los problemas sociales como individuales y responsabilizar a los individuos del malestar que les genera una forma de vida competitiva y orientada al incremento constante de la producción y el consumo. Además, el *mindfulness* sostendría tal forma de vida al disciplinar las relaciones de las personas consigo mismas y su

---

36 HONNETH, A., "Organized Self-Realization: Some Paradoxes of Individualization", *European Journal of Social Theory*, 7 (4), 2007, pp. 463-478; ŽIŽEK, S., *Enjoy Your Symptom! Jacques Lacan in Hollywood and Out*, Routledge, Nueva York, 2001.

entorno para optimizar su rendimiento: funcionaría como una *tecnología del yo* al servicio de la *gubernamentalidad* neoliberal, dice Godrej del yoga postural, siguiendo a Niklas Rose[37]. No cabe despreciar estas críticas, al menos en lo que toca al *mindfulness* corporativo orientado a incrementar la productividad y "habilidades emocionales" y a los productos análogos de la industria del *wellness*[38]. Desde luego, tales productos no van a impulsar las formas de vivir y hasta de ser (decrecentistas, poscrecentistas) que reclaman aquellas opciones que por excelencia confían en el cambio de mentalidades para confrontar la crisis ecológica, como el *ecologismo profundo*[39].

Ahora bien, el bienestar logrado con la meditación puede favorecer efectos proambientales, aunque sean indirectos, como hemos visto. Por otra parte, contamos con evidencia de que la resiliencia frente estrés consecuencia de ejercitarse en un estándar de *mindfulness* también empodera para la crítica[40]. Puesto que la aceleración dificulta las relaciones *resonantes*, de conexión significativa que dotan de sentido nuestra vida, es plausible que la práctica de *mindfulness* con meras intenciones de combatir el estrés dé lugar a experiencias de conexión profunda con los otros seres y el medio. Cualquier forma de contemplación conlleva resistencia a la racionalidad instrumental y la reificación de lo contemplado[41]. Sin embargo, como concluyen los autores del artículo publicado en *Nature* sobre la cuestión, resulta incierto que esa experiencia

---

37 GODREJ, F., "The Neoliberal Yogui and the Politics of Yoga", *Political Theory*, 45 (6), 2016, pp. 1-29, 9-16; ROSE, N., *Inventing Our Selves: Psychology, Power and Personhood*, Cambridge University, Cambridge, 1996.

38 CARVALHO, A. y GRÁCIO, R., *ob. cit.*

39 DRYZEK, J. S., *The Politics of the Earth: Environmental Discourses*, Oxford University, Oxford, 2013, cap. 9.

40 VARIOS, "Mindfulness-Based Stress Reduction as a Method for Personnel Development: A Pilot Evaluation", *International Journal of Stress Management* 14(2), 2007, pp. 188-198, p. 188.

41 DU PLESSIS, E. M. y JUST, S. N., *Organization*, Vol. 29(1), 2022, pp. 209-221, 215-217.

contemplativa favorezca la compasión, la empatía y el dominio de los prejuicios sin el apoyo de una matriz ética[42]. Y no más cierto que conduzca a adoptar actitudes y hábitos proambientales.

Cuando meditamos, transitamos del *foco narrativo* al *foco experiencial*, para lo cual incluso empleamos distintas redes neuronales[43]. Una manera de procurar este tránsito a lo experiencial es focalizarnos en el cuerpo, lo cual supone prestar atención a nuestra condición de *zoé* más que a la de *bíos*, por expresarlo en términos del filósofo de la subjetividad Antonio Gómez Ramos: dejar a un lado la voz individual del *bíos*, como vida que puede ser biografiada, y centrarnos en la *zoé*, nuestra dimensión biológica equiparable a la de cualquier otro ser vivo[44]. Podemos explicarnos por qué la conciencia meditativa del cuerpo propicia la compasión al apreciar que nos sitúa ante nosotros mismos como algo que no llega a ser persona, sino vida en el umbral de la subjetividad. Vida que despierta la simpatía inmediata que sentimos ante un cachorro de mamífero. La compasión que favorece la meditación —análoga a la que suscita las artes, especialmente las performativas— nos implica por completo en la vulnerabilidad del otro gracias a que disuelve nuestra frontera con el mundo.

Del mismo modo que la conciencia del cuerpo, la de la respiración también contribuye a la experiencia de la compasión, al hacer tangible la otredad del mundo y *fluidificar* la linde con él. La respiración es más un acontecer que una actividad controlada, por lo que nos agencia para sentir que "el mundo inspira y espira a través de [nuestro] cuerpo"[45]. Muchas formas de meditación

---

42 KREPLIN, U., FARIAS, M. y BRAZIL, I., "The limited prosocial effects of meditation: A systematic review and meta-analysis", *Nature. Scientific Reports*, 8, 2018, 2403.

43 KABAT-ZINN, J., *Mindfulness para principiantes*, Kairós, Barcelona, 2013, pp. 47-49.

44 GÓMEZ RAMOS, A., *Sí mismo como nadie. Para una filosofía de la subjetividad*, Catarata, Madrid, 2015, pp. 109-24.

45 BULLKOWSKI, H., *Poetopía* 02/06/2013. Cit. por ROSA, H., *Resonancia. Una sociología de la relación con el mundo*, Katz, Madrid, 2019, p. 77.

combinan ese centrarse en la respiración con ejercicios como evitar comprometerse con cadenas de pensamiento o entregarse a la observación del "aquí y ahora" del entorno, un objeto o la propia conciencia. Todo ello da lugar a vivencias típicas de "formar parte de un todo común". Vivencias que quienes participan de la imaginería del budismo zen interpretan como la revelación del carácter dinámico, transicional e interconectado de lo real y del destino compartido de todos los seres humanos y no humanos[46]. Por su lado, los meditadores católicos tienden a expresar las mismas vivencias de unidad en términos de la pertenencia a una comunidad de humanos y no humanos creada por dios; mientras ecologistas de la red Trancição Portugal testimonian un sentimiento profundo de que su bienestar va unido al del aire, los animales y las plantas[47]. Con todo, las experiencias de totalidad pueden agotarse en un sentirse bien consigo mismo, como advierte el *Shōbōgenzō*, un texto clásico del budismo zen[48].

La verbalización de las experiencias meditativas es difícil, por lo que los discursos que las acompañan son decisivos de la fenomenología resultante y se ven reforzados por el carácter disruptivo y disciplinario de contextos como los retiros[49]. Se ha dicho que la meditación constituye una manera *encarnada* de reflexionar que transforma la relación del ser consigo mismo no a través de la voluntad, sino del tomar conciencia[50]. Aun así, la meditación ha ido asociada tradicionalmente a otras prácticas y un cuerpo

---

46 WEIR, L., *Love is Green: Compassion as responsibility in the ecological emergency*, Vernon Press, Málaga, 2020, pp. 109-114, 133-135.

47 D'ORS, p. , *Biografía del silencio*, Siruela, Madrid, 2015, 105-107; Carvalho, A. y Ferreira, V., "Climate crisis, neoliberal environmentalism and the self: the case of 'inner transition", *Social Movement Studies*, DOI: 10.1080/14742837.2022.2070740, 2022, p. 11.

48 WEIR, L., *ob. cit.*, p. 11.

49 CARVALHO, A., *Geografiska Annaler: Series B, Human Geography*, 99:2, 2017, pp. 207-222, p. 213.

50 LEA, J., CADMAN, J. L. y Philo, C., "Changing the Habits of a Lifetime? Mindfulness Meditation and Habitual Geographies", *Cultural Geographies*, 22 (1), 2015, pp. 49-65, p. 57.

doctrinal: el mindfulness contemporáneo no sería una excepción y, de hecho, sus críticos le achacan haber asumido la matriz moral del neoliberalismo[51]. Por ese motivo, la investigación sobre cómo la meditación puede contribuir a confrontar la crisis ecológica debe adentrarse en las concepciones ontológicas, éticas y políticas vinculadas. Las del hinduismo incluyen el principio de *aimsa* o no violencia, en que el movimiento indio Chipko Andolan (una referencia para la ecofeminismo) basaba su defensa pionera de los bosques. El budismo asumió la no violencia, pero además desarrolló una ontología relacional, de interdependencia universal (*paticca samuppada*), que fundamenta la solidaridad entre los seres vivos, la naturaleza no consciente y las cosas[52]. Sobre tal ontología, el maestro vietnamita Thich Nhat Hanh fundó una escuela de meditación orientada a hacer evidente en los gestos cotidianos la pertenencia de humanos y no humanos a un mismo *interser* fluido[53]. De esta manera, la meditación ha de servir para que la conciencia del sufrimiento y la compasión consiguiente abarquen las cadenas causales que conforman nuestra subjetividad y nuestras vidas: la interacción con otras personas, animales, plantas, astros y fenómenos atmosféricos a través de lo que comemos o consumimos, por ejemplo. Este planteamiento coincide con el de otros maestros budistas, como Loi[54], y viene a ofrecer una respuesta ética acorde con las concepciones neomaterialistas, aunque reconociendo a los seres humanos singular responsabilidad ecológica[55].

---

51 *Vid.* por todos, PURSER, R., *ob. cit.*

52 RODRÍGUEZ DE LA VEGA, L. “Aproximaciones a la naturaleza en la India. El caso de Chipko Andolan”, Psicodebate. *Psicología, Cultura y Sociedad*, 12, 2012, pp. 85-105.

53 Sus implicaciones para la ecología han sido investigadas por CARVALHO, A., “Subjectivity, ecology and meditation -Performing interconnectedness”, *Subjectivity*, 7 (2), 2014, pp. 131-150.

54 LOY, D. L., *Ecodharma. Enseñanzas budistas para la crisis ecológica”*, La Llave, Barcelona, 2021.

55 Sobre el neomaterialismo, sus virtudes y contradicciones, *vid.* ARIAS M., “The ‘Anthropocene’ in Philosophy: the Neo-Material Turn and the

La obra de Nhat Hanh y, en general, del influyente *budismo comprometido* merecen particular atención por su relevancia en cómo se entiende la meditación en Occidente y se están reivindicando otras tradiciones de conocimiento encarnado. Dentro de ese budismo existe bastante acuerdo en asimilar el *mindfulness* de Kabat-Zinn con la *atención pura* (*manasikara*). La concentración (*samatha*) que conlleva la *atención pura* permite aplacar la agitación, la avidez, el embotamiento y la aversión y, con ello, dar paso a otros estados de observación (*vipassana*) e indagación (*vitakka*) profunda y ecuánime (*vivekajam*) que forman parte de la más compleja *atención plena correcta* (*samma sati*). Esa atención plena correcta incluiría, además, un componente de reflexividad —la evaluación de la práctica y sus motivos (*viçara*)— y doctrina sobre la acción y el modo de vida correcto, entre otras prácticas[56].

Para el budismo, lo particular del ser humano es la conciencia, cuya realización conlleva darse cuenta de los vínculos constitutivos de toda realidad y hacerlo no de manera conceptual, sino vivenciando su singularidad momento a momento. La vía para el cultivo de esa conciencia que privilegian las corrientes contemplativas del budismo es la meditación en sus diversas formas. En consonancia, la meditación debe emplearse, por una parte, para profundizar en la cadena de causas y efectos de nuestros actos; y, por otra, para darnos cuenta de nuestras resistencias a considerar verdades incómodas y sintonizar compasivamente con los demás, en particular con quienes más rechazamos[57]. Todo esto nos presenta la meditación como una vía para hacer efectivo el compromiso con la verdad como virtud central en el Antropoceno. Una centralidad de la virtud que se justifica por la importancia a la par que la dificultad de conocer la verdad acerca de la entidad y las consecuencias de los cambios ecológicos globales. Ese es

---

Question of Nature", en BIERMANN, F. *Anthropocene Encounters: New Directions in Green Political Thinking*, 2019, pp. 50-66.

56 VILLALBA, D., *Atención plena. Mindfulness basado en la tradición budista*, Kairós, Barcelona, 2016, pp. 50-67.

57 WEIR, L., *ob. cit.*, pp. 69-123.

el planteamiento de Byron Williston, el cual coincide con el de Arias Maldonado de que tomar conciencia de las implicaciones de nuestra conducta para los sistemas planetarios es suficiente para que florezcan el resto de virtudes de la ciudadanía ecológica[58].

El carácter encarnado del conocimiento meditativo intensifica las relaciones afectivas (de asombro, gratitud, identificación) con lo que conocemos y, por tanto, su capacidad para movilizarnos a la acción. Por ese motivo, Thiermann y Sheate han pensado en la meditación, junto con la exposición a la naturaleza, como un componente de *estrategias experienciales* públicas y privadas destinadas a fomentar sentimientos profundos de empatía y compasión por la flora, la fauna y sus hábitats[59]. El budismo parece ofrecer buen fundamento para esas *estrategias experienciales*, que se ajustan a los "espacios para la naturaleza" propuestos por Steve Hinchliffe[60], pero cabe pensar en otras doctrinas compatibles con la democracia susceptibles de hacerlo igualmente. La ecología no ha estado en el centro de la meditación de base cristiana o musulmana, aunque no han faltado los ensayos y existe base sólida para ello[61]. Inspirándose en estas tradiciones, corrientes psicológicas como la Gestalt o la Terapia de Aceptación y Compromiso, además de no pocos ensayistas populares proponen integrar meditación y naturaleza como propuesta eudaimónica[62].

---

58 WILLINSTON, B., *The Anthropocene Project: Virtue in the Age of Climate Change*, Oxford University Pres, Oxford, 2015; ARIAS, M., *El Antropoceno: la política en la era humana.* Taurus, Madrid, 2018.

59 THIERMANN, U. B. y SHEATE, W. R., *ob. cit.*, pp. 7-8.

60 HINCHLIFFE, S., *Geographies of Nature. Societies, Environments, Ecologies*, Sage, Londres, 2007, p. 165.

61 Sobre la ecoteología, v, DRYZEK, J. S., *ob. cit.*, pp. 196-197. Para el sufismo, v. BURRUEZO, p. y ESTEVA, V., *Sufisme BCN. Espiritualitat, música, ecología,* [en línea] (2021), <https://www.youtube.com/watch?v=kI3XnULN29w, 2021>, [Consulta 01/09/2023.]

62 Para una muestra, de autores populares, *vid.* CULTURE FOREST, "Recommended Reading For Nature Connection", [en línea] (2023), <https://www.culturedforest.com/news/nature-connection-recommended-reading-list, 2020>, [Consulta 01/09/2023.] En cuanto a los

Con razón, se ha reprochado el olvido de la política a la hora de pensar en cómo la meditación puede contribuir a una forma de vida más ecológica: el acento se sitúa en la responsabilidad individual de transformarse a sí mismo y sus hábitos. Un aspecto de tal olvido es que apenas si se ha considerado el potencial de la meditación para facilitar tanto la *conversación* democrática sobre el buen Antropoceno como los procesos de *decisión* institucional al respecto[63]. Problemas como el cambio climático nos colocan ante el reto de manejarnos con la ciencia en condiciones "posnormales". Condiciones de extrema complejidad, incertidumbre y diversidad de perspectivas no asociadas a un momento excepcional de cambios de paradigmas científicos, sino a la urgencia de adoptar de decisiones en las que nos jugamos mucho[64]. En estas condiciones, es muy amplio el ámbito de los desacuerdos científicos que resulta considerar *razonables* en el sentido de John Rawls, esto es, no claramente erróneos ni malintencionados. Más amplio aún es el espectro razonable de las discrepancias sobre cómo emplear políticamente ese saber científico en discusión, ya que dichas discrepancias emanan del pluralismo político característico de las democracias[65]. Toda esta situación requiere de buenas dosis de

---

enfoques psicológicos, *vid.* MOVIMIENTO ECOGESTALT, [en línea] (2023), <https://movimientoecogestalt.com/escuela/>, [Consulta 01/09/2023.] y PROEVE, M., *ob. cit.*

63 Sobre estos dos aspectos de la democratización del Antropoceno, *vid.* ARIAS, M., *Antropoceno...*, pp. 197-201. Sobre la experiencia de practicar la atención plena en contextos institucionales, *vid.* VARIOS, "Mindfulness in Politics: A Qualitative Study on Mindfulness Training in the UK Parliament", *Mindfulness*, 29, 2023, pp. 1-9 y COOK, J., "Mindful in Westminster. The politics of meditation and the limits of neoliberal critique", *Journal of Ethnographic Theory*, 6 (1), 2016, pp. 141-161.

64 FUNTOWICZ, S. O. y RAVETZ, J. R., *La ciencia posnormal. Ciencia con la gente*, Icaria, Barcelona, 2000.

65 RAWLS, J. *El liberalismo politico*, Crítica, Barcelona, 1993, I.§6.1, *II. §1.1*, II. §2.1-3., *II. §1.1, II. §2.1-2.* Sobre la concepción de la tolerancia en el *liberalismo político* de Rawls, *vid.* ESCÁMEZ, S., *El pensamiento liberal contemporáneo sobre la tolerancia. Autores, orígenes y contexto*, Universidad Autónoma de México, México, 2014.

tolerancia que hagan posible la escucha y el diálogo de los cuales depende producir saber de calidad y transformarlo en decisiones sobre cuánta vida salvaje respetar o cuáles energías, dietas, cultivos y productos incentivar o incluso prohibir. La observación atenta y no reactiva característica de la meditación puede permitirnos esclarecer qué nos conduce a rechazar ciertos puntos de vista, así como comprenderlos mejor y encontrar puntos de convergencia. Claro, que, para eso es clave que la meditación se conciba ligada a la compasión, la empatía y el dominio de los prejuicios, como advierten Kreplin, Farias y Brazil; algo que encontramos en el budismo, conforme a lo dicho, pero también en el sufismo, la contemplación cristiana y enfoques seculares como la Teoría de la Autodeterminación o la Terapia de Aceptación y Compromiso[66].

Según el budismo, liberarnos del malestar existencial inherente a la conciencia (*dukkha*) pasa por darnos cuenta de nuestro entrelazamiento con el resto de lo existente. En lo que toca a los compromisos ideológicos, esto supone tener presente sus causas históricas, culturales y biográficas, lo cual ha de suscitarnos humildad (porque no cabe orgullo por una situación que escapa en gran medida a nuestro control) y compasión (porque tampoco cabe culpabilizar, por los mismos motivos)[67].Tal planteamiento es paralelo al de John Rawls, de que es normal que las experiencias

---

66 KREPLIN, U., FARIAS, M. y BRAZIL, I., *ob. cit.* Sobre la compasión en el sufismo, *vid.* FRAGER, R., "Opening the Heart: Compassion in Sufism", *Journal of Transpersonal Research,* 6 (2), 2014, pp. 56-60; sobre la experiencia de la compasión hermenéutica de un meditador católico, *vid.* D'ORS, p. , ob. cit., pp. 97ss.; sobre la meditación desde el punto de vista de la Teoría de la Autodeterminación, *vid.* SCHULTZ, p. P. y RYAN, R.M., "The 'Why', 'What' and 'How' of Healthy Self-Regulation: Mindfulness and Well-Being from a Self-Determination Theory Perspective", en OSTAFIN, B., ROBINSON, M. y MEIER, B. (eds), *Handbook of Mindfulness and Self-Regulation,* Springer, New York, 2015; sobre paralelismos entre el budismo y la Terapia de Aceptación y Compromiso, *vid.* HAYES, S. C., "Buddhism and acceptance and commitment therapy", *Cognitive and Behavioral Practice, 9*(1), 2002, pp. 58-66.

67 WEIR, L., *ob. cit.*, p. 11.

personales den lugar a diferencias de criterio político y así debe reconocerlo cualquier demócrata y actuar en consecuencia[68]. Ahora bien, ese reconocimiento de lo que Rawls denomina *cargas del juicio* resultará más estable si es consecuencia de experimentarse uno mismo como una existencia fluida, a través de la meditación, en vez de provenir de representaciones conceptuales. Vinculada a una vivencia, la tolerancia puede responder mejor a una motivación intrínseca o, al menos, autónoma, en vez de al autocontrol que acompaña con frecuencia los sentimientos de obligación moral[69].

Corresponde finalizar aquí este trabajo. Por lo expuesto, falta evidencia sobre lo que la meditación puede contribuir para lograr actitudes y comportamientos proambientales. Esa falta de evidencia tiene que ver con que la mayor parte de la investigación al respecto se ha limitado a considerar la atención plena como variable psicológica, ignorando las prácticas meditativas. Con todo, por lo que sabemos, la meditación y la atención plena se muestran capaces de favorecer la conciencia y los hábitos ecológicos cuando se presentan conectadas a un marco normativo concernido por la sostenibilidad. Porque la respiración ofrece razones que la razón entiende, el Antropoceno invita a sentarse en el lugar del buda legendario: bajo el árbol de la higuera.

---

68 RAWLS, J., *ob. cit.*

69 *Vid.* THIERMANN, V.U. y SHEATE, W., *ob. cit.*, pp. 3-8 sobre cómo la atención plena favorece el polo de la autonomía, dentro del *continuo autonomía-control* de la motivación que establece la Teoría de la Autodeterminación.

Documentos afectivos: prácticas artísticas para sentipensar *en el Antropoceno*

BELÉN CEREZO MONTOYA

1. INTRODUCCIÓN

Recientemente circulaba por las redes sociales un meme que decía que en una librería la sección de libros de ficción apocalípticos se había movido a la sección de actualidad. Y es que hemos pasado o estamos pasando a *con-vivir* con la perspectiva del fin del mundo o, mejor dicho, del fin de la vida humana en el planeta. De hecho, la posibilidad de que la Tierra se convierta en un lugar inhabitable es avalada por los científicos[1]. La crisis ecológica ya tiene un carácter continuado y crónico, y es más adecuado denominarla colapso ecosocial[2] ya que como veremos plantea la supervivencia misma de nuestra civilización. En este contexto, el marco conceptual y geológico que establece el Antropoceno, situando al *anthropos* como agente geológico que ha alterado el sistema terrestre, es una herramienta epistemológica útil para profundizar en este complejo escenario[3]. Bruno Latour calificó el Antropoceno

---

1 WALLACE-WELLS, DAVID, *El planeta inhóspito. La vida después del calentamiento.* Debate, Barcelona, 2023.
ARIAS, MANUEL, *El Antropoceno: la política en la era humana.* Taurus, Madrid, 2018, p. 18.

2 ESCOBAR, ARTURO, *Sentipensar con la tierra,* Unaula, s.l, 2014, p. 15.
Yayo Herreno utiliza el término crisis civilizatoria. HERRERO, YAYO, *Toma de tierra,* Caniche, Bilbao, 2023, p. 12.

3 ARIAS, MANUEL, *El Antropoceno: la política en la era humana.* Taurus, Madrid, 2018, p. 18.

como el concepto filosófico, religioso, antropológico y político más decisivo producido como alternativa a las ideas de la modernidad[4].

Frente al término Antropoceno, Jason W. Moore prefiere la denominación de Capitaloceno[5] —en alusión al capitalismo— y Donna Haraway propone el término Chthuluceno, en un intento de nombrar una era sin el protagonismo de un Hombre. Es importante destacar que esta invocación a los seres chthónicos que propone Haraway nos hace dejar de preguntarnos qué hacer como humanos para pensar como seres en simbiosis y en constante devenir con otras especies. Para los antropólogos Déborah Danowski y Eduardo Viveiros de Castro, el Antropoceno (o el nombre que queramos darle) es "una época en el sentido geológico del término, pero apunta hacia el fin de la 'epocalidad' como tal, en lo que concierne a la especie. Aunque haya comenzado con nosotros, muy probablemente terminará sin nosotros"[6].

Para contribuir al debate desde el ámbito de las artes visuales y teniendo en cuenta este complejo espacio-tiempo que habitamos, este capítulo se pregunta: ¿qué hacer en este "presente sin porvenir"?[7], ¿qué hacer en *este* mientras? y más específicamente, ¿cómo pueden las artes visuales abordar estas preguntas? Para tratar de dar respuesta a estos interrogantes, examinaremos dos proyectos artísticos: "Frameworks of Absence " (Marcos de Ausencia) de Brandon Ballengée y "The Oldest Living Things in the World"

---

4 LATOUR, BRUNO, *Facing Gaia; Six Lectures on the Political Theology of Nature, Being the Gifford Lectures on Natural Religion*, Edimburgo, Universidad de Edimburgo, 2013. Citado en PTQK, MARIA, *Especies del Chthuluceno. Panorama de prácticas para un planeta herido*, Sycorax, Bilbao, 2019, p. 28.

5 MOORE, JASON W. *El capitalismo en la trama de la vida.* Traficantes de sueños, Madrid, 2020.

6 DANOWSKI, DEBORAH y VIVERIOS DE CASTRO, EDUARDO, *¿Hay un mundo por venir? Ensayos sobre los miedos y los fines.* Caja Negra, Buenos Aires, 2019, p. 29.

7 *Ibidem.*

(Las cosas vivas más viejas del mundo) de Rachel Sussman. Estos trabajos reflexionan sobre la muerte y la vida no-humana en el contexto del Antropoceno y establecen un fructífero diálogo con la biología. Se trata de proyectos compuestos fundamentalmente por imágenes, que huyen de lo espectacular y que considero que diseccionan asuntos complicados con mucha precisión y eficacia. Por otro lado, es importante destacar que estos proyectos presentan destacadas diferencias frente al horror apocalíptico de algunas obras de ficción, comics y películas —que suele reflejar catástrofes "rápidas"[8]— y frente a la fetichización de la destrucción medioambiental que aparece en las bellas y sobrecogedoras fotografías de autores como Edward Burtynsky[9].

Este capítulo atenderá a las artes visuales y al trabajo con las imágenes ya que vivimos rodeados y rodeadas de imágenes y las imágenes ocupan un lugar central en la construcción de imaginarios. Como apunta Andrea Soto, las imágenes pueden "informar, entretener, distraer y alinear" y también pueden "organizar, abrir un campo que permita disputar el terreno de lo sensible, desarrollar otra fantasmagoría, abrir otra economía libidinal"[10]. Sobre el vínculo intrínseco entre el capitalismo y la fotografía, hemos de tener en cuenta que ciertas imágenes sostienen las lógicas capitalistas y otras se resisten a las mismas. Y es que, por un lado "el consumo capitalista es un factor clave que impulsa el calentamiento global"[11] que a su vez se retroalimenta por la circulación de imágenes que induce el consumo; aquí habría que considerar las

---

8 Robert Nixon acuñó la noción de 'violencia lenta' *Slow Violence and the Environmentalism of the Poor*, Harvard University Press, 2013. Frente a esta noción contrapongo la de catástrofe rápida, que suele ser la que encontramos en los argumentos del cine de Hollywood.

9 DEMOS, T.J. *Contra el Antropoceno,* Cendeac, Murcia, 2022, p. 64.

10 SOTO, ANDREA, *Imaginación material,* Metales Pesados, Santiago de Chile, 2022, p. 13.

11 COLEMAN, KEVIN y JAMES, DAVID, *Capitalism and the Camera,* Verso, Londres, 2021, p. 3.

relaciones entre imágenes[12]. Y, por otro lado, un nutrido grupo de activistas y artistas usan la fotografía y el video —entre los que se encuentran Sussman y Ballengée— para producir imágenes que pueden empujar a los espectadores a cambiar sus ideas, valores y comportamiento, y también exigir cambios a los gobiernos de sus estados. Podríamos decir que estas imágenes informan y también afectan y tocan al espectador.

En este sentido, propondré la noción de "documento afectivo" para examinar el funcionamiento de las obras de arte y su capacidad de afectar(nos). La noción parte de la revisión de la etimología del término documento; que nos lleva al latín *docere* que originalmente significaba enseñar[13]. Por tanto, los "documentos afectivos" enseñan y tienen la capacidad de afectar también.

Este capítulo examinará dos trabajos artísticos que operan como "documentos afectivos". Estos dos trabajos nos servirán para sentipensar[14] sobre la muerte y la vida humana y no-humana en el planeta. La primera parte del capítulo interrogará el trabajo, en curso e iniciado en 2006, "Frameworks of Absence " del artista y biólogo Brandon Ballangée. Este proyecto recupera y manipula grabados e ilustraciones científicas de especies extinguidas para abordar la cuestión de la extinción, que es un tema central en el marco del Antropoceno. Este ensayo analizará el uso que este artista hace de una sencilla técnica de recorte y eliminación y que le

---

12 Koleman y James argumentan que "el deseo de tener una determinada forma de vida es curiosamente primero una imagen y solo segundo una realidad". *Ibidem.*

13 El término documento estaría emparentado con el término docente. Esto indica que a través de los siglos la noción de documento ha cambiado hasta la actual acepción de prueba o evidencia. KEEMAN, THOMAS y STEYERL, HITO, "What is a document? An exchange between Thomas Keenan and Hito Steyerl", *Aperture*, 214, 2014, 58-64.

14 El concepto de "sentipensamiento" fue popularizado por Orlando Fals Borda y lo aprendió de las concepciones populares ribereñas de la Costa Atlántica. Sentipensar implica "pensar desde el corazón y desde la mente, o co-razonar". ESCOBAR, ARTURO, *Sentipensar con la tierra*, Ediciones Unaula, s.l. 2014, p. 16.

permite realizar un trabajo crítico *de* y *con* las imágenes de los archivos de museos e instituciones científicas. La segunda parte del capítulo indaga en la serie fotográfica "The Oldest Living Things in the World", en curso e iniciado en 2006, de Rachel Sussman basado en la producción de fotografías de organismos vivos de más de dos mil años. Uno de los puntos centrales será el análisis de cómo esta serie aborda el concepto de 'tiempo profundo' —que hace referencia al tiempo geológico, es decir a la edad del sistema tierra. El 'tiempo profundo' fue el detonante de este trabajo que pone en relación la temporalidad humana con la temporalidad de otros seres y consigue hacer(nos) entender, para sentipensar, cómo la naturaleza deviene histórica y también supone una afirmación de la vida.

Asimismo, este capítulo prestará atención a las convergencias entre el trabajo artístico y científico, y también a la especificidad de las obras de arte ya que Sussman y Ballengée trabajan en esta zona de cruces entre arte y ciencia. Considero relevante poner el foco en estos puntos de unión. Por un lado, diríamos que los científicos, en general, están acostumbrados a trabajar con lo desconocido y a manejarse con las dudas ya que están en los límites de entender las cosas[15]. Y de la misma manera, la investigación artística, en muchas ocasiones "parte de la dificultad (...) que nos produce aquello que no vemos o no sabemos"[16]. Respecto a la especificidad del arte, ésta se sitúa en su capacidad afectiva y este capítulo examina cómo los proyectos de Sussman y Ballengée tienen el potencial de propiciar cambios en el sentipensamiento de los espectadores y tienen la capacidad de hacer avanzar los límites

---

15 BRIDLE, JAMES, "The Intelligence Singing All Around Us", [en línea], <https://onbeing.org/programs/james-bridle-the-intelligence-singing-all-around-us/> [Consulta: 20/08/2023]. Bridle comenta: "saben mejor que nadie que hay unos límites enormes de lo que podemos entender del mundo". Para James Bridle esto es algo que podemos aprender de los científicos.

16 GIBELLINI, LAURA F., "Unas primeras aproximaciones a la práctica artística". En *Arte ecosocial. Otras maneras de pensar, hacer y sentir.* Plaza y Valdés, 65-80, p. 75.

estéticos y epistemológicos[17]. En otras palabras, en las maneras de pensar-actuar, en las maneras de sentir y esto sí tiene la capacidad de suscitar la acción de los espectadores a diferentes niveles.

En resumen, este capítulo desarrollará cómo el trabajo de Ballengée aborda la extinción, es decir la muerte y desaparición de ciertas especies, y como el trabajo de Sussman funciona de manera complementaria y pone en relación la temporalidad humana con la temporalidad de otros seres y consigue hacer(nos) entender cómo la naturaleza deviene histórica y también supone una afirmación de la vida.

2. FRAMES OF ABSENCE: UN ÁLBUM PARA EL LUTO POR LAS ESPECIES DESAPARECIDAS

Frameworks of Absence es una serie de imágenes realizada por el artista, biólogo y activista medioambiental estadounidense Brandon Ballengée[18]; nacido en 1974 y que desde 1996 crea obras de arte transdisciplinarias inspiradas en su trabajo de campo y también en sus investigaciones en el laboratorio. *Frameworks of Absence* aborda la extinción de distintas especies animales mostrando un conjunto de imágenes ausentes de especies extinguidas[19] por medio de grabados e ilustraciones en los que las siluetas de los animales extinguidos han sido recortadas. La serie se compone de más de 100 piezas —es decir, más de 100 especies animales extinguidas— que se presentan en marcos antiguos, de manera que el hueco deja ver la pared del espacio expositivo.

---

17 PTQK, MARIA, *Especies del Chthuluceno. Panaroma de prácticas para un planeta herido*, Sycorax, Bilbao, 2019, p. 28.

18 Véase, <https://brandonballengee.com/the-frameworks-of-absence/> [en línea], [Consulta: 31/07/2023.]

19 Entiendo la dificultad de definir el término especie de una manera que se aplique a todos los organismos, problema ya reconocido por Darwin en 1859.

Brandon Ballengeé, *RIP Louisiana Parakeet: After John James Audubon*. 2008/2014. Recorte y litografía offset quemada, urna de vidrio grabado y cenizas. 17 1/16 x 13 1/8 pulgadas. Especie observada por última vez en la década de 1910. Foto de Casey Dorobek

La cuestión de la extinción se ha conceptualizado de diversas maneras en diferentes momentos históricos. Con la irrupción de las teorías de la evolución, la extinción no se estimaba problemática porque únicamente terminaba con los seres mal adaptados. Es en el siglo XX cuando la extinción comenzó a considerarse un problema para *todo* el medioambiente, incluido el ser humano, al fomentar la proliferación de plagas, reducir la variedad genética y perder organismos de un gran valor intrínseco por sus cualidades o comportamientos. La pérdida o extinción de especies es un asunto clave en relación con la crisis ecosocial, siendo la extinción uno de los nueve indicadores clave del cambio climático. Los cálculos sobre el número de especies que poblarían el planeta difieren. Según un estudio de 2011, entre 8-8,7 millones de especies habitan el planeta, aunque solo alrededor del 14% habían sido descritas en 2011[20]. También se calcula que más del 90% de las especies que una vez vivieron, están ahora extinguidas[21]; la obra de Ballengée nos plantea un duelo silencioso por las especies extinguidas. Las siluetas ausentes crean un vacío fantasmal con la forma de la especie extinguida[22]. Y este duelo en *Frameworks of Absence* también tendría otros elementos que incluyen la participación del público: las imágenes cortadas de los animales se queman, se recogen las cenizas y estas cenizas de los recortes se guardan en unas urnas de cristal que se disponen en el espacio expositivo a modo de retícula; cada pequeña urna lleva impreso el nombre de la especie extinguida. Esto revelaría tanto que Ballengée tiene en cuenta las propiedades materiales y físicas de las imágenes, como que esta materialidad es clave para propiciar un evento transformador que genera una impronta afectiva en los participantes y espectadores sobre la extinción.

Profundizando ahora en la táctica artística del recorte, ésta es fundamental en *Frameworks of Absence* y para T.J. Demos funcionaría a varios niveles. En un primer nivel representa "la pérdida de la extinción negando literalmente la propia representación, de modo que la ausencia física y visual crea una correspondencia con la desaparición biológica"[23]. En la actualidad parece haber acuer-

---

20 MORA, C., TITTERSON, DP., ADL, S., SIMPSON, AGB., WORM, B., "How Many Species Are There on Earth and in the Ocean?" *PLoS Biol* 9(8), 2011.

21 ARIAS, MANUEL, *El Antropoceno: la política en la era humana*. Taurus, Madrid, 2018, p. 63.

22 Para el historiador de arte T.J. Demos, Frameworks of Absence genera "una cierta estética del duelo debido al resto conmemorativo mostrado en forma de una fantasmal ausencia presente". DEMOS, T.J. "La fotografía y lo último: extinción, duelo, restitución", en *Restituciones. La fotografía en deuda con su pasado*, Fundación Mapfre, Madrid, 2022, 202-235, p. 227.

23 DEMOS, T.J. "La fotografía y lo último: extinción, duelo, restitución", en *Restituciones. La fotografía en deuda con su pasado*, Fundación Mapfre,

do entre la comunidad científica sobre la sexta extinción masiva que se está acelerando de manera aterradora y que se distingue de las pasadas porque tiene un origen antropogénico. En *The Future of Life* (2002), el biólogo E. O. Wilson calculó que, al ritmo de ese momento de disrupción antropogénica de la biosfera, la mitad de los seres vivos de gran tamaño se habrán extinguido para 2100[24]. Wilson también ha mostrado la necesidad de reconstruir los hábitats naturales en la mitad del planeta para hacer frente a la pérdida de biodiversidad y proteger al 84% de las especies. Y es que, aunque el calentamiento global, la caza furtiva, y las especies invasoras minan la flora y la fauna, el factor fundamental de la extinción de especies es la pérdida de hábitats[25].

En 2019 el IPBES (Plataforma Intergubernamental Científico-normativa sobre Diversidad Biológica y Servicios de los Ecosistemas) repetía que la velocidad de la extinción de especies se está acelerando y publicó que la salud de los ecosistemas de los que dependemos nosotros y todas las demás especies se está deteriorando más rápidamente que nunca. Estamos erosionando los cimientos mismos de nuestras economías, medios de vida, seguridad alimentaria, salud y calidad de vida en todo el mundo y que más de un millón de especies de animales y vegetales están amenazadas con extinguirse, muchas solo en décadas. Los índices

---

Madrid, 2022, 202-235, p. 227.

24 WILSON, EDWARD, O, *The Future of Life*, Vintage, s.l, 2003.

25 Wilson realizó este cálculo estudiando la relación matemática entre la superficie de un terreno y su biodiversidad, teniendo en cuenta que siendo iguales todas las características, proporcionalmente, había menos especies en las islas pequeñas que en las grandes. Décadas más tarde, Wilson se dio cuenta que de que la superficie de la Tierra funciona como esas islas. Actualmente, "solo el 15% de la superficie del planeta está protegida, (...) por lo tanto la mitad de todas las especies sobrevivirían la Sexta Extinción. Para crear un arca global capaz de proteger al 84% de las especies, el 50% de la Tierra necesita ser protegido". Citado en PENDERGRASS, DREW y VETESSE, JOY, *Half-Earth Socialism: A Plan to Save the Future from Extinction, Climate Change and Pandemics*, Verso, Londres, 2023.

de extinción están en el nivel más alto en la historia humana. En este contexto la obra de Ballengée, a través del uso de elementos como el recorte, nos interpela de una manera muy directa y eficaz, y hace que prestemos atención a la desaparición de especies.

Continuando con el análisis del recorte en la obra, en un segundo nivel, este funcionaría como una crítica a los regímenes de imágenes de archivo de los museos de ciencia e historia natural basados en lógicas acumulativas de la producción de conocimiento ilustrado y que se corresponden también con el crecimiento del capitalismo. Y es que el asunto del archivo opera de manera doble en *Frameworks of Absence*; Ballengée excava en los archivos y también crea un archivo. Por un lado, una parte fundamental del trabajo del artista requiere la búsqueda de 'ilustraciones' y grabados de especies extinguidas; materiales que datan de 1640 a 2014 y reflejan la desaparición continua de especies. Estas imágenes tienen un origen fuera de las prácticas artísticas y generalmente eran producidos dentro del ámbito del estudio científico; concretamente, se originaban en instituciones como los museos de ciencia e historia natural. Y es que hemos de recordar que el crecimiento de los estados europeos modernos en el siglo XIX, que coincidió con el nacimiento de la fotografía, estuvo ligado al surgimiento de archivos nacionales, museos, bibliotecas, memoriales y monumentos públicos[26]. Por otro lado, podemos decir que esta obra artística crea un archivo.

Complejizando la relación de *Frameworks of Absence* con los archivos, el historiador, sociólogo y filósofo francés Michel de Certeau criticó la idea de que los documentos y los archivos son fuentes que esperan 'dormidas' a ser interpretadas por los historiadores; y podríamos añadir que esperan también a ser rescatadas por las artistas[27]. Certeau afirma que los documentos nunca se encuentran de manera accidental y siempre han sido construidos

---

26 TAGG, JOHN, *El peso de la representación*, Gustavo Gili, Barcelona, 2005.

27 DE CERTEAU, MICHEL, *La escritura de la historia*. México: Universidad Iberoamericana, 1999.

intencionadamente. Intencionadamente, con la precisión del bisturí del cirujano, también Ballengée excava en los archivos y rescata documentos con fines afectivos, críticos y educativos, y también generando fracturas. Y es que la *Frameworks of Absence* hace que los espectadores sintamos-pensemos. Y también permite nuevas reconstrucciones de sentido, ya que las imágenes "no son solo un documento de la realidad, ni un reflejo del momento histórico o social en el que fueron creadas, sino que son también el registro de su propia circulación a través de tiempos y espacios diversos"[28]. Y esto último, los cambios de sentido de las imágenes a través de los diferentes usos y contextos de exhibición, es algo que la obra de Ballengée ejemplifica muy bien.

Finalmente, el recorte sugiere un rechazo de la economía de la imagen, sobre todo cuando esta se utiliza para documentar la extinción. Podríamos decir que estos recortes, estos vacíos, tienen una potencia afectiva muy alta en un momento en el que "las imágenes de violencia y barbarie son legión"[29]. En cierta manera, estos recortes funcionarían como contra-imágenes de las imágenes de violencias y constituyen un acto de resistencia[30]. Y es que podríamos entender *Frameworks of Absence* como un álbum para el duelo por las especies desaparecidas. Un álbum que profana los archivos[31]. Un álbum que produce una crítica a la extinción *desde* las imágenes y que da nuevos usos afectivos a los documentos, recuperando la noción de documentos como algo de lo que aprender.

Respecto al carácter pedagógico de esta obra, en una entrevista de 2009 Brandon Ballengée comentaba que su trabajo artístico

---

28 MARTÍNEZ LUNA, SERGIO, *Cultura visual. La pregunta por la imagen*, Sans Soleil, Vitoria-Gasteiz, 2019, p. 54.

29 DIDI-HUBERMAN, GEORGES, *Arde la imagen*, serieve, Ciudad de México, 2019, p. 31.

30 DEMOS, T.J. "La fotografía y lo último: extinción, duelo, restitución", en *Restituciones. La fotografía en deuda con su pasado*, Fundación Mapfre, Madrid, 2022, pp. 202-235, p. 227.

31 AGAMBEM, GIORGIO, *Profanations*, Zone Books, Nueva York, 2007.

le permite llevar la información y el conocimiento que obtiene a una amplia audiencia y que para él "el arte puede contribuir a la sociedad a través de la inspiración, el compromiso y la acción directa"[32]. Asimismo, Ballengée señala que el arte no ha de ser meramente didáctico y que, aunque con su trabajo sí que pretende aumentar la conciencia ambiental, para él es importante que sus obras estén abiertas a la interpretación[33]. En conclusión, Ballengée ha entendido muy bien que "una *crítica de las imágenes* no puede prescindir ni del uso, ni de la práctica, ni de la producción de *imágenes críticas*"[34]. En *Frames of Absence*, a través de un ejercicio de apropiación, de recorte y de cambio de contexto, las ilustraciones que pertenecían al terreno de las ciencias 'naturales' se cargan de un nuevo poder de agencia y son capaces de generar nuevas realidades.

3. THE OLDEST LIVING THINGS IN THE WORLD: AFIRMAR LA VIDA A TRAVÉS DE LAS FOTOGRAFÍAS

Esta serie de la fotógrafa Rachel Sussman, iniciada en 2004 y en curso, se acerca a los organismos más longevos del planeta[35]. Sussman es una artista contemporánea que vive en Brooklyn y que trabaja con el medio fotográfico. Esta serie parte de la premisa de fotografiar organismos vivos que lleven con vida más de 2.000 años de forma continuada. La serie se compone, entre otros, de una fotografía de líquenes de Groenlandia que creen solo 1 cm. cada cien años, un arbusto de Tasmania de 43.000 años, estroma-

---

32 *Nature,* Whitechapel, The MIT Press, 2012, pp 180-181.

33 *Ibidem.*

34 DIDI-HUBERMAN, GEORGES, *Cómo abrir los ojos,* en FAROCKI, HARUN, *Desconfiar de las imágenes,* Caja Negra, Buenos Aires, 2013, p. 28.

35 Véase, <http://www.rachelsussman.com/oltw> [en línea], [Consulta: 31/07/2023.]

tolitos[36] de Australia, y de una planta de hasta 3000 años que crece a 4.500 metros de altura en el desierto de Atacama en Chile de la familia del perejil.

Rachel Sussman, *La Llareta #0308-23B26 (up to 3,000 years old, Atacama Desert, Chile)*, fotografía.

Retomando la cuestión de los archivos, la propia artista ha manifestado que esta obra constituiría un archivo excéntrico. En otras palabras, un archivo fuera de categorizaciones habituales, fuera de los parámetros que parecen guiar el conocimiento

---

36 Arrecifes microbianos formados por la actividad de las cianobacterias ligados a la oxigenación del planeta y el comienzo mismo de toda la vida en la Tierra.

científico[37]. Este capítulo propone que se trata de un archivo excéntrico compuesto por documentos afectivos que, como desarrollaré en esta parte final, ayudan a las espectadoras de estas imágenes en un aprendizaje que afirma la vida y su potencia. Y es que este proyecto ejemplifica como el arte podría considerarse "un modo de crear las condiciones para que algo 'nuevo' se manifieste, algo que permanece impredecible, en los límites de lo que se puede pensar"[38], ya como Sussman comenta es bastante improbable que este proyecto de compilación lo hubiera podido realizar un científico dada la especialización y compartimentalización de los saberes científicos[39]. En este caso no existían compendios de los seres con las vidas más longevas y la propia Sussman fue reuniendo este conocimiento que se ha ido actualizando y ampliando a medida que surgían nuevos descubrimientos científicos.

---

37 SUSSMAN, RACHEL, How photographing the world's oldest living things pushed me outside the boundaries of science. Véase, <http://www.rachelsussman.com/writing#/nautliusspruce> [en línea], [Consulta: 31/07/2023.]
"En algunos aspectos, lo que estaba haciendo no estaba lejos de la ciencia. Estaba explorando y registrando el mundo, y confiando en la ayuda de los científicos y sus herramientas y datos. Pero mis objetivos tampoco eran exclusivamente, ni siquiera principalmente, científicos. "The Oldest Living Things" es un archivo excéntrico y una cápsula del tiempo, construida a través de disciplinas,

38 GIBELLINI, LAURA F., "Unas primeras aproximaciones a la práctica artística". En *Arte ecosocial. Otras maneras de pensar, hacer y sentir.* Plaza y Valdés, Madrid, 2022, 65-80, p. 75.

39 SUSSMAN, RACHEL, How photographing the world's oldest living things pushed me outside the boundaries of science. Véase, <http://www.rachelsussman.com/writing#/nautliusspruce> [en línea], [Consulta: 31/07/2023.]

4. FOTOGRAFÍAS QUE HACEN QUE LA NATURALEZA DEVENGA HISTÓRICA

En relación con los detonantes para llevar a cabo este proyecto, Sussman comenta que la cuestión del tiempo profundo fue el motivo principal. Para la artista, el tiempo profundo es un marco de escalas de tiempo demasiado largas para la experiencia física humana y quiso "encontrar o forjar algo identificable, algo que ayudara a procesar e internalizar el tiempo profundo de una manera significativa: sentir extensiones de tiempo que no fuimos diseñados para sentir"[40]. Y es que una de las grandes aportaciones de esta serie fotográfica es que pone en relación de una manera muy eficaz y directa la temporalidad humana con temporalidades que, diríamos, la sobrepasan[41]. A mi entender esto hace que los espectadores sintamos y experimentemos cantidades de tiempo que sobrepasan las escalas de vida humana y nos acerquemos a ser capaces de sentipensar la temporalidad del planeta[42].

La edad del sistema tierra se ha calculado que es 4.55 billones de años[43]. El concepto filosófico de tiempo geológico fue desarrollado en el siglo XVIII por el geólogo James Hutton cuando los historiadores de la naturaleza que investigaban los fósiles y las rocas sedimentarias descubrieron que la Tierra tenía muchos más

---

40 SUSSMAN, RACHEL, How photographing the world´s oldest living things pushed me outside the boundaries of science. Véase, https://www.rachelsussman.com/writing#/nautliusspruce [en línea], [Consulta: 31/07/2023].

41 IRVINE, RICHARD G, "Deep Time. An Anthropological Problem", *Social Anthropology*, 22 (2) 2014, pp 157-172. Para Irvine, "el desafío antropológico consiste en encontrar nuevas formas de interrelacionar las temporalidades humana y geológica".

42 Sussman ha usado la escala del tiempo occidental, dos mil años, de la era cristiana para establecer la edad de los seres que fotografía.

43 John McPhee acuña este concepto de 'deep time' con relación al tiempo geológico en su libro *Basin and Range,* The Noonday Press, New York, 1981.

años los que el relato bíblico atribuía[44]. Los científicos comenzaron entonces a calcular de cuántos miles o millones de años se trataba. El concepto de 'tiempo profundo' contiene una escala de tiempo muy amplia, tanto comparado con la presencia de vida humana en el planeta, y también comparándola con la escala de cada una de nuestras vidas.

El descubrimiento de la edad de la Tierra por parte de la ciencia se produjo entre 1770 y principios de 1820, período que fue la edad heroica de la geología y solo unas décadas antes que la 'invención' de la fotografía. La geología integraba conocimientos de la mineralogía, la geografía física, la física de la tierra y la llamada geognosia. De cualquier manera, frente a estas disciplinas que compartían el objetivo común de describir el estado actual de la tierra, la geología se distinguía por asumir un carácter esencialmente histórico. Asimismo, en este momento, un nuevo sentido de la historia se estaba generalizando, como por ejemplo lo ilustran los comienzos de la arqueología en Pompeya. Y esto no fue una coincidencia en absoluto, para Martin Rudwick la geología tiene componentes históricos ya que tomó prestadas ideas, conceptos y métodos de la historiografía humana[45]. ¿Qué significaría esto de que las ciencias de la tierra se hicieron históricas? ¿En qué medida examinar las relaciones historia/naturaleza y geología/Antropoceno es útil en el análisis de "The Oldest Living Things in the World"? Nos interesa esta idea que las ciencias de la tierra tienen un componente histórico ya que considero que uno de los aspectos más destacados de "The Oldest Living Things in the World" es que convierte a la naturaleza en histórica. Para tratar de responder a estas cuestiones recurriré al trabajo del historiador Dipesh Chakrabarty y de la filósofa Catherine Malabou.

---

44 RUDWICK, MARTIN, *Bursting the Limits of Time,* University of Chicago Press, 2007.

45 *Ibídem.* Para un análisis detallado sobre la historia de la geología y cómo la ciencia descubre el tiempo profundo, véase este libro.

Respecto a la historia, esta disciplina se ha concebido como la historia de la civilización humana y esto dejaría fuera lo que entendemos por naturaleza. Según Chakrabarty, "el concepto tradicional de historia implica una negación de que la naturaleza puede tener una historia, porque presupone un límite estricto entre hechos puramente contingentes (naturales) y eventos entendidos como actos realizados por agentes"[46]. El marco del Antropoceno, que postula que el humano es transformado en una fuerza geológica por el cambio climático y la entrada al Antropoceno, implicaría una revisión para Malabou ya que situar al ser humano como sujeto responsable de su historia y como fuerza geológica son dos polos no pueden reflejarse entre sí:

> "el Antropoceno sitúa al ser humano entre la naturaleza y la historia. Por un lado, es aun un sujeto responsable y consciente de su propia historia. La consciencia de historia (o historicidad) no es separable de la historia, puesto que conlleva memoria, capacidad de cambio y, precisamente, responsabilidad. Por otra parte, sin embargo, el humano del Antropoceno, definido como una fuerza geológica, debe ser tan neutral e indiferente como cualquier realidad geológica"[47].

Apoyándose en el historiador francés Fernand Braudel, Malabou continua sus argumentos y despliega que la historia siempre ha sido ralentizada; en cierta manera, preparándose para su neutralización por la naturaleza. Asimismo, entiende que esta aproximación a la fuerza histórica de la naturaleza hecha desde un lugar intelectual nos puede llevar paradójicamente a una ralentización, a la suspensión de la consciencia, al entumecimiento y a la parálisis de nuestra responsabilidad.

---

46 CHAKARBARTY, DIPESH, "El clima de la historia: Cuatro tesis", en *Clima y Capital, la vida bajo el Antropoceno,* Mimesis, Santiago de Chile, 2022.

47 MALABAU, CATHERINE, "El cerebro de la historia o la mentalidad del Antropoceno", *Concreta,* vol. 19, 2022, pp. 4-23., p. 5. Traducción del artículo "The Brain of History, or, The Mentality of the Anthropocene", en *South Atlantic Quaterly*, vol. 116, n 1, pp. 39-53. Duke University Press, 2017.

Con respecto a esta posible parálisis, considero que las fotografías de Sussman al aproximarse a la fuerza histórica de los seres vivos desde el arte crean las condiciones adecuadas para que algo (nuevo) se manifieste y consiguen hacernos sentir la naturaleza convirtiéndose en histórica. Al retratar a estos seres vivos *con mucho tiempo de vida* considero que "The Oldest Living Things in the World" ayuda a los espectadores a aproximarnos afectivamente a "la fuerza histórica de la naturaleza" y dar profundidad temporal y geológica a nuestra relación con el planeta. Los seres vivos que fotografía Sussman desbordan la temporalidad humana y así dotarían de fuerza o componentes históricos a estos organismos.

5. FOTOGRAFÍAS QUE HACEN QUE EL *ANTHROPOS* DEVENGA NATURAL

A continuación, examinaré cómo el *anthropos* deviene natural en "The Oldest Living Things in the World" a partir de varias cuestiones y hallazgos científicos que fueron apareciendo con la realización de este proyecto. La propia artista explica que a medida que fue desarrollando su proyecto y fue profundizando en la noción científica de individuo, ésta se fue complejizando. Si bien los organismos unitarios (como es el caso de los árboles) eran más fáciles de categorizar, aparecían otros organismos (como las "colonias clonales") que planteaban nuevas complejidades y dificultades. Este es un asunto muy sugerente que saca a la luz "The Oldest Living Things in the World", como los propios científicos se plantean el problema de definir qué es un organismo vivo a partir de descubrimientos recientes. A modo de ejemplo, ciertos seres denominados "crecimiento vegetativo" o "autopropagación" desafían la noción de individuo ya que pueden generar nuevos clones de sí mismos, sin reproducirse sexualmente y sin la introducción de nuevo material genético externo, de modo que el nuevo crecimiento es genéticamente idéntico al organismo original y parte de él[48]. Este asunto de la definición de la vida —de *qué* es la vida— es un asunto extremadamente importante y también complejo para los científicos; en relación con esto la escritora Daisy Hildyard ha señalado:

> "¿Habéis notado cómo las misiones a Marte ya no dicen que buscan vida? No es que nos falte ambición, sino que ya no podemos ponernos de acuerdo en lo que es la vida. Podríamos hablar de ciclos de nacimiento, crecimiento, metamorfosis y muerte; pero estos términos podrían aplicarse a las estrellas. Podríamos hablar de reproducción, pero luego tenemos los virus. Los virus son la forma de vida más común en este planeta, pero un virus no puede reproducirse excepto dentro de un huésped vivo; por lo tanto, ¿podemos decir que está vivo en sí mismo o es un órgano parcialmente dependiente de tu cuerpo?"[49]

Asimismo, la ciencia muestra la complejidad de eso qué denominamos individuo, y por ende individuo humano. Científicamente está empezando a ser cada vez más difícil entender al ser humano como *un* individuo teniendo en cuenta, por ejemplo, la relación simbiótica entre los intestinos poblados por bacterias y el funcionamiento del cerebro y el sistema inmune. Por tanto, el ser humano no sería un ser unitario. En otras palabras, la vida humana es vida multiespecie y "somos comunidades en y por nosotros mismos"[50].

El trabajo de la bióloga Lynn Margulis ilumina estas cuestiones. Según Margulis, "la vida no se apoderó del mundo por el

---

48 Pando, o colonia de álamos, sería un ejemplo. Pando es uno de los individuos más grandes y antiguos de la tierra formado por multitud de conexiones subterráneas, y se trata de un solo sistema de raíces que subyace a decenas de miles de lo que vemos como árboles. No está clara la edad del Pando. BRIDLE, JAMES, "The Intelligence Singing All Around Us", [en línea], <https://onbeing.org/programs/james-bridle-the-intelligence-singing-all-around-us/>, [Consulta: 20/08/2023].

49 HILDYARD, DAISY, *The Second Body*, Fitzcarraldo, Londres, 2017, p. 43.

50 BRIDLE, JAMES, "The Intelligence Singing All Around Us", [en línea], <https://onbeing.org/programs/james-bridle-the-intelligence-singing-all-around-us/>[Consulta: 20/08/2023].

combate sino por la creación de redes"[51]. Entonces, parte de la ciencia que se está desmoronando serían las descripciones simplistas de la evolución y la supervivencia de los más fuertes y aptos. De hecho, *todo* se ha construido a partir de este tipo de comunidades de organismos que trabajan juntos. Para James Bridle, los humanos somos una "amplia comunidad de vida" en la que estamos "inextricablemente enredados y bañados"[52]. En otras palabras, somos interdependientes y multiespecies, y es que probablemente el descubrimiento más importante de la biología de los últimos treinta años es que ninguna especie vive sola.

Volviendo a "The Oldest Living Things in the World", Sussman comenta: "empecé a ver a mis sujetos como individuos y, como tal, quería hacer retratos de ellos en lugar de paisajes; para fomentar el antropomorfismo"[53]. ¿De qué nos habla esta intención de la fotógrafa de antropomorfizar, de dotar de cualidades humanas, a los organismos que fotografiaba? ¿Cómo realiza esta antropomorfización? ¿Qué cambia si entendemos estas fotografías como retratos? ¿En qué medida este planteamiento se aproxima o complementa lo que proponen autoras como Donna Haraway, Lynn Margulis y Rosa Braidotti?[54] Propondría que el trabajo de Sussman tiene la capacidad de mostrarnos que existen seres no-humanos con vidas muy extensas y también de hacernos sentipensar cómo los humanos existimos en constante simbiosis con otras especies.

Y es que los humanos ya no podemos pensarnos fuera de la naturaleza, algo próximo a lo que la bióloga y filósofa de la ciencia Donna Haraway plantea. Asimismo, en cierta manera, "The Oldest Living Things in the World" se alinearía con el Chthuluceno de Haraway que nos hace dejar de preguntarnos qué hacer

---

51 Citada en *Ibidem*.

52 *Ibidem*.

53 SUSSMAN, RACHEL, "How photographing the world's oldest living things pushed me outside the boundaries of science". [en línea], Véase, <http://www.rachelsussman.com/writing#/nautliusspruce> [Consulta: 31/07/2023.]

54 BRAIDOTTI, ROSI, *Lo posthumano,* Gedisa, Barcelona, 2005.

como humanos, para pensar cómo ser menos humanos: seres en simbiosis en constante devenir con otras especies[55]. Y es que el Chthuluceno nos habla de relacionalidad y de establecer alianzas multiespecies.

En mi opinión, una parte importante del potencial de "The Oldest Living Things in the World" reside en no nos presenta la disyuntiva paralizante que nos obligaría a elegir entre seguir creyendo en las promesas del progreso o abandonarnos a la distopía decadente del fin del mundo. Frente a un tipo de prácticas fotográficas que no solo retrata "la extinción, sino que representa en sí misma la extinción, la muerte o la catástrofe como función de la imagen o como imagen propiamente dicha"[56], "The Oldest Living Things in the World" supone una afirmación de la vida, de la vida interconectada e interdependiente. Este proyecto fotográfico no se trataría de cuestionar el sistema económico dominante, causante de las crisis ecosocial, sino desde un lugar afectivo y afirmativo ayudarnos a crear un espacio para "contribuir a resituarnos dentro de unas relaciones más responsables con el mundo natural y no humano en el momento presente"[57] a través de la cuestión del tiempo, de los tiempos de vida de otros seres que habitan el planeta.

Este trabajo fotográfico de Sussman se alinea con la ética afirmativa desarrollada por Rosi Braidotti, basándose en Spinoza y Deleuze. Esta ética afirmativa es una ética que afirma la vida. Braidotti no ve ningún potencial en el miedo a la desaparición de la humanidad y considera que este miedo solo puede acarrear nuevas formas de moral o de un falaz humanismo compensatorio. "The Oldest Living Things" supone una ventana para la creación

---

55 TORRES, HELEN, "El llamado del Chthulu" en PTQK, MARIA, *Especies del Chthuluceno. Panaroma de prácticas para un planeta herido*, Sycorax, Bilbao, 2019, p. 22.

56 DEMOS, T.J. "La fotografía y lo último: extinción, duelo, restitución", en *Restituciones. La fotografía en deuda con su pasado*, Fundación Mapfre, Madrid, 2022, 202-235, p. 211.

57 Ella Mudie, citada por *Ibidem*, p. 220.

colectiva de una ética afirmativa surgida de las potencialidades, casi siempre despreciadas, de nuestros cuerpos afectados por las infinitas formas mutables de la materia viva[58].

Además, Braidotti destaca la importancia de aceptar que no estamos solos, que nunca y de ninguna manera estamos solos, sino siempre estamos insertos de manera inmanente en un haz de flujos y relaciones que escapan al control paranoico de nuestra conciencia. Estas conexiones nos devuelven a nuestra relación de interdependencia recíproca con todos los que nos rodean, sean estos humanos o no. Por esta razón, Braidotti recalca que una ética afirmativa sólo puede pensarse en común. Y aquí empleo conscientemente un nosotros, un nosotras, aunque entiendo como comenta Braidotti que estamos "en esto" juntos y juntas, pero que no somos uno e iguales. Y que el nosotros el algo que se construye, un grupo de personas que comparten una manera de entender la práctica, el hacer. Es un nosotros afectivo, cognitivo y sensorial.

6. CONCLUSIÓN

Este capítulo ha analizado e interrogado el trabajo "Frameworks of Absence "del artista y biólogo Brandon Ballangée para tratar de entender cómo hace que los espectadores pensemos-sintamos la extinción, en cierta manera haciendo luto por las especies animales extinguidas. En este proyecto Ballengée recupera y manipula grabados e ilustraciones científicas de especies animales extinguidas; y a través del recorte —que conlleva la desaparición y ausencia de las especies extinguidas— hace un trabajo crítico —crítica *de* y *con* las imágenes— a partir de los materiales visuales de los archivos de museos e instituciones científicas.

Dentro del marco del Antropoceno, la cuestión de la extinción de especies es un tema central y esta obra nos ofrece a las espectadoras una oportunidad para sentipensar la extinción. Si

58 BRAIDOTTI, ROSI, *Lo posthumano,* Gedisa, Barcelona, 2005.

"Frameworks of Absence", constituye un archivo y también excava en los archivos, para abordar la extinción, es decir la muerte y desaparición de ciertas especies, el proyecto fotográfico "The Oldest Living Things in the World" de Rachel Sussman funciona de modo complementario proporcionando nuevos matices y afectos que afirman la vida, una vida interespecies e interdependiente y conectada. La serie fotográfica de organismos vivos con más de dos mil años de vida de Sussman pone en relación la temporalidad humana con la temporalidad de otros seres y consigue hacer(nos) sentipensar y entender cómo la naturaleza deviene en historia.

En conclusión, este capítulo ha analizado e interrogado dos proyectos artísticos en los que la ciencia y el arte convergen tratando de poner sobre la mesa cómo estos proyectos proporcionan herramientas afectivas y epistemológicas para sentipensar algunos de los problemas y dilemas que el Antropoceno, o el nombre que queramos darle, nos plantea. Esta cuestión de la contribución de las prácticas artísticas en el actual contexto de crisis ecosocial es relevante ya que sabemos lo que sucede, la información y los datos están ahí, pero las respuestas y reacciones son limitadas. Como hemos tratado de argumentar, la capacidad del arte de hacernos sentipensar es ya —y puede ser— una aliada destacada para afrontar algunos de los retos actuales.

El ambivalente rol de las industrias mediáticas en el Antropoceno: retos y oportunidades

IGNACIO BERGILLOS

1. INTRODUCCIÓN

La carta (Nicolas Brown, 2022) es un documental coproducido por Google a través de Youtube Originals que, enmarcado en la encíclica del Papa Francisco *Laudato Si*[1], se aproxima a nuestra relación con la naturaleza en un momento de emergencia climática y medioambiental. La película trata de poner en común los diferentes puntos de vista preocupados por el futuro del planeta y acude a lugares conocidos en el debate: los arrecifes de Hawaii, el Amazonas, cayucos que se adentran en el mar desde Senegal. Su interés se centra en las historias personales vinculadas a esos espacios amenazados y, en línea con la carta encíclica, propone renovar nuestra humanidad a partir de una conversión ecológica que nos conecte con el mundo que nos rodea.

Tanto en *Laudato Si* como en *La carta* se introduce un elemento relevante que suele pasar desapercibido en la conversación medioambiental: las tecnologías de la comunicación y su impacto en nuestras relaciones socionaturales. Una amplia variedad de mediaciones tecnológicas aparece representada en diferentes momentos del filme: una conexión móvil tras el viaje en cayuco, sensores que mapean las costas y transmiten información en directo a aviones de observación, videollamadas entre jóvenes de diferentes

---

1 FRANCISCO, *Carta Encíclica Laudato Si del Santo Padre Francisco sobre el Cuidado de la Casa Común*. Santa Sede, Ciudad de Vaticano, 2015.

países, etc. Mediaciones tecnológicas para el cuidado de la casa común y el propio documental como texto representativo de la nueva mirada sobre el planeta.

En una escena, el Papa se reúne con los portavoces de las diferentes comunidades representadas en la película (líderes indígenas, científicos especializados en biodiversidad, activistas medioambientales y refugiados climáticos). Antes de comenzar la conversación, Francisco señala a las cámaras y micrófonos que registran el encuentro y bromea: "¿La tecnología es ecológica o no?" Ese momento espontáneo, que no se ha descartado del montaje final, recoge una cuestión clave a la que debemos prestar más atención: los medios que nos rodean —casi siempre imperceptibles— también forman parte del ecosistema en el que vivimos y conviene plantearse cómo los queremos representar e integrar en el debate sobre la sostenibilidad.

Al papel de la comunicación como mediadora en la conversación pública se añade la preocupación por el impacto de las diferentes fases de su actividad (desde la producción de información y contenidos hasta su distribución, almacenamiento y consumo) en los ecosistemas naturales. Sin ser un tema central del documental, *La carta* pone sobre la mesa un debate ya iniciado, pero aún pendiente: en un contexto de saturación tecnológica es necesaria la reflexión sobre la presencia en nuestro entorno de sensores, micrófonos, cámaras; de medios digitales y de redes de comunicación[2].

La pregunta de Francisco no recibe respuesta. No sabemos cómo los productores se han preocupado por la sostenibilidad medioambiental del rodaje, pero el documental está disponible en varios idiomas a través de YouTube, coproductora de la obra y aspirante a empresa "verde": a pesar de que el consumo eléctrico anual de su empresa matriz (Google-Alphabet) está al nivel del de toda la República Dominicana, ha declarado que quiere funcio-

---

2 BOCZKOWSKI, p. J., MITCHESTEIN, E., *The Digital Environment. How We Live, Learn, Work, and Play Now*, The MIT Press, Cambridge, 2021.

nar con energía libre de carbono antes de 2030. Si bien es complejo establecer cómo alcanzar ese *net zero* de emisiones de gases de efecto invernadero[3], el esfuerzo por "reverdecer" su actividad se puede interpretar como una manera de *greenwashing* o como la búsqueda de soluciones sostenibles para una cultura industrial cuyo impacto pocas veces ha recibido atención[4]. En cualquier caso, estamos ante un ejemplo que habla de cómo las industrias que producen textos con discurso medioambiental (y de alto valor simbólico en el debate público) buscan también prácticas sostenibles en sus lógicas de gestión de contenidos e infraestructuras.

En esa línea, este capítulo se aproxima al ambivalente rol de los medios en el Antropoceno —entendido como un marco conceptual que apunta a la actividad humana como la principal fuerza de cambio en los ecosistemas planetarios[5]. ¿Cómo pueden ayudar los medios de comunicación al debate sobre el Antropoceno en un contexto de creciente digitalización y convergencia tecnológica? ¿Qué relación se establece entre el discurso medioambiental de los textos mediáticos y las lógicas industriales (más o menos sostenibles) de estos productos audiovisuales? ¿De qué manera impactan los medios (así como sus infraestructuras y las actividades relacionadas con ellos) en los ecosistemas planetarios? ¿Cómo se puede integrar el rol de los medios en el debate sobre el Antropoceno?

Son preguntas que se relacionan con las ciencias de la comunicación, los *media studies* y con los estudios mediáticos medioambientales. Por un lado, se estudia la comunicación como un elemento clave en la conversación pública y en la creación de marcos narrativos que sirven de referencia para la toma de decisiones

---

3 ISO, "Net Zero Guidelines" [en línea], (2023), <https://www.iso.org/netzero>, [Consulta: 10/10/2023.]

4 VAUGHAN, H., *Hollywood's Dirtiest Secret: The Hidden Environmental Costs of the Movies*, Columbia University Press, Nueva York, 2019.

5 ARIAS-MALDONADO, M., *Antropoceno: la política en la era humana*. Taurus, Madrid, 2018.

sobre nuestras relaciones medioambientales[6]. Por otro lado, se atiende también al impacto de las tecnologías de la comunicación en el planeta y su importancia como elementos de mediación en nuestras relaciones socionaturales. Ambas consideraciones están interrelacionadas, si asumimos que la tecnología de la comunicación y los medios juegan un papel clave en diferentes ámbitos de nuestra vida diaria[7] [8].

Por lo tanto, este capítulo problematiza el rol de las industrias mediáticas en el debate del Antropoceno. En primer lugar, se desarrollará una breve introducción a teorías de la comunicación que permiten explicar cómo los medios juegan un rol importante en la vida diaria de los ciudadanos y en su implicación en cuestiones políticas, sociales o medioambientales[9]. A continuación, se presenta una revisión de la investigación reciente sobre el objeto, que sirva como estado de la cuestión y ofrezca algunas variables iniciales de análisis. Un análisis documental y estudios de caso ilustran algunas tendencias recientes y los retos futuros para la gestión medioambiental de las industrias mediáticas.

En la conceptualización del Antropoceno, los medios y las tecnologías de la comunicación son elementos esenciales; la parte final del texto apunta a la importancia de la gestión sostenible de la transformación digital y a la necesidad de un mayor reconocimiento del rol de los medios en nuestras relaciones socionaturales.

---

6 BOYKOFF, M., McNATT, M., GOODMAN, M., "Communicating in the Anthropocene. The cultural politics of climate news coverage around the world", en *The Routledge Handbook of Environment and Communication,* editado por Anders Hansen y Robert Cox, Routledge, Abingdon, 2015, pp. 221-231.

7 YTRE-ARNE, B., *Media use in digital everyday life,* Emerald Publishing, Bingley, 2023.

8 DEUZE, M., *Media Life,* Polity Press, Cambridge, 2012.

9 COULDRY, N., LIVINGSTONE, S., MARKHAM, T., *Media consumption and public engagement,* Palgrave Macmillan, Londres, 2010.

2. EL ANTROPOCENO DESDE LAS CIENCIAS DE LA COMUNICACIÓN Y LOS *MEDIA STUDIES*

Si el Antropoceno anima a repensar nuestras relaciones con el entorno natural, las ciencias de la comunicación ofrecen una aproximación teórica adecuada al rol de los medios en el debate público, así como los procesos de mediación y mediatización influyen en nuestra vida a la vez que también influyen en el impacto sobre el planeta[10].

Y, aunque no hay una respuesta única a los retos del Antropoceno, las ciencias de la comunicación son lo suficientemente versátiles y flexibles para promover la mirada interdisciplinar que reclama el debate[11]. En ese sentido, además de ayudar a la concienciación y el compromiso de los ciudadanos con el medio ambiente mediante la comunicación, otras cuestiones como el papel de los medios en la monitorización de los entornos urbanos y naturales, la ambivalente naturaleza de las tecnologías o la búsqueda de eficacia en la comunicación científica son posibles líneas de investigación desde esta perspectiva.

Sin embargo, sucede que esta aproximación es difícil de enmarcar en una única disciplina[12], lo que provoca alguna imprecisión conceptual. Por ejemplo, aunque "medio" es un concepto central en las ciencias de la comunicación, su aplicación tiende a ser confusa: no existe un acuerdo generalizado sobre su significado y su definición operativa[13]. Por un lado, una comprensión de

---

[10] BERGILLOS, I., "Approaches to the Anthropocene from Communication and Media Studies", *Social Sciences,* 10(10), 2021, 365.

[11] PRADES-TENA,J., VALLEJOS-ROMERO, A., MAUERHOFER, V. "The need for communicating the Anthropocene", *Catalan Journal of Communication & Cultural Studies,* 15(2), 2023, 163-169.

[12] WAYSBORD, S. *Communication: A Post-Discipline.* Cambridge: Polity Press.

[13] MICONI, A., SERRA, M., "On the concept of medium: an empirical study", *International Journal of Communication,* 13, 2019, 3444-3461.

los medios los considera instrumentos en el proceso de comunicación o canales de transmisión de información. Esto se debe a que la tradición de estudio de los medios se construyó en base a la función de estos y su tecnología de transmisión (radio, prensa, cinematografía, telefonía...). Se trata de una aproximación a la idea de medio que lo identifica con un canal de comunicación —en línea con la teoría matemática de información[14].

En ese sentido, desde la ecocrítica, pero también desde la comunicación medioambiental, se han estudiado modelos comunicativos en busca de la eficacia o cómo las representaciones del cambio climático y otros fenómenos medioambientales ponen en circulación discursos y textos con capacidad de influir en la percepción social de las alteraciones en los ecosistemas planetarios provocadas por la actividad humana[15]. Esos análisis nos hablan de una cierta estética del Antropoceno y de sus formas fílmicas (narrativas, géneros, convenciones). El estudio del texto mediático también permite identificar qué discursos e imaginarios se imponen en la conversación social y cómo, al ser accesibles para las audiencias globales, pueden orientar el interés de la opinión pública y/o las sensibilidades de los ciudadanos hacia valores y políticas medioambientales[16/17].

Otra interpretación asume que los medios configuran la percepción humana de la realidad al consolidarse como intermediarios clave en su relación con su contexto. Desde esa mirada, se ha

---

14 SHANNON, C., "A mathematical theory of communication", *The Bell System Technical Journal,* 27, 1948, 379-423.

15 LÓPEZ, A., IVAKHIV, A., RUST, S., TOLA, M., CHANG, A.Y., CHU,K., *The Routledge Handbook of Ecomedia Studies,* Routledge, Londres, 2024.

16 SKLAIR, L., *The Anthropocene and Global Media. Neutralizing the Risk,* Routledge, Londres, 2021.

17 BøDKER, H., MORRIS, H. E., *Morris, Climate Change and Journalism: Negotiating Rifts of Time,* Routledge, Nueva York, 2021.

teorizado, por ejemplo, cómo el lenguaje[18] o el entorno natural[19] pueden cumplir el rol de mediación en nuestras relaciones con el mundo y con las tecnologías, perfilando nuestra comprensión y nuestra interacción con el entorno. La innovación tecnológica, acelerada por procesos de convergencia y digitalización, ha propiciado una hibridación de estos fenómenos. Ello ha forzado una nueva problematización del Antropoceno, animando aproximaciones que consideran la materialidad de las redes y dispositivos que propician la comunicación, pero también las prácticas sociales que perfilan las tecnologías, así como su vínculo elemental con el entorno urbano, natural y digital en el que vivimos[20].

Entre ambas perspectivas, desde los estudios de medios ambientales (*environmental media studies*), el ecomaterialismo o la gestión medioambiental de los medios (*environmental media management*), se han llevado a cabo análisis más concretos de las industrias mediáticas globales (principalmente las audiovisuales, más relacionadas con las pantallas). Por ejemplo, se investigan los esfuerzos de estas industrias por "ecologizar los medios" y el desarrollo de políticas mediáticas orientadas hacia la sostenibilidad y las culturas de producción audiovisual de bajo impacto medioambiental. Si en la comunicación medioambiental se privilegia el estudio del contenido mediático, en esta línea se atiende a su contexto de producción y distribución[21].

---

18 COECKELBERG, M. "Earth, Technology, Language: A contribution to holistic and transcendental revisions after the artifactual turn", *Foundations of Science*, 27, 2022, 259-270.

19 DURHAM PETERS, J., *The marvelous clouds. Toward a philosophy of elemental media,* The University of Chicago Press, Chicago, 2015.

20 BOCZKOWSKI, p. J., MITCHELSTEIN, E., 2021; DEUZE, M., *Life in media. A global introduction to media studies,* The MIT Press, Cambridge, 2023.

21 KÄÄPÄ, p. , VAUGHAN, H., "From Content to Context (and Back Again). New Industrial Strategies for Environmental Sustainability in the Media", en *A Companion to Motion Pictures and Public Value,* editado por Mette Hjort y Ted Nannicelli, Wiley, 2022, 308-326.

En el siguiente apartado se presentarán casos ilustrativos de los crecientes esfuerzos de empresas e instituciones por "reverdecer" los medios (*green the media*). Es decir, establecer unas lógicas sostenibles y responsables con el planeta para la gestión futura de las industrias mediáticas sin olvidar por el camino su implicación con el discurso medioambiental.

3. *GREENING THE MEDIA*: HACIA UNA GESTIÓN VERDE DE LOS MEDIOS

El concepto de *green media*, desde la mirada de la gestión de los medios de comunicación, se aproxima a las industrias culturales desde el análisis de su impacto medioambiental[22]. Los medios de comunicación producen textos de valor simbólico y ponen en circulación discursos que animan el debate público, pero también se viene apuntando desde la economía política de la comunicación que el esfuerzo por "reverdecer los medios" entra en una cierta contradicción —propia, por otro lado, de las industrias culturales—, pues su supuesto discurso verde choca con una importante huella ambiental. Maxwell y Miller denuncian que "las tecnologías mediáticas generan significado, pero también detritus y enfermedad" y sugieren que es necesario afrontar este reto mediante un proceso que ecologice a los medios de comunicación[23]. Para ello proponen virar hacia el consumo ecológico, promover la ecologización del trabajo cultural y las condiciones laborales, diseñar e implementar políticas públicas orientadas hacia la sostenibilidad y así promover las culturas de producción sostenible.

Los beneficios de esta estrategia tienen que ver con cuestiones económicas como la eficiencia energética (tecnologías de iluminación que consumen menos electricidad, por ejemplo)

---

22 KÄÄPÄ, p. , 2018. *Environmental Management of the Media: Policy, Industry, Practice*, Routledge, Nueva York, 2018.

23 MAXWELL, R., MILLER, T., *Greening Media*, Oxford University Press, Oxford, 2012.

o la reducción de residuos y costes de producción si se adoptan tecnologías digitales. También entran en discusión cuestiones de reputación, pues la producción ecológica puede aumentar la confianza y la fidelidad de los consumidores, lo que a su vez puede traducirse en mayores inversiones y socios socialmente responsables, más propensos a apoyar e invertir en proyectos mediáticos sostenibles. Además, empresas que implementen esta gestión verde pueden estar mejor equipadas para afrontar futuras políticas públicas y normativas que puedan ofrecer incentivos para producciones ecológicas o que persigan daños medioambientales a través de tasas o impuestos añadidos. En diferentes sectores de las industrias mediáticas hay en marcha ya distintas iniciativas que demuestran preocupación medioambiental y un cierto "giro verde" en su gestión.

3.1. Iniciativas medioambientales en las industrias mediáticas

En su primera publicación en Instagram, el científico y divulgador David Attenborough resaltó que salvar el planeta es un reto de comunicación. Su publicación y la creación del perfil en la red social obedecían a la promoción del documental *A Life on our Planet*, estrenado unos meses antes de la Conferencia sobre el cambio climático COP 26 —en la que Attenborough también participó. La productora del documental es la plataforma audiovisual *Netflix*, que durante la conferencia de las Naciones Unidas preparó un despliegue de producciones propias con temática y discurso medioambiental que incluía, además del *A Life on our Planet*, la serie documental *Down to Earth with Zach Efron* sobre ecosistemas planetarios, textos creativos como *Mi Maestro el Pulpo*, así como programas de entretenimiento y ficciones con discursos en favor del decrecimiento y la vida minimalista.

La presentación de esa línea de programación "verde", enmarcada bajo la colección "*Together for our planet*" o, en España, "Somos nuestro planeta", se sumó a la estrategia más amplia de la plataforma digital por presentar sus esfuerzos de gestión sostenible. Esta estrategia de Netflix se centra en eliminar las emisiones de carbono en su actividad corporativa y la producción de contenidos[24]. Para ello, ha creado un grupo asesor de expertos en sostenibilidad, que incluye a científicos y activistas. También ha desarrollado protocolos específicos para la producción audiovisual (su actividad de mayor impacto medioambiental), para sus operaciones corporativas y para la distribución digital por streaming de sus contenidos. El objetivo no es solo la adopción de tecnologías sostenibles, sino también la inclusión de temas y elementos narrativos en sus producciones que sirvan para representar cuestiones ecológicas y educar a las audiencias sobre cuestiones medioambientales. Además, publica regularmente sus emisiones de carbono, medidas en colaboración con equipos de investigación universitarios, y lleva a cabo iniciativas de compensación en diferentes partes del mundo[25].

Tras la publicación de estos informes y tras dar a conocer las medidas de impacto de la actividad de Netflix, han aparecido algunas piezas informativas, reportajes o tribunas de opinión que interpretan que este movimiento de la plataforma digital no deja de ser un esfuerzo de *greenwashing* o que oculta el hecho de que la creciente actividad de esta empresa global contribuirá cada vez más al impacto negativo sobre los ecosistemas terrestres[26/27]. Al mismo tiempo, el caso de Netflix es uno de los más interesantes por su alcance global y por lo que representa la empresa en términos de innovación tecnológica y referente audiovisual con-

---

24 STUART, E.: "Net Zero + Nature" [en línea], (2021), <https://about.netflix.com/en/news/net-zero-nature-our-climate-commitment>, [Consulta: 17/07/2023.]

25 NETFLIX, "Sustainability" [en línea], (2023), <https://about.netflix.com/en/sustainability>, [Consulta: 17/07/2023.]

26 BEDINGFIELD, W. "We finally know how bad for the environment your Netflix habit is" [en línea], (2021), <https://www.wired.co.uk/article/netflix-carbon-footprint>, [Consulta: 17/07/2023.]

27 SWENEY, M. "Streaming's dirty secret: how viewing Netflix top 10 creates vast quantity of CO2" [en línea], (2021), <https://www.theguardian.com/tv-and-radio/2021/oct/29/streamings-dirty-secret-how-viewing-netflix-top-10-creates-vast-quantity-of-co2>,[Consulta: 17/07/2023.]

temporáneo. También por su capacidad de acción global y, a la vez, su colaboración con agentes locales para adaptar sus lógicas productivas a los distintos marcos reguladores de los territorios en los que opera.

Sin embargo, no es la primera ni la única iniciativa de "reverdecer" los medios. En Estados Unidos, la Environmental Media Association desarrolla actividades desde 1989 orientadas a "difundir contenidos medioambientales en los medios de comunicación e inspirar, educar y motivar al público"[28]. Desde entonces ha desarrollado diferentes actividades que han conectado proyectos orientados a la sostenibilidad con acciones solidarias de profesionales y empresas de los medios. En sus comités asesores hay representantes de estudios cinematográficos, del mundo corporativo y del activismo. Celebra anualmente un evento en el que se entregan premios y *green seals* o sellos verdes: un reconocimiento a la producción sostenible de películas, programas de televisión y publicidad. En paralelo (y con el patrocinio de grandes empresas tecnológicas y de la industria del motor) organiza Impact Summit, un evento que reúne a expertos, profesionales de los medios y empresas interesadas en implementar soluciones ecológicas y sostenibles en diferentes sectores. En Canadá, Reel Green tiene un objetivo similar: ser punto de encuentro para conferencias, eventos y formación sobre la producción sostenible en la industria audiovisual.

Más allá de estás acciones de relaciones públicas y *networking*, el acuerdo industrial con objetivo medioambiental más reseñable es quizá la *Green Production Guide* (GPG): un documento conjunto del gremio de productores en Estados Unidos (PGA) y la asociación de los grandes estudios bajo la Sustainable Production Alliance (SPA). Es posiblemente la principal herramienta acordada por muchos de los principales agentes del sector audiovisual

---

28 EMA, "Historical Timeline" [en línea], (2023), <https://www.green4ema.org/historical-timeline>, [Consulta: 17/07/2023.]

americano para reducir la huella de carbono y el impacto ambiental de la industria del cine, la televisión y el streaming.

Por su parte, en Europa también se están consolidando iniciativas que abarcan planes de transición energética y colaboraciones entre agencias, centros de investigación, medios y profesionales con el objetivo de acordar protocolos comunes en el cálculo de huella de carbono, en la reducción de residuos o en la gestión sostenible de rodajes.

Por ejemplo, la Unión Europea de Radiodifusión o European Broadcasting Union se ha propuesto establecer unos fundamentos para la gestión sostenible de la producción audiovisual de sus socios —la mayoría de ellos son empresas de titularidad pública—. Jornadas, informes y proyectos como *Public Service Media Goes Green* sirven para intercambiar conocimiento y aplicar herramientas de evaluación del impacto medioambiental de sus actividades y de las de sus proveedores, así como exponer casos de éxito en relación con los objetivos de desarrollo sostenible. Desde su departamento de investigación, el *Media Intelligence Service*, realiza un seguimiento de la implicación de los medios europeos en iniciativas sostenibles. Datos recientes indican que el 80% de radiodifusores europeos están planificando estrategias de sostenibilidad relacionadas con la tecnología y que 43% ya la tienen en marcha[29].

Sin embargo, hay diferencias entre cada organización y país. Las iniciativas tienden a estar organizadas a nivel nacional o regional y se aplican a diferentes producciones audiovisuales dependiendo del caso. Por ejemplo, en Francia se ha adoptado el sello Ecoprod, en Alemania son populares Green Motion o KlimAktiv y en España es cada vez más conocida la certificación Green Film. Existen proyectos de ánimo internacional también, como

---

29 EUROPEAN BROADCASTING UNION, "Sustainability: An outline of public service media involvement" [en línea], (2023), <https://www.ebu.ch/research/membersonly/report/sustainability-an-overview-of-public-service-media-involvement>, [Consulta: 12/08/2023.]

la calculadora medioambiental Eureca o el proyecto Greening of Streaming, centrado en los flujos de trabajo digital. Entre ellos, el que tiene una trayectoria más consolidada es ALBERT, un plan de la industria británica del cine y la televisión creado en 2011 por la BBC como calculadora de la huella de carbono. Desde entonces, ha ampliado su catálogo de herramientas en dos líneas de trabajo: una para fomentar el desarrollo de contenido que apoye la visión de un futuro sostenible (Climate Content Pledge) y otra para ayudar a la industria equilibrar su contribución al medio ambiente mientras se reducen o eliminan las emisiones y residuos. Hoy, las certificaciones de ALBERT son requisitos en todas las producciones y encargos para televisión de la BBC[30].

Cada vez más, estos proyectos sirven a las políticas que orientan a la industria hacia lógicas más sostenibles y medioambientalmente responsables. La Unión Europea, a través del fondo de desarrollo regional y el Plan de Acción de Medios de Comunicación y Audiovisual ha animado al desarrollo de medidas ecológicas y políticas regionales de apoyo a prácticas sostenibles. Uno de los retos pendientes y una línea de trabajo que se pretende avanzar en los próximos años es la definición de una metodología de medición unificada de las emisiones de CO2 en el sector audiovisual[31], pero también comienzan a publicarse ayudas y subvenciones para proyectos que reduzcan su impacto medioambiental.

En definitiva, esta revisión de iniciativas sostenibles en las industrias mediáticas demuestra que existe una preocupación compartida en diferentes sectores industriales por avanzar hacia una transición verde de la actividad de producción y distribución de contenidos mediáticos. Del análisis de documentos corporativos,

---

30 BBC, "Sustainable production requirements: albert certification" [en línea], (2023), <https://www.bbc.co.uk/delivery/sustainable-productions>, [Consulta: 12/09/2023.]

31 "Towards a unified measurement methodology of CO2 emissions in the european audiovisual sector" [en línea], (2023), <https://ec.europa.eu/newsroom/dae/redirection/document/83589>, [Consulta: 12/08/2023.]

informes anuales y otras fuentes de información secundarias se puede concluir que, aunque haya elementos en común y valores de referencia similares, como la medición de la huella ecológica o la reducción de emisiones, es evidente que la complejidad de la industria y sus lógicas dificulta el establecimiento de protocolos conjuntos.

Los retos para transformar la práctica y la política son múltiples. Uno de los principales es lo que Kääpä y Vaughan denominan "déficit de responsabilidad" en la gestión de los medios de comunicación; es decir, la falta de coordinación entre organizaciones, reguladores, productores y creadores, lo que provoca lagunas en la rendición de cuentas sobre el diseño y la aplicación de políticas respetuosas con el medio ambiente[32]. La diversidad en las culturas de producción y en los sistemas mediáticos, unida a la convergencia de sectores en industrias hacen que se fragmenten los esfuerzos por "reverdecer" los medios. Aunque casos como el de Netflix son prometedores, el desarrollo de las medidas ecológicas suele quedar sin supervisión de un agente que valide y rinda cuentas a los diferentes agentes implicados.

3.2. Más allá del déficit de responsabilidad en la producción mediática

El déficit de responsabilidad, tal y como lo definen Kääpä y Vaughan, implica la ausencia de una línea clara de toma de decisiones en lo que respecta a la gobernanza y la aplicación de medidas de producción ecológica en la industria cinematográfica[33]. En los planes de gestión sostenible no suele estar definida la rendición de cuentas ni los organismos de control implicados. Y,

---

32 KÄÄPÄ, p. , VAUGHAN, H., "Environmental Media Management. Overcoming the Responsibility Deficit", en *The Routledge Handbook of Ecomedia Studies, editado por Antonio López, Adrian Ivakhiv, Stephen Rust, Miriam Tola, Alenda Y. Chang y Kiu-wai Chu,* Routledge, Oxon, 2024, 179-186.

33 VAUGHAN, H., KÄÄPÄ, p. , *Sustainable Digitalisation. Ensuring a sustainable digital future for UK film and television,* Minderoo Centre for Technology & Democracy, Cambridge, 2023.

aunque algunas normativas o políticas públicas tienden a aplicar conceptos como *green film, green shooting* u otros, no siempre se parte de una definición consensuada.

Para establecer un marco de desarrollo sostenible, conviene también aclarar quién es responsable en diferentes ámbitos industriales y que se concrete cómo se medirá el éxito de las campañas y los programas verdes. Existe aún mucha opacidad en la aplicación y seguimiento de las políticas, por lo que la rendición de cuentas queda diluida. Otro de los puntos conflictivos en la aplicación de políticas verdes es la naturaleza diversa de la producción audiovisual: no son iguales las condiciones de producción de una gran *major* americana que una película de bajo presupuesto. En ese sentido, también cambiarán sus objetivos y motivaciones de implementar políticas verdes: algunos tenderán a la búsqueda de mejorar su imagen de marca y muchos desarrollarán las prácticas sostenibles si van ligadas a un beneficio económico.

Entre las principales cuestiones que se deben coordinar para consolidar un tejido coherente de colaboración estarían los informes sobre emisiones y certificaciones medioambientales y las políticas públicas para establecer incentivos. Los gobiernos y los organismos del sector pueden exigir a las empresas mayor transparencia en la información sobre sus emisiones y su impacto medioambiental. Los informes regulares pueden servir de base para establecer objetivos y medir los avances hacia la reducción de la huella de carbono. Para ello hace falta un consenso global por la definición y medición de conceptos como *net zero* o las certificaciones medioambientales normalizadas. Estas certificaciones establecen referencias específicas para las prácticas de producción sostenibles, facilitando a los cineastas el cumplimiento de las normas ecológicas. Las políticas públicas pueden establecer la necesidad de obtener estas certificaciones para acceder a determinados incentivos fiscales o financiación pública.

Por otro lado, los medios ponen en circulación textos que influyen en la toma de decisiones y en los hábitos de los ciudadanos. En ese sentido, los programas de sostenibilidad deben incluir —algunos ya lo hacen— otras líneas de acción relacionadas con la reflexión sobre cómo crear concienciación pública. *Greening the media* debería aplicarse a un doble nivel: analizando el impacto de las labores de producción en el medio ambiente, pero también una línea de análisis centrada en el impacto de los contenidos en la percepción de la sociedad y en los hábitos de los ciudadanos. Uno de los retos para los próximos años es identificar y promover la inclusión de narrativas y prácticas ecológicas en películas y programas de televisión, en consonancia con los esfuerzos más amplios de concienciación y educación sobre el clima. Es una cuestión delicada, pues en el sector se podrían percibir estas acciones como intervenciones que generen tensión creativa o que presentan a los medios como demasiado predicadores o censores. También los públicos las pueden interpretar como una forma de intervención política innecesaria.

Como en el debate sobre la conceptualización Antropoceno, evitar el déficit de responsabilidad no sólo depende de las acciones de las instituciones, empresas y medios implicados, sino también en la ciudadanía, que perfila a través de su uso el ecosistema mediático y digital —y el entorno natural en el que vive. Para ello es necesaria también la concienciación e implicación del público, no solo en la exigencia de la coordinación de instituciones y medios para la gestión "verde" de su actividad, sino también en el uso responsable de los medios. Urge conciliar la ambigüedad provocada por nuestro uso intensivo de las tecnologías en todos los ámbitos de la vida y la responsabilidad que debemos asumir al sabernos causantes de impactos relevantes en el ecosistema mediático y en los ecosistemas planetarios.

4. CONCLUSIONES

Los medios de comunicación juegan un papel clave en el Antropoceno. Pueden ayudar a entender los fenómenos que lo perfilan y también participan en su definición. Al mismo tiempo, su actividad, a través de la creciente producción de productos culturales y las actividades implicadas en su distribución, almacenamiento y consumo, supone un impacto medioambiental poco estudiado. Sin ánimo de entrar en el profundo debate sobre el rol de la tecnología en el Antropoceno[34], este capítulo se ha aproximado al rol de los medios como elementos necesarios de la comunicación, pero cada vez más como co-constituyentes de nuestras relaciones humanas y socionaturales. Es un avance hacia el reconocimiento de una ecología profunda de los medios en la que los procesos de producción y recepción de textos mediáticos no debe separarse de la manera en la que se materializan e impactan a nivel medioambiental[35].

A medida que las tecnologías de la comunicación se consolidan como elementos clave en nuestras vidas, las industrias mediáticas se enfrentan a su manera a las ambivalencias del Antropoceno: deben hacerse cargo del poder de influencia que tienen al mismo tiempo que deben asumir la dificultad de coordinar lógicas de producción sostenibles. Por otro lado, aunque desarrollen más producciones de contenido o discurso verde, también deben controlar el coste medioambiental de su actividad.

Y aunque hasta hace poco las industrias mediáticas no habían actuado en esa línea[36], ejemplos recientes —como los analizados en este capítulo— demuestran una creciente preocupación por hacer los medios más sostenibles. De nuevo, como en la discusión sobre cómo afrontar el Antropoceno, ese giro verde es deseable, pero siempre deberá atender a diferentes contextos y necesidades. Quizá el objetivo de unas industrias mediáticas verdes no sea alcanzable, pero sí se pueden dar pasos hacia unas industrias cada vez más verdes.

---

34 LEMMENS, p. , VAN DEN EEDE, Y., "Rethinking Technology in the Anthropocene: Guest Editors' Introduction", *Foundations of Science*, 27, 2022, 95-105.

35 ARROYAVE CABRERA, J., MILLER, T., "De la ecología de medios a la ecología profunda de medios: esclarecer la metáfora y visibilizar su impacto medioambiental", *Palabra Clave*, 20 (1), 2017, 239-268.

36 MAXWELL, R., MILLER, T., ob. cit.

En ese sentido, la sostenibilidad medioambiental de los medios es un objetivo deseable en tanto en cuanto sea capaz de ser económicamente sostenible, inspire una transformación en la cultura productiva y pueda hacer contribuciones relevantes a un cambio social más amplio. Por eso, parece necesario que las iniciativas industriales y políticas públicas descritas aquí consideren también que, en el ecosistema mediático digital, la ciudadanía también interviene, perfila y participa en la definición de los medios —y, en consecuencia, de la tecnosfera sobre la que se configura el Antropoceno.

Antropoceno: la civilización del agua

MONTSERRAT GARCÍA LÓPEZ

1. INTRODUCCIÓN

Los seres humanos necesitamos llamar a las cosas por su nombre. De alguna manera la necesidad de nombrar lleva implícito la evocación de un conjunto de abstracciones que, a su vez, configuran y dan contenido. Así, la visión de la realidad queda condicionada por sus apelativos. Ponemos nombres a nuestros problemas, esos apelativos aportan visiones, ángulos, referencias para el debate, por tanto, no es descabellado afirmar que las soluciones que adoptamos dependen en cierta medida de los nombres. La cura de una enfermedad empieza por nominar al mal del cuerpo enfermo. O, dicho de otra forma: nominar es tomar conciencia, presupuesto necesario para debatir y actuar.

El Antropoceno es uno de esos nombres, o mejor, uno de esos debates en construcción desde que en el año 2000 lo pronunciara Paul Crutzen y Eugene Stoermer en la conferencia de Cuernavaca. El concepto invoca una nueva era para dejar atrás la naturaleza como la conocíamos y pone el acento en el acoplamiento entre el ser humano y el mundo no humano[1]. En primer lugar, abruma la magnitud del concepto, intenta descifrar los condicionantes humanos en los sistemas planetarios, ahora bien, mientras tanto, se analizan las evidencias empíricas del nuevo tiempo a través de conceptos nuevos, esos otros debates encaminados a definir desde

---

1 ARIAS MALDONADO, M.J., "Antropoceno" *Paradigma*, n.º 23, 2020, pp. 16-23.

diferenciadas facetas científicas los fenómenos englobados bajo el paraguas del Antropoceno.

Varios ejemplos pueden ilustrar lo dicho: el calentamiento global apela a los cambios en las rutinas climáticas del planeta. La desertización y la deforestación describen nuevos escenarios. La sobreexplotación de los recursos, la agricultura y ganadería intensivas, los alimentos transgénicos, etc., son transformadores de impacto. Centrándonos en el agua, hilo conductor de este capítulo, los cambios en el ciclo del agua inspiran apelativos nuevos a la falta de agua como la aridez, el déficit hídrico o la anomalía pluviométrica[2], en otras palabras ponemos nombres diferentes a la escasez[3].

El Antropoceno sugiere que esas nuevas realidades traen causa de un factor compartido: el ser humano. No en exclusiva, pero sí con la fuerza transgresora que permite diferenciarlo de cualquier otra especie que cohabita el planeta. Y al menos en materia de aguas hay evidencias. Los castores construyen presas, los seres humanos también desde el año 4000 A.C. En la actualidad se contabilizan aproximadamente 50000 grandes presas, aquéllas con volumen de agua de embalse superior a los 3 millones de m3[4]. Las

2 RUÍZ SINOGA, J.D., GARCÍA MARÍN, R., MARTÍNEZ MURILLO, J.F., GABARRÓN GALEOTE, M.A., "*Precipitation Dynamics in southern Spain: trends and cycles*". International Journal of Climatology, 30. DOI: 10.1002/joc.2235, 2010.

3 WILHITE, Donald A.; SVOBODA, Mark D.; and HAYES, Michael J.:" Understanding the Complex Impacts of Drought: A Key to Enhancing Drought Mitigation and Preparedness". Drought Mitigation Center Faculty Publications. 43 [en línea], (2007), http://digitalcommons.unl.edu/droughtfacpub/43 [Consulta: 02/02/2023.]; PANEQUE P. y VARGAS J., "Gestión y planificación del riesgo de sequía: Capacidad de adaptación, percepción social y opinión pública en Inundación y sequías. Análisis Multidisciplinar para Mitigar el Impacto de los Fenómenos Climáticos Extremos" Universidad de Alicante. Editores Melgarejo j, López M., Fernández P., 2021, pp. 77-99.

4 FLORES FLORES, G., "Evaluación del impacto social en grandes presas: caso Inambari ", Revista. Investig. (Esc. Post Grado) V 5, Nº3, Insti-

obras hidráulicas, no sólo hacen acopio de agua, también permiten ganar terreno al mar, alterar la morfología de las costas, crear islas o arrecifes artificiales, en definitiva, modificar los hábitats, siguiendo a Arias Maldonado, crear nicho[5].

No se trata exclusivamente de la ingente cantidad de agua controlada por la mano del hombre y por tanto sustraída de su ciclo vital en la naturaleza sino también de su impacto ambiental, social, energético, demográfico, comercial... etc. A lo largo y ancho del planeta se erigen obras hidráulicas con efectos colaterales; por ejemplo, la represa Tres Gargantas de China implicó el desplazamiento de 1,3 millones de personas[6].

Hay más, el ciclo hidrológico es un subsistema planetario dependiente del clima. Como expone Fernández Carrasco[7] los cambios en la temperatura modifican la evapotranspiración, y con ello cambia la humedad del suelo y la infiltración de agua en el subsuelo. Si aceptamos que causas antrópicas están asociados al cambio climático, el ciclo del agua comparte suerte. Los datos revelan que los mecanismos de cambio en el clima se trasladan de forma notoria y, a veces súbita al ciclo del agua: los patrones de precipitaciones cambian, los glaciares y las nieves permanentes se reducen, los ecosistemas mutan, aumenta el riesgo de fenómenos meteorológicos adversos. Las predicciones se van cumpliendo, en

---

tuto de Investigación de la Escuela de Post Grado -Universidad Nacional del Altiplano Puno-Perú, 2009.

5 ARIAS MALDONADO, M. J., *Antropoceno. La política en la era humana*, Taurus, Barcelona, 2018.

6 HWANG S.-S., XI J., CAO Y., FENG X. & QIAO X.,"Anticipation of migration and psychological stress and the Three Gorges Dam project, China", Social Science & Medicine. 65(5): 2007, pp. 1012-1024.

7 FERNÁNDEZ CARRASCO, p. , Tesis: "Sobre los recursos hídricos. Aplicación a diecinueve pequeñas cuencas en España", Universidad Politécnica de Madrid, 2002.

1999 el informe Acacia[8] apuntaba a una disminución de precipitaciones en el sur de Europa entorno a un 20%.

Efectivamente, hay evidencias de que el cambio climático pueda tener relación con una intensificación o aceleración del ciclo del agua. Huntington[9] recopila varios estudios sobre las tendencias de la escorrentía mundial de los principales ríos en distintos periodos (1910-1975) y (1920-1995), confirmando su aumento durante el siglo XX, así como, un cambio de patrón que sugiere un aumento en latitudes altas y ecuatoriales y una disminución en latitudes medias. Entre las causas se encuentran aquellas atribuidas a las alteraciones humanas como la conversión de tierras nativas a usos agrícolas, las medidas para prevención de inundaciones laminando caudales, la evaporación de las aguas retenidas en los embalses. Igualmente se presta atención a la salinidad de los océanos: Bethoux et al. atribuyen a factores antropogénicos la mayor concentración de sal en el Mediterráneo por la reducción de aporte de agua dulce y mayores aportes salinos del Mar Rojo, reduciendo las precipitaciones y un aumento de la evaporación[10].

El efecto catalizador de la acción del hombre en los sistemas planetarios provoca cambios en la atmósfera, agua, suelo, biodiversidad, a su vez sistemas interconectados que se retroalimentan potenciando nuevos cambios no sugeridos o difíciles de predecir en primera instancia, ello aumenta la incertidumbre y por tanto es necesario establecer un escenario para discutir, concienciar y

---

8 ACACIA, "Valoración de los efectos potenciales del cambio climático en Europa. Informe ACACIA". Parry M., Parry C. y Livermore M. (eds), 1999.

9 HUNTINGTON THOMAS, G.:" Evidence for intensification of the global water cycle: Review and synthesis", Journal of Hydrology, Volume 319, Issues 1-4, 2006, Pages 83-95, (2006), https://doi.org/10.1016/j.jhydrol.2005.07.003 [Consulta: 02/02/2023.]

10 BÉTHOUX, J.P., GENTILI B.B., TAILLIEZ D.D., "Cambio en el balance de agua dulce y calentamiento en el Mediterráneo desde la década de 1940, su posible relación en el efecto invernadero", Geofísico. Res. Letón., 25, 1998.

tomar decisiones. En ese sentido el Antropoceno proporciona ese marco incluyendo el punto de vista de las ciencias políticas y sociales para redirigir con acciones los datos y proyecciones de las ciencias naturales. Entre esas decisiones, las concernientes a la gestión del agua, acertadas o desacertadas, permitirán abordar, o tal vez, elegir un tipo de Antropoceno.

2. EL AGUA EN LA AGENDA MUNDIAL

Ya se ha comentado que el término Antropoceno se acuñó en el año 2000, y lo hizo de forma espontánea, durante unas jornadas científicas dedicadas al cambio global. Ciertamente el comienzo de un nuevo milenio agudizó el ingenio, ya que también ese año, en unas jornadas, el II Foro Mundial del Agua celebrado en La Haya, estableció un nuevo paradigma en la gestión: visualizar las crisis relacionadas con el agua como un problema de gobierno antes que un problema de escasez. Nuevamente el cambio de concepto define contenidos y reconduce a otras soluciones. En el agua ello supone cambiar de una política centrada en la demanda de agua, siempre sin límites, a una política centrada en la oferta de agua, siempre limitada.

Este giro tiene consecuencias, la visión centrada en la gestión de la demanda pone el acento en la obra hidráulica, por el contrario, la visión centrada en la gestión de la oferta, el acento recae en conjugar el recurso con las necesidades reconocidas. Los usos del agua (abastecimientos, industriales, agrarios) tienen como destino satisfacer esos conciertos sociales. Sin embargo, la creciente demanda ha llevado a regular de forma artificial la mayoría de los ríos hasta el límite de crear un nuevo concepto, el caudal ecológico a efectos de señalar un punto de no retorno para que un río no deje de ser un río, en el sentido de configurar una corriente de agua fluyente. Así, se entiende por caudal ecológico el mínimo de caudal a dejar fluir por su cauce para conservar sin alteraciones sustanciales los valores ecológicos después de intervenir el río de cualquier forma. Lo cierto es que la implantación de estos caudales ecológicos queda a merced de la vigilancia de parámetros medidos de diversas formas hasta convertirlos en una decisión política más en la gestión del agua[11].

En lo concerniente al agua hay evidencias de la fuerza transformadora de los seres humanos sobre su hábitat, *en otra hora natural*, a un nuevo entorno socionatural, aunque pudiera tener condiciones ecológicas *sanas* no deja de ser una naturaleza intervenida. Una *naturaleza construida* como afirma Arias Maldonado[12] cuando reflexiona sobre el "giro antropocénico" y abre la perspectiva del Antropoceno a la agencia humana. Ese poder de alteración de los seres humanos, el autor lo integra en la teoría de la construcción de nicho según la cual no solo se adaptan los organismos a sus entornos, sino que los organismos son quienes cambian entornos. El calibre de los modelos adaptativos de interacción es doble, biológico y cultural, convirtiendo a la humanidad en una fuerza geológica de pleno derecho. Esta reorientación permitiría un hilo de optimismo: la humanidad tiene opciones de definir y por tanto decidir el Antropoceno en el que vivir, es más, tiene la responsabilidad desde la toma de conciencia de su poder de transformación.

Para Arias Maldonado, si queremos preservar, mejorar o evolucionar en nuestra civilización tendremos que buscar la forma de convivir con la nueva naturaleza construida. Ese buen Antropoceno, esto es, la reflexión acerca de la buena vida y la buena sociedad, requiere un sistema global de gobernanza que sea capaz de llevar a cabo las medidas necesarias[13]. Esa reinvención hacia lo sostenible, democrático y justo es un camino por andar, en el que las apuestas son variadas, bien podemos redefinir el bienestar y encontrar otras preferencias, o podemos fijar los límites de los

---

11 GARCÍA DE JALÓN, D. y GONZÁLEZ DE TÁNAGO, M., "Los caudales ecológicos en España: ¿Restricción de usos o Medida de Restauración?", Libro de actas Congreso II Congreso Ibérico restauración fluvial, 2019, pp 139-246.

12 ARIAS MALDONADO, M. J., "El giro antropocénico ", XIII congreso de la AECPA, San Sebastían, 13-15 julio 2015.

13 ARIAS MALDONADO, M. J., *Antropoceno. La política en la era humana*, op. cit.

recursos del planeta y no sobrepasarlos, o bien podemos explorar nuevas posibilidades, lo que Arias Maldonado define como *ilustración ecológica*, el autor la reconoce como una tarea pendiente de la modernidad y un proceso de aprendizaje del que dependerá el futuro del ser humano como especie[14].

Desde el año 2012 en el VI Foro Mundial del Agua celebrado en Marsella quedó establecido el buen gobierno del agua como una condición para el éxito de las prioridades para la acción[15]. Esa reinvención de la política de aguas se aborda desde las nuevas conciencias socionaturales, asumiendo la responsabilidad de contribuir a la consolidación de estructuras institucionales y mecanismos con los que gestionar la resolución de conflictos, superar las visiones territoriales del agua, y canalizar la tensión tecnología versus democracia en la toma de decisiones a la hora de explotar el recurso. Las preguntas empiezan a cambiar. En lugar de calcular los metros cúbicos necesarios, se cuestiona la huella hídrica de nuestros productos y servicios. En lugar de gestionar una cuenca, nos fijamos en los hábitats y en lugar de contestar a dónde y cómo plantar una obra hidráulica se cuestiona el proceso a seguir para decidir.

El ciclo hidrológico mundial es único. El agua en sus diferentes estados (sólido, líquido y gaseoso) se encuentra en permanente movimiento alrededor del planeta. Por su parte, la humanidad suma su propio ciclo, el ciclo urbano del agua, ello lleva aparejadas complejas infraestructuras de aducción, distribución, saneamiento y reutilización. Los datos son muy reveladores, el 3% del agua es dulce en el ciclo natural, si bien, el 2,5%, por ahora, está en estado sólido en los polos y glaciares[16], y el resto, el 0,5% hay

---

14 ARIAS MALDONADO, M. J., *Antropoceno. La política en la era humana*, cit.

15 PERO-SANZ GONZÁLEZ, D.: "6.ª Edición del Foro Mundial del Agua" en *Instituto Español de Estudios Estratégicos* Núm. 15, marzo 2012, [en línea], (2012), http://www.ieee.es/ [Consulta: 02/02/2023.]

16 CORDERO FERRERO J., "Economía Circular: el ciclo integral del agua y la eficiencia energético", Encuentros Multidiciplinarios n.º 63 sep- dic 2019.

que repartirlo entre los no humanos y los humanos. Para gestionar ese 0,5 se usan por ejemplo en Europa tres millones de kilómetros solo de alcantarillado[17]. En España, el INE del año 2016 aporta el dato de 256 000 kilómetros de tubería de abastecimiento y 144 000 kilómetros de saneamiento, cuanto más si el agua acelera su ciclo vital.

Además, la humanidad aspira a una mayor transformación del entorno, y si bien no todos los seres humanos han contribuido por igual, se trabaja para que esas transformaciones se pongan en marcha en todos los rincones del planeta. La Resolución 64/292 de la Asamblea General de Naciones Unidas reconoció el 28 de julio de 2010 el derecho humano al agua y al saneamiento e impulsa a los Estados y organizaciones internacionales a propiciar la captación de aguas y la transferencia de tecnología para que países en vías de desarrollo puedan adaptar sus entornos a sus necesidades de suministro de agua potable y saneamiento. Así, se establecen unos parámetros de mínimos sugeridos por parte de organizaciones mundiales: *agua suficiente* (entre 50 y 100 litros persona/ día), – *agua saludable*, libre de microorganismos y sustancias químicas, y por tanto tratada, – *agua aceptable*, con un color, olor y sabor apropiados, – *agua accesible*, a menos de un kilómetro del hogar y de media hora de desplazamiento, – *agua asequible*, con un coste que no supere el 3% de los ingresos del hogar.

El propósito es claro y tiene fecha. Para el 2030 la Agenda de Naciones Unidas en la meta 6.1 de los Objetivos de Desarrollo Sostenible señala "De aquí al 2030, lograr el acceso universal y equitativo al agua potable a un precio asequible para todos". Esto es, no se discute la transformación del entorno o, dicho de otra forma,

---

17 EUROPEAN FEDERATION OF NATIONAL ASSOCIATIOS OF WATER SERVICES (EurEau). "Nota informativa. Redes de aguas residuales y aguas pluviales. Los principios de una buena gestión de la red de alcantarillado" [en linea], (2020), https://www.eureau.org/resources/publications/translations/5283-nota-informativa-eureau-gestion-de-las-redes-de-aguas-residuales-y-de-aguas-pluviales/file [Consulta: 02/02/2023.]

la creación de nicho, y además con pocas alternativas respecto al patrón en las intervenciones, se insta a compartir la tecnología. En aras de un futuro de equidad, justicia y prosperidad se tiende a unificar el acceso al agua mediante parámetros de referencia lo que implica unificar las relaciones socionaturales dejando poco margen a otras formas de convivir y de acceso al agua propias de particularismos tribales, locales y/o culturales. Tal vez sea una tragedia común y única de los seres humanos, pero nuestro carácter social y la habilidad para gestionar nuestra convivencia en grandes urbes, se impone, por ahora, sobre otras alternativas.

Hasta aquí se ha expuesto que el ciclo hidrológico del planeta es único y además tiende a intensificarse o acelerarse. A la contabilidad de los estados del agua en la naturaleza (sólido, líquido y gaseoso) hay que sumar los estados del agua en los productos y servicios (agua virtual) elaborados por los seres humanos; y al ciclo natural o vital del agua hay que añadir el ciclo urbano (aducción, captación, saneamiento). Existen evidencias de la intervención humana en el ciclo del agua y de alguna forma hemos decidido seguir haciéndolo, de hecho, se prevé que las demandas de agua para el 2030 aumenten aproximadamente un 40% en comparación con los niveles de 2017[18]. Quizás por ello, Elizabeth Kolbert, redactora del New Yorker, reaccionaba en 2014 ante el artículo "la ilusión del buen Antropoceno" de Hamilton cuestionando si el calificativo bueno es compatible con Antropoceno. Tal vez, dado lo avanzado del relato y la tendencia del mismo, Hamilton tenga razón y el buen Antropoceno sea una ilusión, pero al menos en la gestión del agua se configuran nuevos conceptos y herramientas para abrir opciones. De ellas destacan: la superación de la visión territorial y los procesos para tomar decisiones participativas en lo concerniente al uso de las fuentes de agua.

---

[18] INSTITUTO DE INVESTIGACION CREDIT SUISSE, "Global Wealth Report", Credit Suisse, 2019.

3. ANTIGUAS PRÁCTICAS Y NUEVOS DEBATES

Uotsukirin (*fish- breeding forest*) era una práctica local japonesa del siglo X extendida a todo Japón en el siglo XVII, consistía en prohibir la tala de árboles en línea de costa con la intención de incrementar la pesca de la sardina, vital en la economía del país. Intuitivamente se constató que las costas sin vegetación (Isoyake) eran la causa de la devastación de los bosques de las cuencas hidrográficas interiores. Como explica Wakana[19] el gobierno japonés en 1897 promulgó la primera ley moderna para proteger los bosques, y en posteriores investigaciones ha quedado patente la interdependencia entre los bosques interiores, las corrientes de aguas de sus riberas y la vida en el mar. Las aguas reparten el flujo de nutrientes en un ciclo virtuoso de vida. De esta forma los pescadores japoneses también se ocupan de los árboles, estos son parte de la pesca.

Con permiso y a pesar de los caudales ecológicos hay que señalar que toda intervención humana en los cauces altera las características *naturales* de los ríos, los convierten, en el mejor de los casos en otros ríos. No es necesario verter nada ni detraer un caudal opulento (que también se hace) para alterar de forma sustancial el estado físico y químico de un río. Así, su regulación, su modificación artificial mediante la construcción de estructuras, incluso las menos complejas como escolleras, desvíos y defensas, alteran la velocidad y profundidad media, la sedimentación, la temperatura, la geomorfología del lecho, la depuración de sustratos. Lo dicho, crean otro río y por tanto alteran la biocenosis, el biotipo, esto es, el ecosistema del río originario, dando pocas opciones a las comunidades biológicas de origen para, siendo optimistas, dar paso a otras, o peor, dar paso a la pérdida de biodiversidad.

---

19 WAKANA H., "History of '*Uotsukirin*' (Fish-Breeding Forests) in Japan" en *The Dilemma of Boundaries. Toward a New Concept of Cachment.* Japan. Springer, 2012, pp. 145-160.

En España hace un siglo se pensaba en los ríos como elementos desde los que vertebrar la transformación de los territorios a través de la obra hidráulica. No sólo la transformación física con el aumento exponencial de regadíos sino también un cambio social facilitando asentamientos y un cambio de modelo productivo gracias a la agricultura, la ganadería y la energía hidráulica. La gesta se realizó mediante la planificación de obras por cuencas y bajo la promoción y tutela del Estado con la creación de una estructura institucional denominada Confederación Hidrográfica. Desde 1926 se crearon tantas Confederaciones como ríos se regulaban por ej. Confederación Hidrográfica del Ebro en 1926 o la Confederación Hidrográfica del Guadalhorce en 1948. Su misión fue adquirir un rol constructor y desplazar formas tradicionales de autogestión de riegos, ciertamente de ámbito local, no compatibles con los planes de transformación de ámbito nacional de la época.

Esa concepción material del agua como medio hacia una sociedad moderna permaneció pacífica hasta los años 70 cuando irrumpieron los movimientos ambientalistas. De forma desordenada y sin provocar cambios sustanciales se abrieron debates en el agua como reflejo de las visiones del ecologismo. La naturaleza como valor en los preservacionistas o conservacionistas, el debate sobre el papel de la ciencia en el movimiento verde, descentralizar la sociedad para tener oportunidades de sostenibilidad, las críticas a la moderna sociedad industrial[20]. Parte del discurso verde, al menos en sus orígenes planteó una organización descentralizada con menor impacto, menor uso de energía, menos transporte, menos lucro comercial, y mejor nivel para tomar decisiones, por ejemplo, Kirkpatrick Sale[21] hablaba de *biorregión* una porción de tierra definida por características humanas más que por fronteras físicas.

---

20 DOBSON A., "Ecologism", en. En Eatwell R. y Wright A. (eds), *Contemporary Political Ideologies,*. Continuum, pp. 231-251, 1993.

21 KIRKPATRICK SALE,"Mother of All", en SATISH KUMAR (EDS). The Shumacher lectures, vol 2, Abacus, London, 1974 pp. 226-227.

Las tensiones entre lo local y lo global, entre lo centralizado y descentralizado, ha sido una constante en las concepciones del agua lo que ha reflejado la lucha entre los territorios, sus fronteras y sus aguas. Los ríos fluyen hacia el mar en la naturaleza, pero el ser humano tiene la capacidad de cambiar y retener esos cursos, lo acontecido aguas arriba en una corriente condiciona lo que acontece aguas abajo. Acomodar la cualidad unitaria del ciclo hidrológico mundial y las fronteras políticas- administrativas ha sido un elemento no pacífico, así como abordar las singularidades de cada espacio. A ese histórico debate se unen los fenómenos como la globalización y su efecto homogeneizador, el calentamiento global, los planteamientos ecológicos, las visiones menos economicistas o las tendencias de la economía circular[22].

El Antropoceno puede ser visto como la oportunidad para conciliar viejos y nuevos debates, y a su vez resituar el agua en los discursos que prestan atención a las ideas de solidaridad, equidad, equilibrio y por supuesto progreso, presentes en conceptos como desarrollo sostenible "el desarrollo que satisface las necesidades del presente sin poner en peligro la capacidad de las generaciones futuras para satisfacer sus propias necesidades" (informe de la ONU "Nuestro Futuro Común"). Como afirma Arias Maldonado[23] la naturaleza deviene cada vez menos autónoma, y ello se puede afirmar del agua y de su ciclo vital, lo social y lo natural se conjugan no siempre con los resultados esperados, y por ello esa interconexión, interdependencia o como denomina Arias Maldonado esa hibridación requiere un planteamiento nuevo.

---

22 VOULVOULIS, N.,"Transitioning to a sustainable circular economy. The transformation requiered to decouple growth from enviromental degradation ". Front. Sustain. 3.859896.doi: 10.3389/frsus.2022.859896, 2022.

23 ARIAS MALDONADO, M. J., "El giro antropocénico ", XIII congreso de la AECPA, cit.

Desde finales de los 90 se ensayan nuevos enfoques. Efectivamente en el año 2000 la Asociación Mundial para el Agua (GWP)[24] define la Gestión Integral de los Recursos Hídricos como: un proceso que promueve la gestión y el desarrollo coordinados del agua, la tierra y los recursos relacionados, con el fin de maximizar el bienestar social y económico resultante de manera equitativa, sin comprometer la sostenibilidad de los ecosistemas vitales. Se trata de un esquema de trabajo centrado en la interdependencia hidrológica, social, económica y medioambiental y reconoce los accidentes naturales como la cuenca de un río, los acuíferos asociados como elementos del entorno en el que actuar[25].

El concepto se ha promovido desde organismos internacionales como la Rioc (la Red Internacional de Organismos de Cueca) centrado en las cuencas, la Usaid (la Agencia de los Estados Unidos para el Desarrollo Internacional) centrado en los ecosistemas y hábitats, o la Unión Europea a través de la Directiva Marco del Agua centrado en la calidad de las masas de agua distribuidas en demarcaciones hidrográficas. La homogenización del criterio es su principal valor, sin embargo, se ha convertido a su vez en su propio t*alón de Aquiles*, no parece que un solo concepto sea capaz de imponerse como solución en todos los territorios y contextos. Las técnicas se exportan, se reconstruyen los espacios naturales desde los mismos conocimientos técnicos, pero hay que dejar espacio a las singularidades locales, tribales o culturales para construir propios sistemas de interacción socionatural, siendo una función de los procesos participativos.

---

[24] GLOBAL WATER PARTNESHIP: " Towards water security: A framework for action" [en línea], (2000), http://www.gwp.org/Global/ToolBox/References/Towards%20water%20security.%20A%20framework%20for%20action.%20Mobilising%20political%20will%20to%20act%20(GWP,%202000).pdf [Consulta: 05/09/2022.]

[25] GARCÍA LÓPEZ, M., "La necesidad de un cambio en la gobernanza multinivel de la gestión del agua: Andalucía y España". En CORDOBA HOYO, l y ROMERO TARIN, A. (eds). Los desafíos de España y Colombia en la gobernanza hídrica en el siglo XXI. Ed Aranzadi. Pamplona, España, 2020, pp. 101-131.

4. LA HIBRIDACIÓN Y LOS RECURSOS HÍDRICOS

En 2014 el término Antropoceno aparece definido en el Oxford English Dictionary: "la era del tiempo geológico durante la cual se considera que la actividad humana es la influencia dominante en el medio ambiente, el clima y la ecología de la tierra". Como afirma Andrew C. Revkin[26] esa definición se queda corta, el significado amplio de Antropoceno "se centra en cómo la conciencia viene con la responsabilidad". También esa reflexión es aplicable al agua, por ejemplo, la Comisión europea, en la Directiva Marco del Agua (2000), reconoce el agua fuera del comercio del hombre, ni siquiera es patrimonio de todos nosotros, porque, como estipula el Antropoceno, reconocerlo así excluiría al resto no humano que habita el planeta.

Esta toma de conciencia busca el *alma* del agua más allá de figurar como elemento físico en la naturaleza. Su trazo se encuentra en todo lo que nos rodea. En el Antropoceno cuenta también la capacidad del ser humano de trasladar los recursos hídricos de un lugar a otro del planeta en forma de productos. Se trata de un nuevo concepto "agua virtual" desarrollado por John Anthony Allan en 2008 que propone incluir en los intercambios de bienes y servicios el agua involucrada en la fabricación de esos bienes y servicios[27]. Ahora bien, una cosa es tomar conciencia y medir el agua escondida en los productos y otra cómo usar ese conocimiento, de ello dependerá las posibilidades, si ello es posible, de un buen Antropoceno.

Esa toma de conciencia cobra una nueva dimensión en una economía globalizada en la que el comercio mundial de materia

---

26 REVKIN A., C.: "Un viaje al antropoceno" [en linea], (2016), https://www.anthropocenemagazine.org/anthropocenejourney/ [Consulta: 02/02/2023.]

27 DIMITROPOULOS, S.: "Should global virtual water trade go local?, Eos, 101" [en linea], (2020), *https://eos.org/articles/rethinking-the-concept-of-virtual-water-in-the-global-trade-market* [Consulta: 02/02/2023.]

primas agrícolas lleva aparejado el "trasvase" de ingentes masas de agua. No sólo cuenta el volumen de agua sino también su procedencia, adquiriendo un valor diverso en las diferentes latitudes del planeta. El consumo de agua azul (agua superficial o subterránea), el agua verde (agua ambiental o de lluvia) en la elaboración o cultivo se presentan como parámetros en el cálculo de la huella hídrica como indicador de sostenibilidad[28]. Una información que puede tener diferente traducción en la toma de decisiones convertida en un nuevo mecanismo de competitividad en cuya peor faceta se busca aprovechar las vulnerabilidades y debilidades de aquellos que no gestionan con ventaja su recurso o, un mecanismo de colaboración y solidario para equilibrar resultados óptimos entre hábitats, en última instancia, de lo *urbano o civilizado* y lo natural.

En Canadá la investigación llevada a cabo en el territorio del Alberta para modelar los potenciales de exportación entre 2040 y 2065 de trigo, cebada y canola y su impacto en la política de aguas determinaron que la expansión de las tierras de cultivo, considerada la demanda mundial de cereales, la tendencia sería una escalada de la huella hídrica, llegando a tener problemas hídricos una nación que posee el 20% del total de los recursos de agua dulce del mundo. Los investigadores Badrul Masud de la Universidad del Alberta (Canadá) y el supervisor del estudio Monireh Faramarzi concluyen que conviene cambiar el enfoque del escenario internacional al intrarregional, reestructurando el patrón de cultivo, produciendo cereales en las tierras del norte y reservando las del sur a otros cultivos, con la estrategia apropiada se evitan problemas de escasez y calidad de agua, y se satisfacen demandas globales[29].

---

28 ALDAYA, M. M.; MARTINEZ-SANTOS, p. y LLAMAS, M. R., "Incorporating the waterfoot print and virtual water into policy: reflections from the Mancha Occidental Region, Spain", *Water Resource Management*, 24, 2010, pp. 941-958.

29 DIMITROPOULOS, S.: "Should global virtual water trade go local?", *Op. cit.*

El debate del buen Antropoceno no pretende limitar, contener o tecnificar la toma de decisiones, al contrario, con la audacia que proporcionan los medios científicos se abren nuevas posibilidades. Como indica Arias Maldonado[30] para la continuidad de los placeres civilizados "será necesario adaptarlos a unas condiciones ecológicas radicalmente alteradas. He aquí el problema político del Antropoceno". El problema político del agua, para el buen gobierno del agua son igualmente importantes los procesos. Lautze et al[31]. cuestionan ¿qué sentido tiene realizar una planificación hidrológica con la participación de todos los implicados si el resultado ya está predeterminado?; ¿qué margen de actuación tiene la participación o la sostenibilidad como principios que cualifican la gobernanza del agua?; ¿qué ocurre si los agentes implicados en el proceso deciden que se gestione el agua de forma insostenible?

La hibridación en lo hídrico consiste en dar contenido a la viabilidad de los sistemas hídricos socionaturales, se hace necesario debatir cuál es el tipo de equilibrio buscado entre el agua y la sociedad que la utiliza, qué medios se van a emplear o a qué grado de regulación se va a someter la naturaleza. La gestión bajo un modelo tecnológico imponiendo la eficiencia y buscando una sostenibilidad a nivel excluyente, se ha demostrado ineficaz en las nuevas realidades empíricas que nos muestran los científicos. La competencia del ser humano de plantar bosques artificiales de la envergadura del Parque Nacional forestal de Saihanda en China con una superficie de 9 333 kilómetros cuadrados capaz de conservar y purificar 137 millones de metros cúbicos de agua al año, es un indicativo de que las ciencias naturales y la tecnología abren opciones. En la dimensión política del Antropoceno, las ciencias sociales y las humanidades pueden ayudar a interpretar y explorar esas nuevas opciones. Las alternativas conocidas, dejarse llevar o

---

30 ARIAS MALDONADO, M.J., "Antropoceno" *Paradigma*, n.º 23, cit.

31 LAUTZE, J., SANJIV de SILVA, MARK. G, LUKE, S.,"Putting the cart before the horse: Water governance and IWRM", Natural Resources Forum, vol. 35, núm.1, (2011), pp. 1-8.

desandar lo andado, no garantizan resultados. En tanto en cuanto surgen otras alternativas conviene trabajar para un posible buen Antropoceno.

5. CONCLUSIÓN

El debate está sobre la mesa, no participar es la peor opción, incluso para reivindicar el Holoceno. El Antropoceno hay que definirlo para que exista, los nombres marcan camino, y lo paradójico es que primero hay que conocerlo. Todo queda por debatir, las rutinas del agua están cambiando en el planeta, y el planeta cambia a medida que se modifican sus rutinas. Sorprendentemente, cuanto más control se tiene sobre como domesticar el agua en la naturaleza para ponerla al servicio de los usos humanos las evidencias muestran que se trastoca el ciclo hídrico y el ser humano tiene menos control sobre los fenómenos naturales súbitos y adversos. En definitiva, hemos tratado el agua de forma ajena e independiente al planeta. El agua es un subsistema planetario, y hemos actuado sobre el planeta a modo de mecano, atornillando tuercas y pulsando botones no éramos conscientes de lo que ocurría en el resto del mecano alterando en alguna medida el equilibrio de su funcionamiento.

El Antropoceno es el nuevo escenario de la toma de conciencia y del aprendizaje. Las ciencias naturales empiezan a entender las interdependencias y sus consecuencias, entre sistemas y entre el mundo humano y no humano. Por su parte, las ciencias tecnológicas ilustran soluciones y buscan con audacia la innovación en el tratamiento de esas consecuencias. Pero las opciones del buen Antropoceno requieren de las ciencias sociales, estas deben interpretar y establecer marcos de referencia para aplicar la ilustración y la innovación, o decidir, retroceder o avanzar y hacia dónde.

En el agua esos marcos de referencia lidian con las tensiones, por un lado la visión local/global, centralizada/descentralizada, las fronteras naturales/las fronteras políticas. Por otra la visión tecnócrata/burócrata/de mercado/democrática en la toma de decisiones. Respecto a la descripción del entorno en el que trabajar se ha evolucionado desde la gestión por cuenca, hacia escenarios más complejos como los hábitats, los ecosistemas o las demarcaciones hidrográficas. Sin duda, el ser humano es agente de cambio y su relación con el mundo natural requiere enfoques englobantes, no excluyentes, no jerárquicos o bidireccionales, tiene que funcionar a modo de red humana en sí misma y, a su vez, esta es la principal aportación del Antropoceno, en red con lo no humano, lo natural.

Respecto a la tensión en los procesos, ¿quién decide, qué y cómo?, en otras palabras, la gobernanza del agua, hay que situarla en los principios de transparencia y participación. El aspecto técnico de gestión debe materializar las decisiones adoptadas en procesos democráticos. Hay que garantizar espacios a la sociedad local y a lo natural en cada entorno hacia los equilibrios sostenibles y sustentables, ello evitará la estandarización a la que induce la economía globalizada, pero sin perder la perspectiva de pertenencia a una colectividad mundial. El ecologista Odum[32] prestó atención a los efectos acumulativos e indeseables de las decisiones pequeñas en materia ambiental apostando por una perspectiva holística. Esto nos muestra, al menos en lo que se refiere a nuestros hábitats, que las decisiones tomadas bajo primas individuales o bajo prismas colectivos nos condicionan de alguna forma. Cerrar una de las perspectivas tiene riesgos en el equilibrio de los sistemas.

Se trata de enlazar de forma útil lo eficaz y sostenible con lo democrático, dicho de otra forma, enlazar lo natural con lo humano, o expresado al revés lo humano con lo no humano, teniendo presente que hay mucho de intersección, ya sea porque se ha reconstruido la naturaleza o porque se ha humanizado el ciclo del agua. No hay una solución sino muchas y tienen que funcionar de forma multisectorial, escalonada y envolvente. La

---

32 ODUM, W.E, "Environmental Degradation and the Tyranny of Small Decisions", Bioscience 32, 1982, pp. 728-729.

humanidad se ha puesto deberes con los OSD 2030 y no deja de inventar herramientas y métodos: las evaluaciones de impacto ambiental, la teoría del cambio, el marco lógico de una intervención, establecimiento de umbrales, creación de indicadores, esquemas de trabajo para la gestión integral, modelos del comportamiento del recurso hídrico, la personalidad jurídica de mares... tal vez lo que falle sea la voluntad de alcanzar los resultados que nos hemos autoimpuesto o, tal vez peor, que no sea posible alcanzarlos.

En tres décadas de ensayos en la gestión sostenible se cometen los errores de siempre: obviar realidades. El agua es un ciclo único en el planeta. El ser humano usa el agua y se organiza en fronteras políticas y administrativas. El agua está presente en todos los niveles de la organización política y natural. No procede obviar ninguno de los dos extremos, en caso contrario se cae en sistemas de gestión excluyentes y enfrentados. En lo que respecta a los procesos, cómo decidir lo que hacer con las fuentes de agua, deben ganar la partida las preferencias sociales desde la información de calidad. Los principios de transparencia, participación, seguridad jurídica, ética, rendición de cuentas tienen que estar presentes en los procesos, un sistema en equilibrio, lo suficientemente flexible para compensar desviaciones en lo natural e injusticias en lo social. Esto no es otra cosa que llevar la civilización al agua.

La civilización hay que entenderla como opuesta a lo salvaje, el imperio del más fuerte o de lo más fuerte. Domesticar el agua para llevarla canalizada a todos los seres humanos del planeta es uno de los ODS 2030 por ello hay que aceptar soluciones de compromiso entre los seres humanos y también con el planeta. Hay que estar atentos, saber escuchar, entender y reaccionar. No habrá futuro humano si no trascendemos con la obra maestra de la construcción de la naturaleza. Ahora se puede explicar el egocentrismo humano del Antropoceno, solo se encuentra en el nombre porque se trata de un camino de aprendizaje hacia la civilización de lo salvaje.

La adopción del modelo de ciudad mutualista en España

FRANCISCO COLLADO CAMPAÑA
ÁNGEL VALENCIA SÁIZ

1. INTRODUCCIÓN

El Antropoceno es el término que designa la era geológica presente caracterizada por la capacidad del ser humano para ejecutar profundos cambios en la Geología de la Tierra. La supresión de espacios forestales, el aumento del consumo de recursos hídricos, la explotación de combustibles fósiles, el empleo masivo de recursos procedentes de la fauna y la flora y el desarrollo de los entornos urbanos son algunos de los factores antrópicos que repercuten directamente en los ecosistemas naturales[1]. De hecho, existen evidencias empíricas de los efectos de las sociedades humanas sobre el planeta desde hace siglos. No obstante, la humanidad ha adquirido consciencia a través de las pruebas empíricas de los impactos de su actividad en la naturaleza en el último siglo[2]. Estas evidencias explican el consenso entre científicos y expertos en calificar a la actual época como "antropocénica", entendiendo al ser humano como un factor más de la evolución geológica. De esta forma, existe una articulación entre los sistemas sociales y los sistemas naturales[3]. En esta coyuntura, existe un debate para

1 CRUTZEN, p. y STOERMER, E., "The Anthropocene", *Global Change Newsletter*, 41, 2000, 17-18.

2 VARIOS, *Global Change and the Earth System: A Planet Under Pressure*, Springer, Berlín, 2003.

3 ARIAS, M., *El Antropoceno: la política en la era humana*. Taurus, Madrid, 2018.

hacer compatible la sostenibilidad global, la conservación de las formas y espacios naturales y la adaptación de las relaciones entre el ser humano y la naturaleza.

El proceso de urbanización es un elemento determinante de las sociedades humanas, especialmente a partir del abandono de las culturas nómadas y su posterior sedentarización en espacios capacitados para almacenar excedentes procedentes de la agricultura y la ganadería[4]. Desde los núcleos urbanos en Mesopotamia hasta las polis griegas, la ciudad ha sido tanto una forma de organización política como una estructuración de los asentamientos humanos presente en distintas civilizaciones antiguas[5]. Aunque la ciudad dejó de ser una forma política, la cual suele corresponderse como tal con estadios primitivos del desarrollo de las sociedades occidentales, se ha incorporado como una parte más de la estructura política del Estado y está presente en cualquier forma estatal en lo que se denomina nivel local o municipal. El ámbito local tiene una organización, un tamaño demográfico y un alcance geográfico variables en cada país según su propia distribución territorial del poder. Además, es preciso mencionar que el espacio municipal acoge tanto a los entornos urbanos como los rurales diferenciados por las actividades económicas, sociales y culturales y, en definitiva, por las distintas formas de vida que se dan en cada uno de ellos.

Las ciudades en su dimensión plural representan una de las cuestiones de difícil encaje entre las formas de vida humana y la sostenibilidad natural en la actualidad. Al respecto, es importante mencionar dos datos que permiten comprender este problema y/o dilema. Por un lado, los grandes centros urbanos sólo ocupan un 2% de la superficie planetaria y, sin embargo, concentran más de dos tercios de las emisiones de gases de efecto inverna-

---

4 MOYA, J. y MALDONADO, A., "Urbanismo de las ciudades de la Antigüedad". II Congreso Internacional de Pueblos y Culturas en la Cuenca del Mediterráneo. El Cairo, 2003.

5 VALLÉS, J. M., *Ciencia Política: una introducción*, Ariel, Barcelona, 2006.

dero que recibe la atmósfera[6]. Por otro lado, un reciente estudio en el ámbito sanitario ha demostrado que las ciudades europeas concentran una cantidad considerable de muertes atribuibles a emisiones de dióxido de nitrógeno y partículas finas, siendo responsables del fallecimiento prematuro de entre 900 a 51.000 personas cada año[7].

Ante esta problemática, ya han existido experiencias previas para reducir la contaminación urbana y mejorar las condiciones de vida del ser humano en el ámbito local a través de la implementación de la Agenda 21 y los Objetivos de Desarrollo Sostenible (ODS) en 2030. Pese a ello, el dilema que se encuentra detrás del grado de éxito de estas iniciativas alude al problema de la ciudad en singular, es decir, el concepto de urbe que el ser humano desarrolla y que está circunscrito a unas determinadas condiciones políticas, económicas y culturales.

El problema de la ciudad en singular se refiere a la organización del espacio urbano en la época presente. Las ciudades más contaminantes como Nueva York, México D.F. y Pekín, por citar algunas, han ejecutado actuaciones encaminadas a corregir los efectos perniciosos del factor antrópico, entendiendo que ellas mismas son el origen del problema y lo cual no ha mostrado síntomas de una adecuada adaptación a la transición ecológica. En otras palabras, esta situación es la manifestación empírica del error teórico consistente en separar al ser humano y la naturaleza que es habitual en el pensamiento antropocéntrico. Como ya se ha manifestado, existe un debate en torno al complejo encaje entre los condicionantes de la era antropocénica y la continui-

---

6 ONU-HABITAT, "Las ciudades y el cambio climático: orientaciones para políticas" [en línea], (2011), <https://unhabitat.org/node/92208>. [Consulta: 31/01/2023.]

7 VARIOS, "Premature mortality due to air pollution in European cities; an-Urban Burden of Disease Assessment", *The Lancet: Planetary Health*, 5(3), 2021, 121-134.

dad de las democracias como sistemas políticos[8]. En su dimensión práctica, las ciudades sostenibles (*sustainable cities*) y las ciudades inteligentes (*smart cities*) representan conceptos urbanos de lo que podríamos calificar como políticas de contención que conciben a la urbe y al ser humano como agente principal del problema[9].

Los proyectos de ciudades sostenibles y las *smart cities* expresan un error de enfoque al desarrollar modelos *top-down* de toma de decisiones y debido a que el gobierno local queda en manos de un grupo de expertos o técnicos con rasgos autocráticos, sin que exista una dinámica democrática o con un carácter participativo incluyente. Las *smart cities* o ciudades inteligentes conllevan una exclusión moral a partir de una barrera económica, ya que implican la imposición normativa de unos avances tecnocientíficos de una alta sofisticación que generan desigualdades en su acceso entre quienes pueden disfrutar de sus beneficios frente a quienes no pueden permitírselo económicamente[10]. Esto implica que una amplia parte de la comunidad humana queda excluida del gobierno local y de la comprensión del dilema de la sostenibilidad, ya que es una minoría ilustrada poseedora de conocimiento especializado la que adopta las principales decisiones en esta materia con independencia de que estemos ante un Estado democrático o no-democrático. Al respecto, existen otros pronunciamientos de expertos relevantes en torno a las relaciones entre ciudad y comunidad. Por un lado, un argumento clásico señala que el espacio de proximidad de la ciudad requiere soluciones a los problemas concretos y auténticos de la ciudadanía, lo cual no puede realizarse de espaldas al *demos*[11]. Y, por otro lado, es en las grandes

---

8 ARIAS, M., "La política verde en la época posnatural", en *Democracia Verde*, Porrúa, México, 2016, pp. 27-54.

9 OZER, E., "Mutualistic relationships versus hyper-efficiencies in the sustainable building and city", *Urban Ecosystems*, 17, 2014, 195-204.

10 MORENO, S., "En busca de la ciudad perdida", *Claves*, 272, 2020, 12-21.

11 SUBIRATS, J., *El poder de lo próximo: las virtudes del municipalismo*, Los libros de la Catarata, Madrid, 2016.

urbes donde está en juego el destino de la humanidad debido al tránsito de capitales y de información[12]. Por lo tanto, este aspecto del problema no implica sólo reintegrar al hombre y naturaleza, sino que además es necesario y deseable integrar a la sociedad civil en la ciudad[13].

Desde un punto de vista teórico, el ser humano también forma parte de la naturaleza y, por eso, no es razonable ni lógico establecer una separación artificial entre los sistemas políticos y/o sociales y los ecosistemas naturales como ha sido habitual en el pensamiento político contemporáneo. El enfoque adecuado reside especialmente en asumir que el factor antrópico es un elemento más en la naturaleza. Por tanto, la consecuencia de esta perspectiva supone la organización de una ciudad que integre el elemento humano concibiéndolo como una parte más del sistema natural, es decir, lo que podemos calificar como políticas de simbiosis[14]. El concepto de la "ciudad mutualista" representa la manifestación de esta propuesta de existencia de la comunidad humana en un entorno natural del que forma parte el ser humano y otros seres vivos[15]. Asimismo, es necesario aclarar que la ciudad mutualista no constituye una propuesta necesariamente conectada a la política del procomún, aunque el propio proyecto de esta urbe incluye un enfoque de las políticas públicas desde la visión de los comunes[16]. Siguiendo con nuestro argu-

---

12 CASTELLS, M., *La sociedad red.* Alianza, Madrid, 2006.

13 CHATTERTON, p. , *Unlocking Sustainable Cities. A Manifesto for Real Change,* Pluto Press, 2019.

14 "Simbiosis" no porque el ser humano sea empíricamente un ser ajeno al sistema natural, sino porque los enfoques de pensamiento predominantes han concebido de esta forma al ser humano, lo han separado de ese entorno y eso ha tenido unas consecuencias materiales.

15 WILLIAMS, M., et al., "Mutualistic Cities of the Near Future", en *Altered Earth: Getting the Anthropocene Right,* Cambridge University Press, Cambridge, 2022.

16 BLANCO, I., GOMÀ, R. y SUBIRATS, J., "El nuevo municipalismo: derecho a la ciudad y comunes urbanos", *Gestión y Análisis de Políticas Públicas,* 20, 2018, 14-28.

mento, esta actitud reintegradora entre el elemento humano y natural en el entorno de la ciudad implica una visión circular de las actividades políticas, económicas, sociales y tecnológicas del ser humano que se ajustan de forma análoga a los ciclos de la naturaleza. De esta forma, la ciudad mutualista permite garantizar la sostenibilidad en dos sentidos en los que han errado las urbes de las políticas de contención. En primer lugar, corrige la escisión que se había creado entre el ser humano y la naturaleza de la ciudad, cuando ambos juntos con otros seres forman parte del mismo espacio. En segundo lugar, evita la separación entre los expertos y el resto del *demos*, integrando a la comunidad en procesos *bottom-up* de toma de decisiones y en la lógica cíclica de la ciudad mutualista.

En este sentido, la pregunta que cabe hacerse es: ¿existen enfoques en los discursos de los alcaldes que sean propicios para la adopción del concepto de la ciudad mutualista y en qué grado? De esta forma, nuestro interés consiste en conocer si existen antecedentes entre los líderes políticos locales y/o si hay una predisposición al desarrollo de políticas de simbiosis por parte de estos agentes en el ámbito de la sostenibilidad urbana en España.

2. METODOLOGÍA Y SELECCIÓN DE CASOS PARA UNA CARTOGRAFÍA DISCURSIVA DEL MUTUALISMO URBANO EN ESPAÑA

La ciudad mutualista constituye un concepto emergente entre los expertos en los estudios del Antropoceno. En ese sentido, representa un modelo de ciudad que recoge un planteamiento alternativo a las ciudades sostenibles e inteligentes, y especialmente a la separación teórica entre los ciclos naturales y sociopolíticos. Por tanto, el capítulo que define la urbe mutualista es un manifiesto porque contiene una propuesta normativa que puede ser llevada a la práctica política. Ante esto, existe un interés por conocer si existen sensibilidades y/o prácticas políticas afines para trasladar este modelo a la política local de los espacios urbanos en un país con un desarrollo tecnológico e industrial como España.

Una primera aproximación del modelo de ciudad mutualista a los entornos urbanos, la cual supone una propuesta en el ámbito de la transición ecológica, debería enfocarse en los municipios de mayor peso demográfico. Por eso, hemos seleccionado una muestra reducida de las seis ciudades con mayor población en España, a saber: Madrid, Barcelona, Valencia, Sevilla, Zaragoza y Málaga. Entre estas, hemos enfocado nuestro análisis a los discursos de investidura de los alcaldes nombrados a partir de las últimas elecciones en 2019. Los argumentos que explican esta selección son principalmente tres. En primer lugar, los alcaldes son los líderes locales que determinan las principales directrices políticas y quienes ejercen la iniciativa política en los ayuntamientos. En segundo lugar, los discursos de investidura representan un texto de especial valor político, programático y simbólico al recoger sintéticamente la propuesta de las principales actuaciones que el regidor pretende llevar a cabo durante su mandato. En tercer lugar, hemos optado por las últimas y actuales corporaciones locales existentes debido a que mantenemos un interés por conocer la apertura y el interés de los alcaldes en torno a la propuesta de la ciudad mutualista de cara a su posible implementación en el presente y/o el futuro próximo.

En este sentido, esta investigación mantiene una postura constructivista. Esta perspectiva sostiene que los conceptos y las ideas que están presentes en la vida política y social son elementos construidos artificialmente mediante las interacciones subjetivas e intersubjetivas de los colectivos y las personas que dotan de significados a esos elementos[17]. Por tanto, la realidad política tiene una dimensión simbólica dotada de sentido y constituida por el conjunto de significados que los agentes atribuyen a cada

---

[17] BERGER, p. L. y LUCKMANN, T., *La construcción social de la realidad*, Amorrortu, Buenos Aires, 2019.

elemento que la conforma[18]. Dados estos planteamientos teórico-empíricos, esta investigación recurre a una metodología cualitativa e interpretativa desde una posición interdisciplinar con dos técnicas procedentes de la Ciencia Política y la Lingüística[19]. Siguiendo esta lógica, hemos empleado al análisis de la teoría del marco que entiende el marco o *frame* como un ámbito de la experiencia intersubjetiva dotado de unos contenidos que confieren sentido a la realidad, tienen capacidad de agendarla y permiten enjuiciarla[20]. Eso quiere decir que enmarcar un discurso implica definir un conjunto de ideas que orientan la construcción de un significado y la estructura temática sobre un asunto concreto. De esta forma, analizamos como el emisor muestra su propia organización de los temas como si fuera una organización estandarizada de la realidad. En síntesis, el análisis de *frame* muestra el enfoque de las prácticas discursivas por parte del agente político desde la Ciencia Política.

A partir de aquí, hemos aplicado la teoría del enmarcamiento al capítulo que recoge el modelo de ciudad mutualista en la monografía *Altered Earth: Getting the Anthropocene Right* al concebirlo como un texto fundacional de este concepto. Desde ambos análisis, hemos identificado el marco primario de la urbe mutualista y hemos desagregado los *frames* contenidos en este manifiesto como se muestra en las tablas comprendidas en los siguientes apartados dedicados al análisis de resultados, dando lugar a las distintas vertientes o dimensiones que constituyen la ciudad mutualista. De

18 LOWNDES, V. y PARSONS, C., "Constructivism and Interpretative Theory" en *Theory and Methods in Political Science*, Macmillan, 2018, pp. 80-98.

19 COLLADO-CAMPAÑA, F., JIMÉNEZ-DÍAZ, J. F. y MOLERO BENAVIDES, J.A., "El estudio del discurso político: una aproximación desde la Sociología y desde la Lingüística", en *Estudios actuales sobre Lengua, Literatura y su Didáctica: en Homenaje a Emilio A. Núñez Cabezas*, Universidad de Málaga, Málaga, 2010, pp. 23-46.

20 GOFFMAN, E., *Frame analysis: los marcos de la experiencia*, Centro de Investigaciones Sociológicas, Madrid, 2006.

esta forma, estos marcos representan la referencia discursiva fundamental del concepto de la urbe mutualista.

Teniendo este punto de partida, hemos identificado el marco primario de ciudad, hemos determinado las dimensiones tratadas en cada una de ellas y hemos interpretado su sentido para saber si su contenido es partidario u opuesto a los planteamientos de la ciudad mutualista (tomando la referencia discursiva de la misma), en cada uno de los discursos de investidura de los alcaldes de forma aislada. El objetivo de esta primera comparación consiste en determinar las similitudes y diferencias (en un nivel discursivo) con las distintas dimensiones que forman la urbe mutualista. Posteriormente, hemos realizado una segunda comparación de los discursos referidos a cada uno de los seis municipios entre sí y hemos establecido grados de cercanía que permiten determinar cuáles de las autoridades locales y/o urbes pueden ser más receptivas a los planteamientos de la ciudad mutualista.

3. LA PRESENCIA DE LA CIUDAD MUTUALISTA EN LOS DISCURSOS DE LOS ALCALDES DE LOS SEIS MUNICIPIOS DE MAYOR POBLACIÓN

3.1. El marco primario y las dimensiones de la ciudad mutualista

El estudio y la interpretación de los marcos contenidos en el manifiesto de la ciudad mutualista elaborado por los expertos del Antropoceno se ha realizado en dos niveles. Por un lado, hemos aplicado este proceso al concepto de ciudad mutualista, y posteriormente, a cada una de las dimensiones que abarca esta propuesta urbana según la definición de los emisores. De esta forma, recogemos una síntesis de estos marcos para facilitar su comprensión (Tabla 1).

El marco global de la ciudad mutualista propone un enfoque integrador de los ciclos de creación y destrucción del consumo de elementos naturales mediante el empleo de soluciones tecnológicas basadas en la naturaleza (energía renovable, integración de biodiversidad, etc.), y el desarrollo de políticas públicas que respondan a los retos de la democracia en el futuro mediante su interconexión y coherencia internas. Esta propuesta concibe tanto al elemento humano como al natural como parte de un todo mayor, sin que exista una separación ni subordinación de uno al otro. Dicho de otra forma, la ciudad mutualista rechaza tanto diseños de procesos de toma de decisiones basados en autocracias sostenibles como la búsqueda de soluciones contaminantes por parte de gobiernos democráticos. A su vez, esto implica tanto una naturalización de la democracia como una democratización de la sostenibilidad local. Por tanto, es importante tener en cuenta el carácter simbiótico entre ser humano y naturaleza contenido en esta ciudad.

Tabla 1. Marcos de la ciudad mutualista y sus dimensiones

Dimensión discursiva	Marco
Ciudad mutualista	Visión circular de los procesos de generación, crecimiento y degeneración de la vida, los elementos y los recursos naturales de la ciudad mediante la aplicación de soluciones basadas en la naturaleza y con carácter expansivo a otros entornos.
Sociedad	Rechazo de una economía de crecimiento exponencial y aceptación de una economía estacionaria y/o decrecentista, integración de la economía de los cuidados en las actividades productivas, redefinición del éxito laboral y del valor de los empleos desde el punto de visa de la comunidad, desarrollo de economía de los comunes e las diferentes áreas de la vida, participación democrática de la ciudadanía y reducción de deslocalizaciones de las fases productivas que generen efectos negativos medioambiental y/o socialmente.
Agua	Redefinición del agua como un recurso reutilizable. Un recurso accesible tanto mediante el aprovechamiento de los ciclos naturales como del reciclaje tras su consumo. Un uso racionalizado y optimizado de dicho bien.

Dimensión discursiva	Marco
Energía	Una visión ligera de la energía en lugar de energías pesadas. Recurso a tecnologías radicales con soluciones inspiradas en la naturaleza. Cambio en los hábitos de consumo de energía y aparatos eléctricos.
Tierra	Reutilización planificada de las estructuras y materiales de la ciudad mediante la readaptación de las personas. De forma que la regeneración de la ciudad se produzca en coherencia con la regeneración de la naturaleza en los espacios deshabitados.
Vida	Reconceptualización de la ciudad como hábitat humano y de otros seres vivos mediante una perspectiva holística desde la biodiversidad. Adaptación del espacio y las estructuras para la coexistencia del ecosistema natural junto al urbano. Búsqueda del beneficio tanto en la salud como en el bienestar de las personas y la fauna y la flora.
Aire	Reducción del carbono mediante el uso de energías renovables y empleo de materiales que almacenan carbono. Limpieza del aire mediante la flora y separación del agua y partículas contaminantes.

Fuente: Elaboración propia a partir de análisis de marcos.

En el plano de las dimensiones de la ciudad mutualista, sus distintos marcos son subuniversos diferenciados, pero a su vez están interconectados mediante una coherencia global que le dota el propio concepto. El marco en la dimensión relativa a la sociedad incluye las relaciones políticas, económicas y sociales en el seno de la urbe. En primer lugar, la ciudad mutualista supone una reorientación del funcionamiento del sistema capitalista, implicando una adaptación desde una perspectiva de crecimiento de la riqueza hacia unos postulados más próximos a la economía estacionaria u otras alternativas decrecentistas. Además, las actividades económicas acogen las tareas relativas a la economía de los cuidados (ancianos, atención de los niños, tareas del hogar, etc.) de forma que estos trabajos no queden invisibilizados como sucede actualmente. A partir de este planteamiento, propone redefinir el concepto de éxito profesional y el valor simbólico y monetario de los distintos trabajos desde el punto de vista de la propia sociedad, y no atendiendo a patrones estrictamente economicistas. Por último, la urbe mutualista implica asumir la economía del común en los distintos ámbitos, así como una reducción de los efectos perjudiciales para el medio ambiente (contaminación, aumento de emisiones de gases, etc.) y la sociedad (diferencias salariales, explotación laboral, etc.) provocados por la deslocalización industrial. Esto a su vez, debe ser compensando con un aumento de la participación democrática de la ciudadanía en el espacio local.

El enmarcamiento del agua la convierte en uno de los principales elementos de la ciudad mutualista. El recurso hídrico no puede observarse como un mero bien de consumo, sino como un elemento que puede ser obtenido a través de distintas fuentes tanto mediante su reutilización tras el consumo humano como a través de la lluvia. En este último aspecto, supone la aplicación de tecnologías que permiten aprovechar mejor el agua que no es recolectada adecuadamente por los embalses. Esto implica cambiar la visión del agua más como un recurso reciclable que como un recurso que el ser humano agota a través de su extracción de la naturaleza. Su consecuencia directa es un empleo racionalizado del agua en el consumo humano: la reducción de alimentos que exigen altas cantidades (carne y lácteos), optimización de su empleo en procesos de producción de bienes y en parques y jardines.

La dimensión de la energía contiene un marco que gira en torno a la readaptación de la perspectiva tecnológica como del comportamiento de los ciudadanos ante su consumo mediante una visión de energías ligeras o renovables frente a otras más pesadas. Por un lado, la ciudad mutualista propone el empleo de tecnologías radicales que imitando a la naturaleza permita mejorar aspectos como la longevidad de los edificios, la climatización y la ventilación de las estructuras. También el cambio tecnológico debe venir de la mano del empleo de la energía solar enfocada a la calefacción, evitando el recurso de energías más pesadas. Por el lado del consumo, la ciudadanía debe hacer un uso racionalizado y optimizado de la energía, así como de los electrodomésticos aprovechando al máximo posible su vida útil.

El marco de la tierra alude a la reutilización del suelo y los materiales que se encuentran en la propia ciudad, acompasando planificadamente la evolución de los espacios urbanos con la de los espacios naturales. De esta forma, la urbe mutualista propone la reutilización de edificios antiguos y de materiales de forma que afecte beneficiosamente tanto a la naturaleza como a la propia cultura de las personas que conocen la historia de su ciudad. De esta forma, se produce un proceso de readaptación de las personas en un sentido material, cultural y espacial. Lo que se promueve es la reutilización de aquellos elementos que son aptos para ese proceso y el laissez-faire de la naturaleza en aquellos espacios donde no sea posible, permitiendo una mudanza desde espacios urbanos a espacios naturales.

El enmarcamiento de la vida supone la búsqueda de una simbiosis positiva tanto para las personas como para el resto de los seres vivos. Para ello, se orienta tanto el espacio como el entorno hacia una perspectiva basada en la biodiversidad. Como consecuencia de ello, implica una adaptación de los espacios y las estructuras a la vida en su sentido más amplio, permitiendo acoger la dinámica propia de la naturaleza (equilibrio del ecosistema, cadena trófica, etc.) dentro del espacio urbano. De esta forma, mantiene la expectativa de que este entorno contribuya al bienestar y la salud de las personas y también de los animales y las plantas que comparten la ciudad mutualista.

Finalmente, la dimensión del aire implica la reducción de las emisiones de carbono mediante el recurso de las energías renovables, así como el empleo de materias, como la madera en las construcciones, que permiten atrapar el carbono. En este sentido, es preciso tener en cuenta el cuidado de los edificios y las estructuras que eviten que las personas más pobres vivan en espacios permeables a los contaminantes atmosféricos. Además, es importante la presencia de una vegetación abundante que colabore en la limpieza del aire y permita filtrar las partículas nocivas y el agua, permitiendo posteriormente el almacenamiento de esos recursos hídricos a través del agua de lluvia.

3.2. La cercanía de los alcaldes en los discursos de investidura ante el proyecto del mutualismo urbano

Los discursos de investidura de los alcaldes presentan programas distintos y se mueven en imaginarios construidos artificialmente a partir de sus propuestas de gobierno, sus ideas políticas y la propia impronta del individuo. En este sentido, estos discursos definen las directrices y/o líneas generales de las actuaciones que el equipo de gobierno acometerá a lo largo de la legislatura. De aquí, que sean un texto fundamental para rastrear la presencia de propuestas, ideas y valores que puedan ser considerados antecedentes de la ciudad mutualista en estas ciudades. Al respecto, es preciso señalar que este análisis se sitúa en la segunda dimensión del poder correspondiente a los asuntos que están presentes en la agenda política. Por tanto, es preciso no sólo rastrear la presencia de la urbe mutualista, sino también si las dimensiones sobre los que opera este concepto son tratadas en el debate público o no, y su posición a favor o en contra de las propuestas de este modelo de ciudad (Tabla 2).

Tabla 2. Antecedentes de la ciudad mutualista en los marcos discursivos de los alcaldes de las seis ciudades más pobladas de España

Ciudad	Alcale	Partido	Dimensiones	Marco
Madrid	José Luis Martínez-Almeida	PP	Sociedad (–)	No hay límite al crecimiento económico de la Ciudad. Eficacia y eficiencia en la gestión. Mantenimiento de la superficie urbana y cuidado de zonas verdes entendidas como parques.

Ciudad	Alcale	Partido	Dimensiones	Marco
Barcelona	Ada Colau	Barcelona en Común-En Comú Guanyem	Sociedad (+) Energía (+) Tierra (+) Aire (+)	Política de los comunes como formación política yuxtapuesta a los partidos tradicionales. Prioridad a la habitabilidad asequible y oposición a la especulación urbanística. Desconexión del oligopolio eléctrico mediante un suministro energético público que busca el autoabastecimiento a partir de energías verdes. Autoorganización de una ciudadanía movilizada y crítica. Protección de la vida humana, lucha contra el cambio climático y desarrollo de cambios tecnológicos con alcance a la mayoría de las personas.
Valencia	Joan Ribó	Compromís	Sociedad (+) Tierra (+) Vida (+) Aire (+)	Ciudad sostenible y calidad de vida para las personas. Participación política en el modelo de ciudad a través de consejos ciudadanos. Responsabilidad en la gestión de los servicios públicos. Vivienda digna. Preocupación por el aire de la ciudad con visión en el cambio climático. Zonas verdes entendidas como parques en todos los distritos. Alimentación sostenible. Área metropolitana que excede de los límites geográfico-administrativos.
Sevila	Juan Espadas	PSOE	Sociedad (+) Energía (+)	Acción en la barrios con necesidades de transformación social. Ciudad sostenible mediante el empleo del transporte mediante consensos políticos e intergubernamentales. Mención al área metropolitana de la ciudad.

Ciudad	Alcale	Partido	Dimensiones	Marco
Zaragoza	Jorge Azcón	PP	Sociedad (+) Agua (+) Energía (+) Tierra (+) Vida (+) Aire (+)	Modelo de ciudad inteligente enfocado al Horizonte 2030 como ciudad dinámica atractiva para las inversiones y dinamización socioeconómica. Organización de un plan de economía circular. Reducción de las desigualdades sociales especialmente en la infancia y protección de la tercera edad. Concepción del suelo y agua como recursos para la instrumentalización antrópica. Fomento de la producción de energías limpias y movilidad eléctrica en el término municipal. Estructuración de planes coherentes con la dimensión tierra: rehabilitación de viviendas y plan integral de gestión de residuos. Compromiso con reducción de las emisiones de CO_2 y una ciudad carbono neutral como meta.
Málaga	Francisco de la Torre	PP	Sociedad (+) Tierra (+) Aire (+)	Concepto de buen gobierno de la ciudad y cercanía entre administración y vecinos. Compromiso con los ODS. Candidatura de la Exposición Universal de 2026 vinculada a los ODS. Cuidado de espacios naturales especialmente en la supresión de residuos plásticos. Integración del río principal (Guadalmedina) en la ciudad. Rehabilitación de edificios. Generalización de vehículo electrónico en la búsqueda de cero emisiones de carbono.

Fuente: Elaboración propia a partir del análisis de los discursos de investidura.

El discurso de investidura de José Luis Martínez Almeida, alcalde por el Partido Popular (PP), en Madrid define un marco centrado en la libertad individual de la ciudadanía y de la posición de su ciudad como capital del país como ejes principales de su intervención, el cual se articula como una crítica al equipo de gobierno saliente y una defensa de la coalición sobre la que se sustenta su nombramiento[21] (El País, 2019a). En su relación con las vertientes de la urbe aborda las dimensiones referentes a la sociedad y la tierra. La exposición de contenidos programáticos es considerablemente breve, advirtiendo un mayor peso de la ideologización de la dinámica política local que de las propias actuaciones que pretende implementar. Esta situación oculta que la implementación de una considerable parte de sus propuestas está comprometida con los partidos en los que se apoya su alcaldía. En su intervención se desprende una apuesta por un crecimiento económico ilimitado de la ciudad, lo que es opuesto a la propuesta económica de la urbe mutualista que rechaza una visión exponencialista de la economía. Además, Almeida realiza un hincapié considerable en una gestión eficiente, que se presupone en términos económicos, pero no aclara desde qué parámetros y/o perspectiva. Por último, hace alusión a la importancia del espacio acerado y del asfalto y del equilibrio con las zonas verdes entendidas éstas como parques y jardines urbanizados. Por tanto, la propuesta de Almeida muestra una escasa importancia de un modelo de ciudad coherente con la transición ecológica y su contenido es contrario a los requerimientos de este momento ambiental.

El caso de Barcelona con Ada Colau (Barcelona En Comú) establece un marco fundamentado en la condición de la ciudad como capital de Cataluña unida a su proyección internacional y un gobierno local que se sitúa fuera del debate del independen-

21 El País, "Directo. Constitución de Ayuntamiento de Madrid" [en línea], (2019), <https://www.youtube.com/watch?v=lxqHUgw2P6M>, [Consulta: 31/01/2023.]

tismo catalán, buscando una urbe para todos sus ciudadanos[22] (Barcelona Ajuntament, 2019). En ese sentido, una cuota considerable del discurso profundiza en los conflictos inherentes a las propuestas independentistas (símbolos, banderas, imputados por el referéndum, etc.). El discurso mantiene un equilibrio entre la contextualización política de su gobierno y su propuesta programática. El marco del programa de gobierno de Colau alcanza hasta cuatro dimensiones de la ciudad mutualista. En referencia a la sociedad, el planteamiento expuesto hace referencia al carácter incluyente de las personas en la vida pública, una ciudadanía participativa y la supresión de desigualdades en el acceso al desarrollo tecnológico. Al observar la dimensión energética, muestra una actuación de desconexión de la ciudad de las empresas energéticas y la creación de un sistema de autosuministro gestionado por las autoridades locales a partir de energías verdes. Por último, las dimensiones de tierra y vida están presentes en su propuesta de garantizar la accesibilidad a la vivienda por parte de los ciudadanos y su oposición a la especulación urbanística. En ese sentido, el discurso de Colau tiene en cuenta distintas vertientes de la propuesta de la urbe mutualista, aunque lo hace centrado en la transición ecológica y desde una perspectiva humana que no incluiría a otros seres vivos. Aunque puede parecer que se asemeja más a una propuesta de ciudad inteligente o ciudad sostenible, su orientación se dirige hacia el conjunto de la sociedad y la accesibilidad a las tecnologías, evitando desigualdades en el disfrute de la sostenibilidad.

El enmarcamiento que expone Joan Ribó, alcalde de Compromís en Valencia, tiene un carácter multidimensional al tratar cuatro dimensiones de las contenidas en la ciudad mutualista[23]. El

---

22 Barcelona Ajuntament, "Discurs d'investidura d'Ada Colau" [en línea], (2019), <https://www.youtube.com/watch?v=kh6qoVOK6Jo>, [Consulta: 31/01/2023.]

23 El País. "Directo. Constitución del Ayuntamiento de Valencia" [en línea], (2019), <https://www.youtube.com/watch?v=E4WCTTKDllo>, [Consulta: 31/01/2023.]

marco del proyecto de ciudad del alcalde valenciano se sustenta en una ciudad sostenible y que garantice la calidad de vida de las personas desde una perspectiva ambiental, saludable y progresista con las futuras generaciones como horizonte en el marco del cambio climático. De esta forma, al abordar la propuesta de urbe en la dimensión social plantea tanto la administración local como la gestión con un carácter abierto a la ciudadanía a partir de: la participación de sus habitantes a través de consejos ciudadanos, la defensa de la eficacia y la eficiencia en la gestión local y la visión del área metropolitana de Valencia como un entorno de difícil delimitación que implica una apuesta por políticas intergubernamentales para atender las necesidades de sus integrantes. En la vertiente correspondiente a la tierra, Ribó señala la importancia la prioridad de extender los parques entendidos como zonas verdes a todos los distritos y la alimentación sostenible. Al abordar la vivienda digna, introduce el debate referente a la dimensión de la vida, aunque centrándose exclusivamente en las personas y no en el resto de los seres vivos. Por último, hace una mención especial a la preocupación por un aire limpio en la ciudad como apuesta por el cambio climático. En síntesis, el modelo de Ribó está cercano tanto por la cantidad de dimensiones que aborda como por su contenido cualitativo a la propuesta de la ciudad mutualista.

El alcalde de Sevilla, Juan Espadas, perteneciente al Partido Socialista Obrero Español (PSOE), muestra un marco primario centrado en el cambio que supone su figura como un gobernante apoyado en una coalición y garante del consenso[24]. Dedica una parte considerable de su discurso a establecer un antes y un después histórico en la urbe hispalense a partir de su nombramiento y ensalzar la identidad sevillana. La búsqueda de antecedentes de propuestas referentes a la ciudad mutualista muestra un resultado pobre, mencionando las dimensiones de sociedad y energía. En la vertiente social, hace hincapié en la búsqueda del cambio y la

---

24 Ayuntamiento de Sevilla. 2019. "Discurso investidura Juan Espadas 2019" [en línea], , (2019), <https://www.youtube.com/watch?v=6KIY2HUTbBc>, [Consulta: 31/01/2023.]

mejora social en las áreas más desfavorecidas. Cuando Espadas trata la energía lo hace subrayando el fomento del transporte público como un medio para lograr la sostenibilidad energética y para ello señala la necesidad de una mayor cooperación intergubernamental en el espacio del área metropolitana de Sevilla. Por tanto, el discurso de Espadas es partidario de planteamientos de la ciudad mutualista, pero en cierto modo su contenido es pobre y reducido.

El marco de la ciudad de Jorge Azcón, alcalde del PP en Zaragoza, aborda la totalidad de las dimensiones en las que se puede descomponer la urbe mutualista[25]. Por tanto, en un sentido programático tiene un especial interés al tratar los distintos contenidos que plantea este modelo de ciudad. Sin embargo, existen diferencias entre sus planteamientos y la ciudad mutualista especialmente en el ámbito socioeconómico y su enfoque de los recursos naturales. Desde su perspectiva, Azcón propone un modelo de *smart city* que establezca un equilibrio entre la atracción de inversiones, el dinamismo socioeconómico y la sostenibilidad. En la dimensión de la sociedad, incluye la elaboración de un plan de economía circular en la propia urbe y la reducción de las desigualdades sociales especialmente entre la infancia y la introducción de mejora en las condiciones de vida de la tercera edad. Al abordar tanto las vertientes de tierra como agua, los muestra como recursos en manos del ser humano para ser gestionados desde una posición economicista. En tercer lugar, plantea la producción de energías limpias y la movilidad eléctrico dentro del propio término municipal como alternativas para mejorar el suministro energético y, por otro lado, reducir sus efectos contaminantes. La dimensión tierra paradójicamente con su visión incluye la planificación de la reutilización de las viviendas antiguas y de la gestión de residuos con un carácter integral. Por último, propone la consecución de

---

25 Ayuntamiento de Zaragoza, "Alcalde de la Ciudad de Zaragoza. Jorge Azcón Navarro: Discurso Investidura" [en línea], (2019), <https://www.zaragoza.es/sede/portal/organizacion/alcalde/>, [Consulta: 31/01/2023.]

una ciudad carbono neutral y la reducción de las emisiones de dióxido de carbono dentro del municipio. Es el único modelo de ciudad que aborda todas las vertientes de la ciudad sostenible con un carácter positivo en la mayoría de ellas, aunque mantiene contenidos de carácter opuesto al defender una dinamización económica de impronta capitalista.

La ciudad de Málaga, gobernada por Francisco de la Torre (PP), muestra un marco primario centrado en defender los resultados de su gestión y en encajar en un sentido político la etapa que inaugura este mandato, tomando como referencia las transformaciones que ha experimentado la ciudad dentro de su etapa como alcalde[26] (Ayuntamiento de Málaga, 2019). Su discurso trata tres dimensiones en su discurso de investidura al compararla con la referencia de la urbe mutualista. En primer lugar, recoge la dimensión de sociedad al plantear la búsqueda de una mayor cercanía entre la institución municipal y la propia comunidad. Adicionalmente, el alcalde manifiesta la intención de alcanzar los ODS y defiende una candidatura de la ciudad para acoger la Exposición Universal que abordará está temática como eje central. Por lo que, se puede considerar positiva en relación con los planteamientos mutualistas. En segundo lugar, al tratar la dimensión de tierra mantiene algunos planteamientos cercanos a la supresión de las barreras entre espacio urbano y natural, buscando una simbiosis entre ambos; la eliminación de los residuos plásticos y el reciclaje de edificios para la extensión temporal de su uso. Por último, defiende la promoción de vehículos eléctricos para reducir las emisiones de gases en el entorno urbano. En síntesis, esta propuesta discursiva de ciudad es cercana a la ciudad mutualista, aunque en cierto modo es un planteamiento con una relación débil y que carece de un mayor alcance a otras dimensiones.

---

26 Ayuntamiento de Málaga, "Discurso de investidura del alcalde, Francisco de la Torre Prados" [en línea], (2019), <https://www.malaga.eu/export/sites/malagaeu/el-ayuntamiento/el-alcalde/.galleries/Discursos/2019-06-15-Investidura-constitucion-XI-Corporacion-15-de-junio-de-2019.pdf> [Consulta: 31/01/2023.]

4. CONCLUSIONES

A partir de la comparación del marco primario y las dimensiones de la referencia de la ciudad mutualista; y el marco primario y los contenidos en los discursos de investidura de los alcaldes, hemos realizado una segunda comparativa entre los seis municipios para conocer cuáles de ellos están más cercanos en las líneas programáticas de sus alcaldes a los planteamientos de la urbe mutualista. Esta comparativa se establece a partir de dos criterios como son: la cantidad de dimensiones tratadas en cada discurso y el carácter positivo o negativo de esos contenidos en relación con la ciudad mutualista.

El alcalde con una sensibilidad más cercana a los presupuestos de la ciudad mutualista es el popular Jorge Azcón en Zaragoza (Tabla 3). Es el único de los regidores que en su discurso trata la totalidad de las dimensiones y con contenidos positivos en cada una de ellas, a excepción parcialmente del tipo de dinamización económica que pretende generar en la ciudad. Posteriormente, Colau en Barcelona y Ribó en Valencia son los siguientes líderes locales más próximos con cuatro dimensiones abordadas en sus manifiestos y un carácter positivo en todas ellas. Lo que, en un grado menor, pero con una cercanía considerable, los sitúa como propuestas cercanas a la ciudad mutualista. En tercer lugar, se sitúa el alcalde malagueño, Francisco de la Torre, que se encuentra parcialmente cercano al incluir tres de las dimensiones referidas y mantener una propuesta positiva en todas ellas. En penúltimo lugar, la ciudad de Sevilla con Juan Espadas tiene un reducido grado de cercanía con la ciudad mutualista debido a que sólo aborda dos dimensiones, aunque con una postura partidaria en ambas. Finalmente, el modelo de ciudad que defiende Almeida en Madrid es totalmente lejano y opuesto a los presupuestos teóricos de la ciudad mutualista, al tratar sólo dos dimensiones y con un carácter manifiestamente negativo.

Tabla 3. Predisposición de los alcaldes al modelo de ciudad mutualista

Posición por cercanía	Ciudad
1	Zaragoza
2	Barcelona y Valencia
3	Málaga
4	Sevilla
5	Madrid

Fuente: Elaboración propia.

Por último, destacamos algunas reflexiones resultantes de esta comparación. En primer lugar, el partido político y su pertenencia en el bloque izquierda-derecha del líder local no permite explicar una mayor o menor cercanía de su propuesta de ciudad en relación con el modelo de urbe mutualista. Así se observa como alcaldes del Partido Popular ocupan desde la posición de mayor cercanía hasta el caso más opuesto a estos planteamientos, e incluso una posición intermedia. Además, encontramos alcaldes de la izquierda postmoderna en la segunda posición y socialdemócratas en la penúltima. En segundo lugar, si descartamos el factor partidista como explicativo del grado de cercanía, es interesante plantear la hipótesis de que es el componente personal de los líderes locales lo que puede tener una mayor relación con su cercanía discursiva hacia la ciudad mutualista. Por tanto, es en la visión y las redes de apoyo del alcalde donde podemos encontrar una mayor influencia en su predisposición a desarrollar este modelo de urbe. No obstante, debemos recordar que esta comparación y estas reflexiones sólo tienen validez a efectos de la dimensión programática y discursiva local, pero que futuras investigaciones deberían establecer como se ha implementado en la práctica estas directrices políticas en torno a la sostenibilidad.

Nota sobre los autores

Manuel Arias Maldonado

Catedrático de Ciencia Política en la Universidad de Málaga. Ha sido becario Fulbright en la Universidad de Berkeley, Salvador de Madariaga en el Rachel Carson Center de la Universidad de Munich y en el Department of Environmental Studies & Animal Studies en la New York University. Es autor, entre otros, de *Environment & Society. Socionatural Relations in the Anthropocene* (Springer, 2015), *Real Green: Sustainability After the End of Nature* (Routledge, 2016), *La democracia sentimental. Política y emociones en el siglo XXI* (Página Indómita, 2016), y *Antropoceno. La política en la era humana* (Taurus, 2018), así como co-editor de *Rethinking the Environment for the Anthropocene* (Routledge, 2019). Su último libro es *(Pos)verdad y democracia* (Página Indómita, 2024). Es colaborador habitual de periódicos nacionales y revistas culturales. Dirige el Ciclo de Pensamiento Político del centro cultural La Malagueta.

Ángel Valencia Sáiz

Catedrático de Ciencia Política de la Universidad de Málaga. Su campo de investigación es la teoría política. Sus líneas de investigación han sido, por un lado, la teoría política verde, el análisis comparado de los movimientos y los partidos ecologistas y el estudio de las políticas medioambientales; y, por otro, la crisis de la democracia, desarrollando esta actividad en diversos grupos de investigación nacionales e internacionales. Tiene más de cien publicaciones entre artículos y capítulos de libros, publicados en revistas y libros nacionales e internacionales y monografías, y seis sexenios (cinco de investigación, uno de transferencia). Autor de *Política y Medio Ambiente* (Porrúa, 2014) y coeditor, entre otros, de *Citizenship, Environment, Economy* (Routledge, 2005; junto a Andrew Dobson); *La Izquierda Verde* (Icaria, Barcelona, 2006); *Ciudadanía y Conciencia*

Medioambiental en España (CIS, 2010; con Manuel Arias Maldonado y Rafael Vázquez García), o *En los márgenes de la democracia liberal* (Comares, 2022; con Belén Fernández García). Ha realizado estancias de investigación en Keele University, Universitá Degli Studi Di Bari y Universidad Autónoma de Nuevo León. Ha pertenecido a la Junta Directiva de la AECPA y es editor de la Revista Española de Ciencia Política (RECP). Director de la Colección "Volverás a la Polis" en la Editorial Comares, es columnista en el diario *Málaga hoy* y colabora en *Canal Málaga Radio* como tertuliano y analista político.

Rafael Aguilera Portales

Profesor Titular de Ciencia Política y Administración Pública de la Universidad de Málaga en el Departamento de Ciencia Política y Administración Pública de la Facultad de Derecho de la Universidad de Málaga (España). Doctor en Filosofía Política por la Universidad de Málaga (2001), Master en Teoría Jurídica Contemporánea (2007) en la Facultad de Derecho por la Universidad Nacional de Educación a Distancia (UNED), Master en Filosofía Política en la Universidad de Málaga (1997), ha desarrollado docencia e investigación en diversas universidades: Universidad Autónoma de Nuevo León (UANL), Universidad de Monterrey (UDEM), Universidad Autónoma de Coahuila (UAC) y Universidad Autónoma de Zacatecas (México), exmiembro del Sistema Nacional de Investigadores (CONACYT) con Nivel III. Sus líneas de investigación se centran en Ciudadanía, Democracia, Teoría Política Contemporánea, Políticas Públicas verdes. Cuenta con numerosas publicaciones en obras colectivas, libros, artículos en Revistas científicas nacionales e internacionales.

Juan Manuel Ayllón Díaz-González

Doctor en Derecho y Profesor Titular de Universidad de Derecho Administrativo en la Universidad de Málaga. Tiene más de treinta años de experiencia impartiendo clases de Derecho Administrativo y Derecho Ambiental. En el campo de la investigación, sus proyectos se han centrado en el estudio de la legislación ambiental. Así, cuenta con varias publicaciones sobre temas como el "Derecho Nuclear", los Espacios Naturales Protegidos, el *"fracking"*, el cambio climático, la normativa energética o la regulación jurídica de la calidad ambiental.

Oscar Anchorena Morales

Doctor en Historia Contemporánea por la UAM (2019), cuya tesis sobre el republicanismo en Madrid en la Restauración recibió el Premio Miguel Artola de 2020 y apareció publicada bajo el título *En busca de la democracia. El republicanismo en Madrid, 1874-1923* (CEPC, 2022). En la actualidad trabaja como investigador contratado postdoctoral en la Escuela Española de Historia y Arqueología de Roma (CSIC), con anterioridad ha sido contratado postdoctoral en la Universidad de Alicante (2021-2023) y en la Universidad de Castilla La-Mancha (2021), así como contratado predoctoral FPU en la UAM. Sus temas de investigación son el republicanismo, la Historia de la democracia y la Historia cultural de la política, sobre los que ha publicado más de una decena de capítulos de libro y artículos en revistas especializadas.

Ignacio Bergillos

Profesor Titular del Departamento de Ciencias de la Comunicación en el CESAG -Universidad Pontificia Comillas y Coordinador Académico del Grado en Comunicación Audiovisual. Interesado en la cultura digital y la relación entre los medios (o la tecnología mediática) y la sociedad, se ha aproximado al marco conceptual del Antropoceno desde la teoría de la comunicación y los media studies. Doctor por la Universitat Autònoma de Barcelona con premio extraordinario de doctorado y premio CAC de investigación en comunicación en 2016, tiene reconocidos dos sexenios de investigación.

Belén Cerezo Montoya

Artista-investigadora. Trabaja con las imágenes tanto como una forma de investigación como un modo de práctica artística. Cerezo ha sido investigadora postdoctoral María Zambrano en la UPV/EHU y profesora asociada de Fotografía en la Universidad de Nottingham Trent. Su trabajo genera formas sensoriales y espaciales que exploran qué significa afirmar la vida, abordando las complejidades de la reciprocidad y la coexistencia entre seres humanos y no-humanos. Entre sus trabajos más recientes destacan: proyecto *Paisajes Tentoculares,* 2023; exposición *Lo vivo y las cosas,* Torre de Ariz, Basauri, 2023; publicación *Seeing Bodies*, 2020. www.belencerezo.net

Antonio Diéguez

Catedrático de Lógica y Filosofía de la Ciencia en la Universidad de Málaga. Miembro de número de la Academia Malagueña de Ciencias y miembro del Comité Español de Ética de la Investigación. Sus líneas de investigación son el realismo científico, la filosofía de la biología, la filosofía de la tecnología, el biomejoramiento humano y el transhumanismo. Es autor de numerosos artículos y libros. Entre estos últimos destacan: La evolución del conocimiento. De la mente animal a la mente humana (Biblioteca Nueva, 2011), La vida bajo escrutinio. Una introducción a la filosofía de la biología (Biblioteca Buridán, 2012), Filosofía de la ciencia (UMA editorial, 2020), Transhumanismo. La búsqueda tecnológica del mejoramiento humano (Herder, 2017), Cuerpos inadecuados (Herder, 2021), y La ciencia en cuestión. Disenso, negación y objetividad (2024).

Francisco Collado Campaña

Profesor Contratado-Doctor/Profesor Permanente Laboral de Ciencia Política en la Universidad de Málaga. Ha publicado diversos artículos y capítulos de libro en revistas (*RECP, Revista de Sociologia e Política, Sustainability*, etc) y monografías en editoriales (Tirant lo Blanch, CEPC, Springer, etc.) tanto nacionales como internacionales. Entre sus obras destaca, *El liderazgo local en Andalucía durante la democracia (1979-2019)* publicado en Editorial Comares en 2021. Sus principales líneas de investigación son liderazgo político, política y gobierno local y comunicación política.

SEBASTIÁN ESCÁMEZ

Doctor en Ciencia Política por la Universidad Autónoma de Madrid y Profesor de Ciencia Política y de la Administración en la Universidad de Málaga. Ha escrito sobre pensamiento político histórico y contemporáneo y, relacionado con estos temas publicado *El pensamiento liberal contemporáneo sobre la tolerancia* (UNAM, 2014). Impulsa foros ciudadanos donde reinventar la vida en común. Actualmente, investiga sobre tecnologías del yo, virtudes públicas, la meditación como práctica de emancipación y el aprendizaje de las políticas públicas basado en proyectos.

BELÉN FERNÁNDEZ-GARCÍA

Doctora en Ciencia Política y Profesora Ayudante Doctora en la Universidad de Granada. Sus líneas de investigación se centran en el estudio del populismo y la derecha radical en Europa Occidental. En sus últimas publicaciones ha abordado junto con Jakob Schwörer las posiciones de los partidos de derecha radical hacia el cambio climático y el bienestar animal: "Understanding and explaining populist radical right parties" commitment to animal welfare in Western Europe" (*Environmental Politics*) y "Climate sceptics or climate nationalists? Understanding and explaining populist radical right parties" positions towards climate change (1990-2022)" (*Political Studies*). También ha publicado recientemente "El comportamiento parlamentario de los partidos populistas: el caso español" en la Revista Española de Investigaciones Sociológicas".

Montserrat García-López

Profesora Asociada de Ciencia Política en la UMA. Es funcionaria de la Junta de Andalucía y colaboradora con el Instituto Andaluz de Administración Pública. Sus tareas y trabajos se centran en la evaluación de políticas públicas, siendo asimismo coautora de la Guía de Evaluación de Resultados (IAAP). Especializada en el estudio de la gestión hídrica, tema central de su tesis doctoral, ha publicado sus investigaciones en revistas de la disciplina.

Laura García-Portela

Profesora e investigadora en filosofía medioambiental en el departamento de filosofía de la Universidad Erasmo de Rotterdam. Ha trabajado como investigadora en diversas universidades internacionales: Universidad Valencia, Keele, Washington, Graz, Friburgo y Karlsruhe. Se doctoró en el verano de 2021, con una tesis sobre compensación por daños y pérdidas ligadas al cambio climático. Su tesis recibió el Premio Luis Díez del Corral del Centro de Estudios Políticos y Constituciones en España (2022) y el Roland Atefie Preis de la Academia para las Ciencias de Austria (2024), y ha aparecido publicada en Routledge como *Rectifying Climate Injustice: Reparations for Loss and Damage* (2023). Trabaja en la intersección entre la filosofía política y la filosofía de la ciencia climática, así como en su aplicación política y su trabajo ha sido publicado en numerosas revistas internacionales. Su página web recoge más información sobre su trabajo: www.garcia-portela.com

Daniel Lara de la Fuente

Estudiante de doctorado en Ciencias Jurídicas y sociales en la Universidad de Málaga. Es Licenciado en Filosofía por la Universidad Autónoma de Madrid, Graduado en Sociología por la Universidad Complutense de Madrid (Premio Extraordinario) y Máster en Teoría y Crítica de la Cultura por la Universidad Carlos III de Madrid. Ha sido investigador visitante en el Rachel Carson Center (Munich, Alemania) y en Macquarie University (Sydney, Australia). Sus temas de investigación giran en torno a la teoría política medioambiental.

Jakob Schwörer

Investigador y asesor político en la Fundación Friedrich Ebert en Estocolmo, donde trabaja sobre populismo, partidos políticos, migración, "mainstreaming" de discursos antiliberales y política de seguridad en Europa Occidental y fuera de ella. También es investigador en el Cologne Forum for International Relations and Security Policy (KFIBS). Entre otras cosas, trabajó como investigador postdoctoral en el Institute of Political Sciences (IPW) en la Universidad Leuphana de Luneburgo y fue investigador visitante en el Center for Research on Extremism (C-REX) de la Universidad de Oslo y en el Departamento de Gobierno en la Universidad de Uppsala.

Rafael Vázquez García

Profesor Titular de Ciencia Política en el Departamento de Ciencia Política y de la Administración Pública (Universidad de Granada). Premio Nacional de Estudios de Ciencias Políticas en 2001. Investigador visitante en varias universidades europeas. Está especialmente interesado en el estudio de la sociedad civil (desde la asociación cívica hasta la desobediencia civil), así como en otros temas de Teoría Política como Teoría Política Verde y los Estudios de Género, Derechos Animales y Antiespecismo, Teoría Crítica y Teoría Política No Occidental. Es activista feminista y militante animalista y miembro de PACMA Granada.